总 序

　　大学教育工作的核心是专业建设,专业建设的主要内容是教学设计,教学设计的重点是课程建设,而课程建设的重要内容是教材建设。在相当长的一段时间里,我们的考核制度出现了偏颇,高校对教师的考核重专著、重论文、轻教材,导致了相当多的设计学类教师在教学中缺乏真正高质量的、适用性强的教材作参考,致使教学不规范,从而严重影响了教学质量。

　　一部好的教材对教师来说是课程的灵魂,对学生来说是一部高精度的导航仪,能够引导学生从迷茫到清晰,从此岸到彼岸,本套艺术设计类"国家级一流本科课程"配套教材正是按照这样的诉求进行设计的。

　　2017年,国家教材委员会和教育部教材局正式成立,标志着我国高等院校教材建设进入新的历史阶段。2019年,国家教材委制定《普通高等学校教材管理办法》,2020年印发了《全国大中小学教材建设规划(2019—2022年)》,2020年又启动首届全国教材建设奖评选工作。与此同时教育部推出首批国家级一流本科课程共5 118门,其中艺术类国家一流课程有174门(线上课程38门,线下课程76门,线上线下混合式课程31门,虚拟仿真实验教学课程17门,社会实践课程12门)。在中国特色社会主义进入新时代之际,教育部倡导新文科建设,注重继承与创新、协同与共享,促进多学科交叉与深度的融合。该系列教材正是值此背景下应运而生的,本系列涵盖了多所院校的大量优质课程、特色课程,且大多数课程的负责人为教学名师或学科带头人,更为该系列教材注入了源动力。

　　在众多的设计学类优秀课程中,有显著需求的22门专业课程入选本系列教材建设,为了确保本套教材整体的质量和统一性,高等教育出版社专门邀请我担任总主编工作。来自全国22所院校的20余位分主编,从2020年底开始至今,开展了各部教材目录、样章的反复磋商和全书的编写工作。2021年仲夏,编委会在杭州进行了中期汇报交流,金秋又在沈阳鲁迅美术学院举办了设计学类专业国家级一流专业、一流课程优秀成果展。针对相关重点与难点,全体作者还在线上举行了三次工作会议。最终,各位分主编率领相关团队高质量地按时完成了教材的编写任务。本套教材均配有丰富的教学资源和案例,并注重实践性及中华优秀传统文化和立德树人元素的引入。该套教材在注重理论联系实际的基础上,融入一流课程已有的资源,有效拓展了书稿内容。尤其训练部分的论述彰显了一流课程的特色及创新,可以为其他院校提供有益的参考。

　　高等教育出版社特别重视国家一流课程教学成果的转化,注重高等院校设计类教材的当代性、普适性与可操作性,此次重点打造这一套"新文科·新设计"艺术设计类"国家级一流本科课程"配套教材,对设计学科建设而言,可谓功德无量!

教育部高等学校设计学类专业教学指导委员会副主任委员

同济大学教授　林家阳

2022 年元月 27 日

新文科·新设计
国家级一流本科课程配套教材

林家阳 总主编

广告创意与表现

张蕊 编著

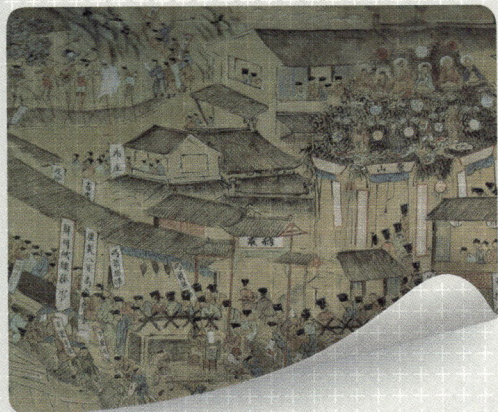

中国教育出版传媒集团
高等教育出版社·北京

内容摘要

本书是国家级一流本科课程"广告创意与表现"的配套教材,全书旨在充分结合中国历史和现实文化背景,探讨更有时代感、更具中国特色的广告创意理论和实践方法。全书共三章,第一章"广告创意概念与基础",梳理了20世纪广告创意思潮、流派和理论流变,探讨了影响广告创意的3大因素,阐述了广告创意流程与基本原则。第二章"广告创意表现与训练"由4个训练项目组成,涵盖平面、影视、新媒体等广告表现形式,融入图形创意、镜头语言、媒介技术等9大知识点,以及多种互动教学设计。第三章"广告作品鉴赏与分析"共分八节,全面介绍了国内外具有代表性的广告设计师及其作品,分析了其风格及影响。本书通过大量案例引导阅读,更具实践性和可读性,还配有二维码数字资源以供大家拓展阅读,以及教学课件及案例参考。

本书适合普通高等院校广告学、视觉设计、数字媒体艺术等相关专业使用,也可供相关从业者参考。

图书在版编目(CIP)数据

广告创意与表现 / 张蕊编著. -- 北京:高等教育出版社,2023.10(2025.5重印)
国家级一流本科课程配套教材 / 林家阳总主编
ISBN 978-7-04-058367-0

Ⅰ. ①广… Ⅱ. ①张… Ⅲ. ①广告学-高等学校-教材 Ⅳ. ①F713.80

中国版本图书馆CIP数据核字(2022)第038345号

GUANGGAO CHUANGYI YU BIAOXIAN

策划编辑	梁存收	责任编辑	潘亚文	封面设计	张 楠	版式设计 张 杰
责任绘图	杨伟露	责任校对	刘俊艳 刘丽娴	责任印制	张益豪	

出版发行	高等教育出版社		网 址	http://www.hep.edu.cn
社 址	北京市西城区德外大街4号			http://www.hep.com.cn
邮政编码	100120		网上订购	http://www.hepmall.com.cn
印 刷	唐山嘉德印刷有限公司			http://www.hepmall.com
开 本	787 mm×1092 mm 1/16			http://www.hepmall.cn
印 张	14			
字 数	310千字		版 次	2023年10月第1版
购书热线	010-58581118		印 次	2025年5月第3次印刷
咨询电话	400-810-0598		定 价	51.00元

课时安排

（不低于 48 课时,64 课时最佳）

章节	课程内容	课时
第一章 广告创意概念 与基础 （12 课时）	一、20 世纪的广告创意:思潮、流派与理论流变	5
	二、影响广告创意的因素:文化背景、目标受众与媒体特性	3
	三、广告创意的基本流程	2
	四、广告创意的基本原则	2
第二章 广告创意思维 与表现训练 （44 课时）	一、项目训练一:全息创造性思维训练	10
	二、项目训练二:平面广告的创意表现与训练	14
	三、项目训练三:影视广告的创意表现与训练	10
	四、项目训练四:新媒体广告的创意表现与训练	10
第三章 创意广告 鉴赏与分析 （8 课时）	一、中国创意广告——物我融情,天人合一	1
	二、日本创意广告——双轨前进,兼收并蓄	1
	三、韩国创意广告——推陈出新,动静结合	1
	四、泰国创意广告——平民视角,万物有灵	1
	五、美国创意广告——自由奔放,多元融合	1
	六、英国创意广告——点到为止,幽默含蓄	1
	七、德国创意广告——表面理性,内里激荡	1
	八、法国创意广告——纯真浪漫,情趣交融	1

目 录

第一章

广告创意概念与基础

本章知识点框架图

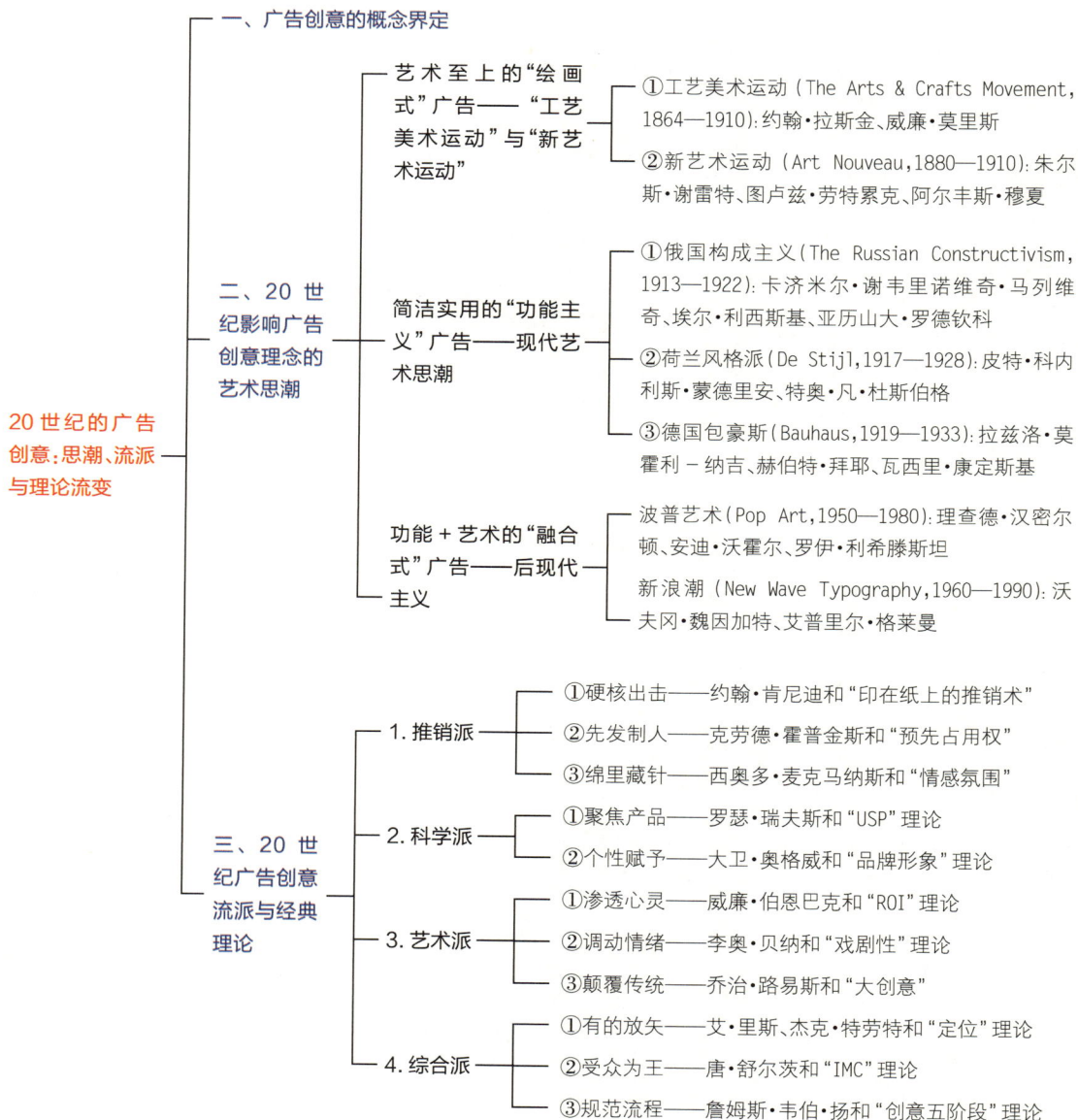

20 世纪的广告创意：思潮、流派与理论流变

- 一、广告创意的概念界定

- 二、20 世纪影响广告创意理念的艺术思潮
  - 艺术至上的"绘画式"广告——"工艺美术运动"与"新艺术运动"
    - ①工艺美术运动（The Arts & Crafts Movement, 1864—1910）：约翰·拉斯金、威廉·莫里斯
    - ②新艺术运动（Art Nouveau, 1880—1910）：朱尔斯·谢雷特、图卢兹·劳特累克、阿尔丰斯·穆夏
  - 简洁实用的"功能主义"广告——现代艺术思潮
    - ①俄国构成主义（The Russian Constructivism, 1913—1922）：卡济米尔·谢韦里诺维奇·马列维奇、埃尔·利西斯基、亚历山大·罗德钦科
    - ②荷兰风格派（De Stijl, 1917—1928）：皮特·科内利斯·蒙德里安、特奥·凡·杜斯伯格
    - ③德国包豪斯（Bauhaus, 1919—1933）：拉兹洛·莫霍利－纳吉、赫伯特·拜耶、瓦西里·康定斯基
  - 功能＋艺术的"融合式"广告——后现代主义
    - 波普艺术（Pop Art, 1950—1980）：理查德·汉密尔顿、安迪·沃霍尔、罗伊·利希滕斯坦
    - 新浪潮（New Wave Typography, 1960—1990）：沃夫冈·魏因加特、艾普里尔·格莱曼

- 三、20 世纪广告创意流派与经典理论
  - 1. 推销派
    - ①硬核出击——约翰·肯尼迪和"印在纸上的推销术"
    - ②先发制人——克劳德·霍普金斯和"预先占用权"
    - ③绵里藏针——西奥多·麦克马纳斯和"情感氛围"
  - 2. 科学派
    - ①聚焦产品——罗瑟·瑞夫斯和"USP"理论
    - ②个性赋予——大卫·奥格威和"品牌形象"理论
  - 3. 艺术派
    - ①渗透心灵——威廉·伯恩巴克和"ROI"理论
    - ②调动情绪——李奥·贝纳和"戏剧性"理论
    - ③颠覆传统——乔治·路易斯和"大创意"
  - 4. 综合派
    - ①有的放矢——艾·里斯、杰克·特劳特和"定位"理论
    - ②受众为王——唐·舒尔茨和"IMC"理论
    - ③规范流程——詹姆斯·韦伯·扬和"创意五阶段"理论

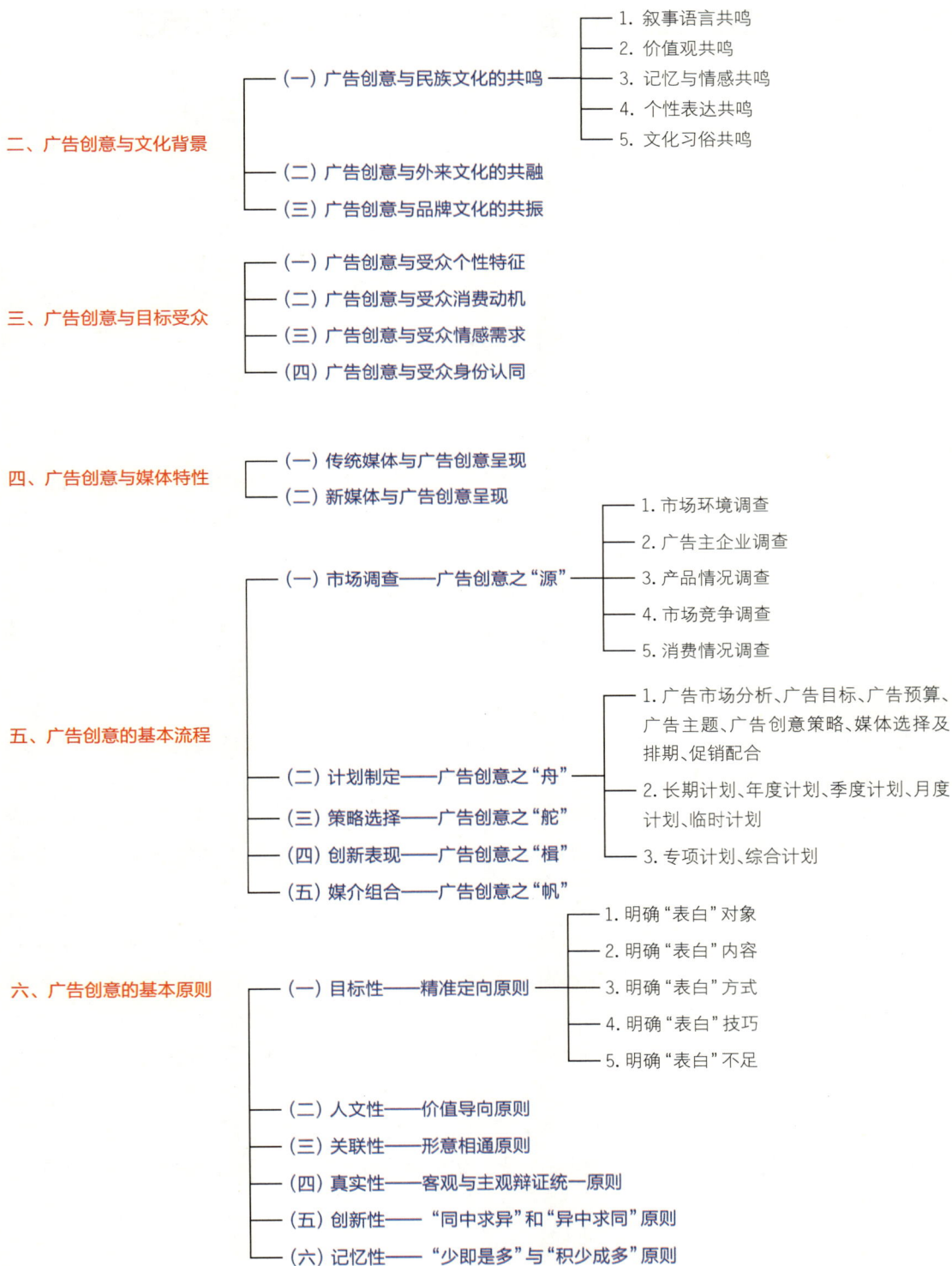

二、广告创意与文化背景

（一）广告创意与民族文化的共鸣
- 1. 叙事语言共鸣
- 2. 价值观共鸣
- 3. 记忆与情感共鸣
- 4. 个性表达共鸣
- 5. 文化习俗共鸣

（二）广告创意与外来文化的共融

（三）广告创意与品牌文化的共振

三、广告创意与目标受众

（一）广告创意与受众个性特征

（二）广告创意与受众消费动机

（三）广告创意与受众情感需求

（四）广告创意与受众身份认同

四、广告创意与媒体特性

（一）传统媒体与广告创意呈现

（二）新媒体与广告创意呈现

五、广告创意的基本流程

（一）市场调查——广告创意之"源"
- 1. 市场环境调查
- 2. 广告主企业调查
- 3. 产品情况调查
- 4. 市场竞争调查
- 5. 消费情况调查

（二）计划制定——广告创意之"舟"
- 1. 广告市场分析、广告目标、广告预算、广告主题、广告创意策略、媒体选择及排期、促销配合
- 2. 长期计划、年度计划、季度计划、月度计划、临时计划
- 3. 专项计划、综合计划

（三）策略选择——广告创意之"舵"

（四）创新表现——广告创意之"楫"

（五）媒介组合——广告创意之"帆"

六、广告创意的基本原则

（一）目标性——精准定向原则
- 1. 明确"表白"对象
- 2. 明确"表白"内容
- 3. 明确"表白"方式
- 4. 明确"表白"技巧
- 5. 明确"表白"不足

（二）人文性——价值导向原则

（三）关联性——形意相通原则

（四）真实性——客观与主观辩证统一原则

（五）创新性——"同中求异"和"异中求同"原则

（六）记忆性——"少即是多"与"积少成多"原则

第一节 20世纪的广告创意：思潮、流派与理论流变

我们常说，广告是一门说服的艺术。所有艺术一定是有意味的形式，而这种"有意味的形式"完全取决于创意。著名广告大师威廉·伯恩巴克曾经说过："创意是广告的灵魂，是将广告赋予精神和生命的活动。"作为一个极为复杂的动态过程，广告创意既离不开理性约束的方法引领，又离不开感性张扬的充分催化。广告创意的表层呈现（如形式风格、图形色彩、材料技术、表现手法等）与广告创意的内在精神（如审美理念、设计思潮、传播环境、社会文化等）互相影响、互为作用，尤其是互联网的快速普及和媒介的不断创新，使广告创意的表现形态更加多元化。在通过特定的文字、图形、图像、音频等元素向消费者传达特定的广告信息的过程中，不同国家、不同民族、不同地域、不同时代、不同发展阶段，均呈现各自不同的创意理念、风格流派与审美意向。

一、广告创意的概念界定

广告创意（creative advertising）理论在引进过程中，几乎与"creative""creativity"和"idea"一同出现。"creative"意为"具有创造力的、创造性的"；"creativity"意为"创造力、创造性"；"idea"意为"思想、概念、主意、念头、计划"等。詹姆斯·韦伯·扬（James Webb Young）在《创意的生成》一书中将"创意"解释为"各种要素的重新组合"，认为广告中的创意，常是有着生活与事件"一般知识"的人士，对来自产品的"特定知识"加以新组合的结果。加利福尼亚大学教授威廉·F.阿伦斯（William F. Arens）在其《当代广告学》一书中提出广告创意构成基本来自行动、欲望、信服、兴趣、注意这几方面，只有注意到这几点，这种创造力才能有的放矢，转换为商业价值。中国广告恢复发展先行者丁允朋在《现代广告设计》一书中，从功能与目的、目标性与时效性、内容的规定性、表现的自由性、存在地位、评价标准几个方面谈到了广告创意的艺术性及广告作品与纯艺术作品的区别。知名广告学者金定海在《广告创意学》一书中，将广告创意过程分解为概念、文字、画面和媒介四个方面解读，认为广告创意是"为达成传播上的附加值而进行的概念突破和表现创新"[①]。

综观国内外学界、业界对广告创意的解读，虽各有侧重，但都无一例外地将广告创意聚焦于作为消费主体的"人"，并因此建构与不同群体相对应的符号系统，以实现广告所宣扬的消费方式对目标消费者的有效收编。为达成这一目标，提高符号系统与不同群体的匹配程度就成为关键，包括广告主题选择、功能定位、要素结构、诉求方式以及传播整合等。总而言之，广告创意是以创造性思维为先导、以广告目标受众为核心、以广告主题为基准、以广告媒介为路径进行的创新思维活动。它将抽象的概念与策略转换成具象的传播符号体系，赋予广告对象超出固有功能价值以外的特殊溢价价值，进而实现传者与受者之间价值关系的解构与重构，促成商品与消费者的

---

① 金定海、郑欢：《广告创意学》，高等教育出版社2008年版，第8页。

有效沟通与互利交换。

▶▶ 二、20世纪影响广告创意理念的艺术思潮

广告创意既属于营销传播范畴，具有传达商业信息的功能，也属于艺术设计范畴，具有艺术美学的特征。广告虽然以功利性为其永恒之宗旨，但广告创意的表达元素——图形画面、色彩关系、版式构图、装饰纹样、背景音乐、文案语言等都离不开艺术审美，其创作必须根植于相应的艺术"土壤"，遵循一定的艺术法则，结合不同时期艺术思潮独特的审美价值包装，通过社会、政治、经济、文化、技术等完成广告创意的"光合作用"，不动声色地将公众裹挟到消费的狂欢之中，以更好地实现广告的说服目的。

（一）艺术至上的"绘画式"广告——"工艺美术运动"与"新艺术运动"

19世纪中叶以后，随着商品经济的发展，报纸的商业媒介价值逐渐得到重视，报纸广告迅速发展起来。但由于缺乏创意理论和设计意识，此时的报纸广告总体上以文字说明为主，图形与色彩呈现很少，更像是产品分类告示或产品说明书。随着欧洲各国陆续完成第二次工业革命，城市人口剧增，民众受教育程度普遍提高，为报纸的大量发行流通提供了有利条件，报纸广告逐渐成为商家宣传推广自家产品的首选。当内容大同小异、形式千篇一律的报纸广告越来越多时，读者对枯燥乏味的文字说明不再感兴趣，而把更多的目光放在精美的图画上。一部分商家意识到这种新趋势，开始寻求一种更具识别性的形式，以便让自己的产品广告能够脱颖而出。

因此，从19世纪末至20世纪初，商业广告由"文字说明"逐渐转向"绘画式"，以图形、装饰纹样和色彩为主，力图通过视觉上的艺术感，以更精美的广告形式给公众营造"可望而不可即"的梦境，把商业动机和商业性质巧妙地掩藏在美轮美奂的图画中，以提高自身产品的市场关注度和占有率。在此之前，平面广告既缺乏成熟的广告理论指导，又缺少专门的广告创作人员，因此，大多由画家完成，其表现手法与传统绘画并无多大区分，更多体现的是绘画美学与画家自身的艺术理想，而非商品或消费者。

从19世纪中期开始，逐渐兴起的机器化大生产开始终结传统手工业生产方式，也进一步推动了社会分工的细化和专业化，从而加快了设计与纯艺术的分离。一部分先行者在商业广告设计需求的驱动下，成为商业广告从业人员，开始探索新兴工业化时期所特有的设计方法，力求既能够打破矫揉造作的烦琐装饰和粗制滥造的批量复制，又能合乎现代生产技术和生产方式，其标志就是19世纪下半叶在欧洲和美国兴起的"工艺美术运动"和"新艺术运动"，极大地促进了广告设计在观念上的变革和形态上的创新。

1. 工艺美术运动（The Arts & Crafts Movement，1864—1910）

工艺美术运动起源于英国，影响到欧洲各国和美国。在设计理念上，它反对设计的精英化、特权化倾向，强调设计应为人的主观感受服务、为大众服务；在设计原则上，它明确反对机械化生

产，提出"美术家与工匠相结合"的观点，主张制造简单朴实、具有美学质量的工艺品；在设计风格上，反对矫揉造作的维多利亚风格和其他各种古典风格或传统的复兴风格，提倡中世纪的哥特式风格，推崇自然主义和东方装饰艺术。

代表人物有约翰·拉斯金和威廉·莫里斯。

图 1-1　约翰·拉斯金

约翰·拉斯金（John Ruskin，1819—1900，图 1-1），英国美术理论家、教育家，工艺美术运动的理论奠基人，是最早提出现代设计思想的代表人物之一。在人类艺术史的很长一段时间里，设计与纯艺术绘画是融为一体的，"人类早期社会，没有什么纯粹的装饰……还不存在美术和实用艺术的区别"[1]。而拉斯金则强调设计艺术与纯艺术应是艺术范畴中两种不同的艺术形态，提出了设计与纯艺术应区分开，并成为一门独立的学科。这无疑推动了广告与传统制造业的分离，让广告创作者从画家、制造工人的角色中独立出来。拉斯金的理论体现出强烈的民主气质，他主张设计应师承自然、以人为本，以实现形式和功能的统一。不过，他对工业文明和机械生产的排斥，主张回归中世纪、回归乡村和手工艺劳动，使得他的设计思想染上了乌托邦的色彩。

图 1-2　威廉·莫里斯

威廉·莫里斯（William Morris，1834—1896，图 1-2），英国拉斐尔前派画家，设计师。莫里斯继承了拉斯金的设计思想，推崇自然主义、东方装饰和中世纪美学，他与爱德华·伯恩·琼斯（Edward Burne Jones）在伦敦的"红狮广场 17 号"开设了工作室，通过具体实践将工艺美术运动推向了顶峰。在他的设计中保留了传统手工艺的制作形式，常采用大量卷草、花卉、鸟类作为图案，以及写实、平涂和高度归纳的艺术手法，作品充满了浪漫的田园气息。

莫里斯的设计思想及实践，其素材来源、表现手法、色彩搭配、字体变形及装饰风格，对现代广告设计有极大的借鉴意义，尤其是他的书籍装帧作品（图 1-3、图 1-4）。首先是构图原则，多饱满充实，采用满版、对称、方向形构图，可有效突出广告主题；其次是形象塑造，多采用对比，自然形与几何形穿插组合，可有效强化广告张力；再次是元素选取，多重复出现，重复中有细微差异，可有效提高广告识别性；最后是色彩表现，多采用平涂块面，浓淡中有肌理变化，可有效凸显广告细节。

---

[1]　［美］托马斯·门罗：《走向科学的美学》，石天曙、滕守尧译，中国文艺联合出版公司 1984 年版，第 263 页。

图 1-3 乌有乡消息/扉页和首页设计/
威廉·莫里斯/英国/1892

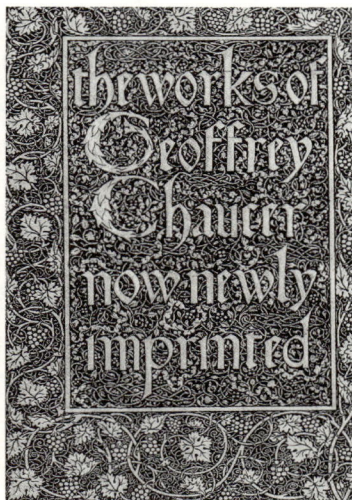

图 1-4 乔叟集/封面设计/
威廉·莫里斯/英国/1896

2. 新艺术运动（Art Nouveau, 1880—1910）

新艺术运动是传统设计与现代设计之间的重要阶段，它具有承上启下的作用，它最大的进步就是不排斥新兴材料、机器生产和技术革新所带来艺术表现的可能性。在艺术形式上，"新艺术运动"继承了"工艺美术运动"回归自然的中心思想，主张运用抽象优雅的自然元素作为设计题材，在装饰上以柔美、富有律动的曲线和波浪线为特点。该时期的广告创作深受影响，把线条作为主要造型手段，讲究造型的平面性、装饰性和色彩的单纯性。

代表人物有朱尔斯·谢雷特、图卢兹·劳特累克、阿尔丰斯·穆夏。

朱尔斯·谢雷特（Jules Cheret, 1836—1932，图 1-5），法国著名画家和设计家，被誉为"现代招贴之父"。1866 年，谢雷特制作出第一张彩色石版招贴，象征着现代招贴广告的诞生。他的作品题材从戏剧、电影明星、歌舞表演、香皂到自行车等，涵盖了社会生活的方方面面。谢雷特吸收了古典主义壁画的装饰风格，但又不沉浸于传统绘画的细枝末节，造型简洁概括，线条自然流畅，色彩明快跃动，充满了浪漫气息，他非常善于在招贴中运用美女形象提升广告宣传效果，人称"谢雷特女士"。

最能凸显"谢雷特女士"风格的海报是他为法国歌舞剧院设计的公演广告招贴《女神游乐厅的洛伊·富勒》（图 1-6）。谢雷特

图 1-5 朱尔斯·谢雷特

一改过去海报中清教徒式的女性形象,也没有拘泥于人物细节刻画的传统手法,而是突出表现现代舞先驱洛伊·富勒(Loie Fuller)舞动的瞬间。海报中的女性扭动着身躯,柔美的曲线跃然纸上,人物的服装处理得简洁而轻盈,富有层次变化的平涂色块勾勒出裙摆的飘逸和立体感,既不掩盖女性身体的曲线,又恰如其分地表现出舞者的飞扬与奔放。

图卢兹·劳特累克(Toulouse Lautrec,1864—1901,图1-7),是后印象画派重要代表人物,以创作蒙马特尔地区的娱乐场所、舞者、女伶著称。劳特累克的创作基本都与他的个人生活与社会体验有关,以戏剧化的构图、简洁直率的线条和大面积的色块,将印象派、浮世绘与传统写实技巧融会贯通,用略带讽刺意味的笔触洞察着巴黎这一人间"乐园"的本质。《红磨坊的拉·古留》无疑是他最负盛名的广告招贴作品,画面前方是一位高鼻子、长下巴男子的灰色侧影,中间是白裙红袜的金发舞女,巨大的色差对比使舞者极具挑逗性的撩裙踢腿瞬间愈发醒目(图1-8)。招贴顶部三行红字重复写着"Moulin Rouge"(红磨坊),充分体现出广告宣传的主题。后方是黑色剪影状的观众,整个画面呈梯次排列布局,借鉴日本浮世绘构图中的"留白"与黑线勾勒,具有强烈的装饰效果。

图1-6 女神游乐厅的洛伊·富勒/广告招贴/朱尔斯·谢雷特/法国/1893

图1-7 图卢兹·劳特累克

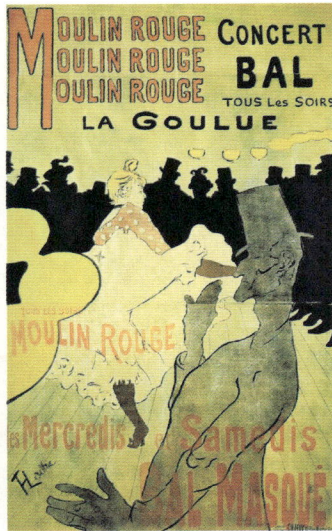

图1-8 红磨坊的拉·古留/广告招贴/图卢兹·劳特累克/法国/1891

与同时代的许多设计师相比,劳特累克的作品有着很明显的现代设计感,他大胆地抛弃了透视法,创作了许多概念化、符号化的形象。如海报《日式酒馆》就非常富于形式感,并有着鲜明的指代性（图1-9）。这幅作品高 78.8 厘米，宽 59.5 厘米，使用了当时最流行的石版印刷，颜色对比强烈。画面主角是一位金发黑衣的时髦女性和一位老年绅士，他们座位前方的吧台被劳特累克主观地加上了诸多象征音乐、指挥的图形符号。海报《巴黎花园的简·艾薇儿》也运用了许多创意化的图形元素，画面右下角被一只手握住的乐器手柄设计为画框的一部分，与女舞者艾薇儿高跟鞋的造型有异曲同工之妙。通过图形符号的指代性，将巴黎花园歌舞厅的特色凸显出来，极具广告宣传效果（图1-10）。另一幅以艾薇儿为主角的广告招贴中，缠绕在黑色长裙上色彩斑斓的水蛇与女子曼妙的身姿交相辉映，"蛇"这一具有象征性的符号，将舞者性感、妖娆与危险的气质表达得淋漓尽致（图1-11）。

图 1-9　日式酒馆/广告招贴/
图卢兹·劳特累克/法国/1893

图 1-10　巴黎花园的简·艾薇儿/广告招贴/
图卢兹·劳特累克/法国/1893

图 1-11　简·艾薇儿/广告招贴/
图卢兹·劳特累克/法国/1893

　　阿尔丰斯·穆夏（Alphonse Maria Mucha，1860—1939，图1-12）的作品涵盖了油画、海报、书籍装帧、商品包装、首饰设计、剧院设计等多个艺术领域，而其中被称为"穆夏风格"的广告招贴展现了其追求极端唯美的曲线装饰风格，被誉为"新艺术运动的辉煌旗手"。1894年他为法国著名女演员莎拉·伯恩哈特的歌舞剧《吉斯梦妲》绘制的招贴（图1-13），让其成为大受欢迎的设计师，佳作频出。女性是穆夏作品中不变的主题，他笔下的女性形象几乎都有一头卷曲的长发，身

图1-12 阿尔丰斯·穆夏

材玲珑有致,穿着古典风格的长袍,或高贵典雅,或甜美梦幻,或神秘性感。如果说女人是穆夏作品中永远的主角,那么植物就是重要的配角。穆夏借鉴了浮世绘的线描特色及拜占庭艺术的几何化装饰,人物的衣服纹样、头饰、背景均由鲜花环绕点缀,四周以丰饶蜿蜒的花枝和藤蔓相伴。植物所衍生出的流畅曲线,在洛可可式的细致繁复里,在温暖华美的拜占庭式色彩中,活跃着画面的每一个角落。

穆夏的广告画多采用对称式构图,具有强烈的稳定感和庄严感,但是画中人物及植物的穿插,打破了这种严格对称可能导致的呆板。他还习惯性地在人物身后加上圆环,看上去特别像是圣光,这与穆夏所受到的宗教影响是分不开的(图1-14)。

图1-13 吉斯梦妲/广告招贴/
阿尔丰斯·穆夏/捷克斯洛伐克/1894

图1-14 酩悦香槟/广告招贴/
阿尔丰斯·穆夏/捷克斯洛伐克/1899

穆夏在广告作品中塑造了无数优雅迷人的女性形象,画面中的女性大多香肩裸露,气质高雅而神情慵懒,佩戴华丽的头饰和珠宝,如花朵一般繁茂而充满生命力。如默兹河啤酒、莜泰丽饼干等广告招贴，为了体现卖点，很多细节都跟产品密切相关，如将部分发饰设计成酿造啤酒的麦穗、冒着气泡的啤酒，手中端着盛有饼干的盘子，等等。这些元素的叠加营造一种充满诱惑的氛围，让观众联想到丰裕和富足，合乎当时"美即品质"的观念，极大地激发着消费者的购买欲望（图1-15、图1-16）。

图1-15 默兹河啤酒/广告招贴/
阿尔丰斯·穆夏/捷克斯洛伐克/1897

图1-16 莜泰丽饼干/广告招贴/
阿尔丰斯·穆夏/捷克斯洛伐克/1896

总的来说，这一阶段虽然在基本形式上确定了现代平面广告的构成要素，力图从传统绘画中分离出广告设计语言，但对于广告的核心问题——广告定位、传播策略、受众心理等却没有深入地思考，更多停留在对画面装饰和艺术情趣的探究上。本质上关注的还是外在形式变革，装饰性大于实用性，广告的商业信息及功能特征被放在从属位置。当然，在这一时期艺术思潮的影响下出现的曲线装饰、几何分割、色块平涂、字母与花纹结合等设计手法，直到今天依然被学习和借鉴。

（二）简洁实用的"功能主义"广告——现代艺术思潮

20世纪20年代末至50年代初期，第一次世界经济危机导致社会需求急剧减少，商品严重滞销。这对曾经处于"卖方市场"角色的广告主来说，如何以较小投入获取更大收益，如何扩大销售、赢得市场、清理库存、减少损失，成为维持企业生存的首要问题。"艺术至上"时期过度追求形式美感、手工工艺及装饰纹样的"绘画式"广告，被许多人认为是无用、烦琐且浪费的，它无法满足机械化、标准化、批量化的生产方式及商业社会的大众消费方式。1907年，德意志制造联盟（Deutscher Werkbund）成立，"功能主义"设计理念由此发轫，它肯定了工业化、机械化、批量化生产方式，强调了功能对于形式的决定作用。与此同时，欧洲出现了一股新的艺术思潮，如俄国构成主义、荷兰风格派、德国包豪斯等，它们从内容表现、视觉形式、创作手法、表现媒介上，完全颠覆了文艺复兴以来传统艺术的本质和内容，共同铺就了广告创意走向理性实用、简洁单纯的基石，回归到最本质的功能性诉求。

1. 俄国构成主义（The Russian Constructivism，1913—1922）

俄国构成主义兴起于 1917 年俄国十月革命之后，又名结构主义、解构主义。受到马克思主义影响的艺术先锋们，试图在艺术和社会生产之间架起桥梁，呼吁"传统的艺术观念应跟陈旧的文化一起死亡"，艺术家应丢弃掉只为权贵阶层提供审美服务的"纯艺术"，探索工业技术、材料性能和政治价值之间的有机联系，为社会大众提供精神性和功能性结合的实用艺术（产品）。在构成主义影响下的广告宣传画，多采用拼贴合成、摄影、蒙太奇、综合性绘画等表现手法；多使用社会生产、人民建设、领袖人物、政治集会等具有象征性的广告符号；多运用简洁抽象的点线面和几何形体现功能主义设计理念；多结合倾斜、交叉、分割、切入式构图制造激进的视觉张力。

代表人物有卡济米尔·谢韦里诺维奇·马列维奇、埃尔·利西斯基、亚历山大·罗德钦科。

图 1-17 马列维奇

卡济米尔·谢韦里诺维奇·马列维奇（Kazimir Severinovich Malevich 1878—1935，图 1-17）的艺术创作最先受到立体主义启发，经过立体未来主义的打磨，最终形成独具一格的至上主义表达方式。马列维奇的艺术理念影响了塔特林的结构主义，并通过利西斯基传入德国，对包豪斯的设计教学产生了一定影响。"方块"是他作品中最具代表性的符号，《白底上的黑色方块》是他最著名的作品之一，也是代表他"至上主义"形式法则的第一件作品，黑色方块代表着感情，白底代表着超越感情的空间（图 1-18）。马列维奇试图将世界万物从支离破碎的杂质中"提纯"，简化为一种能够传达时间、空间、精神和真理的元素，看似空无一物，实际蕴藏着无限可能。而《至上主义构图：白上白》则是体现他至上主义哲学的巅峰之作，白色的背景上放置相同颜色的白色方块，通过极其微弱的视觉差，将一切具象的形态、色彩、体积、空间在无垠的白色宇宙里归零（图 1-19）。客观世界的视觉现象被简化近似于无，"方形（人的意志，或许人）脱去它的物质性而融汇于无限之中。留下来的一切就是它的外表的朦胧痕迹"[1]。

除了极致的黑色与白色，马列维奇还非常善于运用原色与中性色的对比与调和，高色度值的红、黄、蓝用来突出主体，黑色用来稳定画面重心，白色用来突出图形轮廓与延展空间，中性色的加入用来调和黑白与原色的冲突。如《至上主义构图》中使用多样化的矩形、三角形、十字形

---

[1] ［英］尼古斯·斯坦戈斯：《现代艺术观念》，侯瀚如译，四川美术出版社 1988 年版，第 151 页。

图 1-18　白底上的黑色方块/
布面油画/马列维奇/俄国/1915

图 1-19　至上主义构图/白上白/
布面油画/马列维奇/俄国/1918

等几何元素，以富于紧张感的斜线构图，通过不同物体间色彩比例和空间位置的交错叠化，将艺术家内在的情感表现出来（图 1-20）。还有一些拼贴式作品，如《一个英国人在莫斯科》，画上有俄罗斯教堂、人物、鱼、箭头、蜡烛、梯子、文字等毫无逻辑关联的事物，颇具"蒙太奇"效果（图 1-21），这种跨维度、超时空的拼贴组合法，在许多广告招贴中都会使用。

图 1-20　至上主义构图/布面油画/
马列维奇/俄国/1916

图 1-21　一个英国人在莫斯科/
布面油画/马列维奇/俄国/1913

马列维奇的抽象艺术在俄国、欧洲都产生了重要影响，直至今天，在许多平面广告作品中，都会将造型简化为最基本的线条和几何色块，并运用这些抽象符号表达象征意义，通过不规则图形组件之间的距离变化，赋予画面动感和张力，他认为超脱一切具象形态的抽象形是具有普适性的,它们是存在于有形世界中的无形幻想,包含了世界的多样性,看似空无一物,实则包罗万象。如 2018 年俄罗斯旅游局推出了一套国家旅游品牌形象,其设计灵感就是来自马列维奇的作品,这 10 个简单到极致的几何图形分别代表俄罗斯的主要地区 (图 1-22)。几何元素的采用让整套 VI 有极强的延展性,可以与俄罗斯的历史、艺术、文化、美食等各种旅游资源融合(图 1-23 至图 1-24)。

图 1-22 俄罗斯国家旅游品牌形象/标志设计/
Vladimir Lifanov、Ilya Lazuchenkov、Egor Myznik/俄罗斯/2015

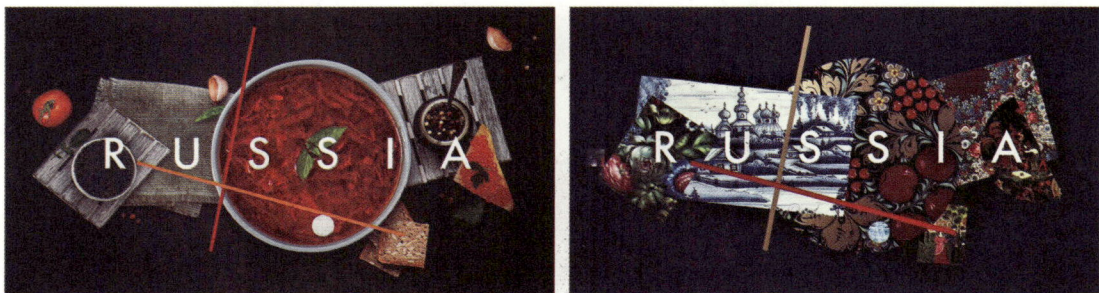

图 1-23 俄罗斯国家旅游品牌形象/视觉延展/
Vladimir Lifanov、Ilya Lazuchenkov、Egor Myznik/俄罗斯/2018

图 1-24 俄罗斯国家旅游品牌形象/视觉延展/
Vladimir Lifanov、Ilya Lazuchenkov、Egor Myznik/俄罗斯/2018

埃尔·利西斯基（El Lissitzky，1890—1941，图 1-25）是将构成主义有效运用于政治宣传和生活设计的杰出代表之一。他的作品充分吸收了马列维奇的抽象艺术观念，马列维奇在宣言式小册子《从立体主义和未来主义到至上主义》中将至上主义分为黑、红、白三个阶段，且各具象征意义——黑色代表经济（旧的社会秩序）、红色代表革命、白色代表纯粹（理想），这使得黑、红、白成为利西斯基作品乃至整个构成主义设计的色彩基调。在马列维奇"至上主义"的基础上，他拓展了一种新的设计形式"PROUN"①，以几何形的上升、下降、沿对角线移动等多样化的运动轨迹，摆脱了传统透视的束缚，体现出空间的无限性。

《红楔子攻打白军》是利西斯基最著名的广告招贴作品之一（图 1-26）。这件作品是为了表达对苏联红军的支持，三角形的红色楔子尖锐地刺进白色的圆形区域，象征着共产主义红军必将战胜由保守力量组成的白军，把原本非政治化抽象的视觉符号，通过图形与文字之间的相互作用，引申出强烈的政治象征，这种创作手法具有极强的功能性和实用主义色彩。

利西斯基非常具有创新精神，他将摄影技术和蒙太奇手法运用在广告设计中，如苏联博览会广告招贴（图 1-27）。利西斯基采用非对称平衡的构图、无衬线字体，把要宣传的"目标意象"与要联结的"生活意象"，通过拼贴画和照片蒙太奇的方式进行多次叠印，以传达更为丰富的信息及内涵，充分体现出"构成主义"将艺术精神性转化为生活功能性的思想内核。这种对设计内容的处理方式，将传统广告中单线性的"主题内容—图文编排—受众阅读"的传播模式，转变为"视觉象征—受众联想—概念传达—形象化记忆"的循环过程，开启了广告创意与表现模式的新篇章。

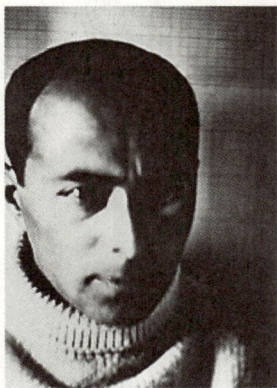

图 1-25 埃尔·利西斯基

图 1-26 红楔子攻打白军/广告招贴/利西斯基/苏俄/1919

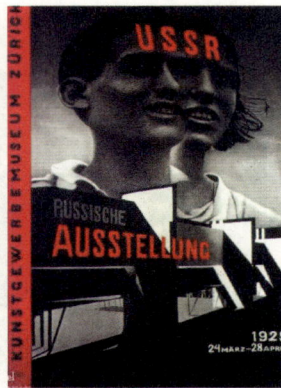

图 1-27 苏联博览会/广告招贴/利西斯基/苏联/1929

---

① 俄语"为现代人的主张所作的计划"单词的首字母缩略组成。

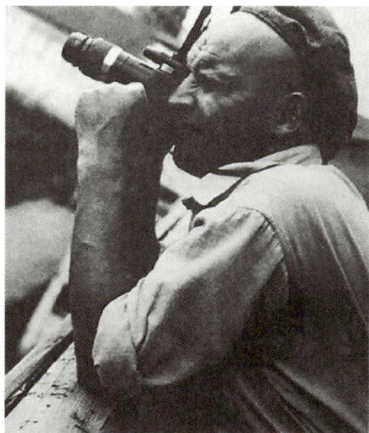

图1-28 亚历山大·罗德钦科

亚历山大·罗德钦科（Alexander Rodchenko 1891—1956，图1-28）是十月革命后俄罗斯构成主义艺术的领军人物，也是一位全面发展的设计师，在摄影、绘画、招贴设计、建筑设计、室内设计、戏剧等方面都有研究。其中，他的"分析—纪录性"摄影、照片蒙太奇及照片拼贴，不仅推动了俄罗斯先锋派艺术的发展，对现代广告设计更是产生了极大影响。罗德钦科非常善于运用新技术和新材料，他认为设计应该是具有工业生产特征的，应具备"功能性"和"经济性"，才能更好地为社会大众服务。1923年，罗德钦科和他的妻子瓦尔瓦拉·斯捷潘诺娃共同成立了"建设者广告"工作室，后又结识了诗人弗拉基米尔·马雅可夫斯基，二人联手合作，罗德钦科负责平面插图，马雅可夫斯基负责文本创作，为社会大众设计构成主义风格的广告。

罗德钦科不仅获得了声誉，更是打破了传统观念中摄影、海报、图形的界限，为广告设计赋予了全新的意义。他的作品《呼吁书籍》采用对角线构图、几何线条、粗壮字体、高纯度配色、蒙太奇图形等手法，去除分散观者注意力的细枝末节，极大地提高了视觉传达的集中性和有效性（图1-29）。2018年俄罗斯世界杯的官方海报，与罗德钦科的设计有异曲同工之妙（图1-30）。

图1-29 呼吁书籍/广告招贴/
罗德钦科/苏联/1924

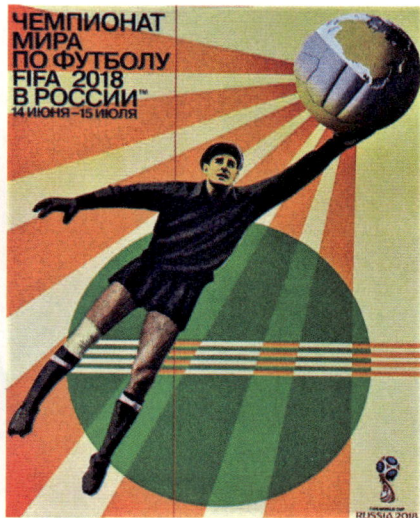

图1-30 2018俄罗斯世界杯/广告招贴/
伊戈尔·古罗维奇/俄罗斯/2018

2. 荷兰风格派（De Stijl，1917—1928）

荷兰风格派创立于 1917 年，也被称为"新造型主义"，是现代艺术运动的重要流派之一。第一次世界大战期间，一批志同道合的建筑师、艺术家和设计师，纷纷涌入未被卷入战争的中立国荷兰，以一种较为松散的方式探索前卫艺术的发展之路。风格派主张放弃具象元素，追求艺术的"抽象和简化"。纵横几何结构是其基本的形式语言，黑、白、灰和三原色是其基本的色彩法则，非对称的视觉平衡是其基本的版式逻辑。

代表人物有皮特·科内利斯·蒙德里安、特奥·凡·杜斯伯格。

皮特·科内利斯·蒙德里安（Piet Cornelies Mondrian 1872—1944，图 1-31）是几何抽象画派的先驱，他认为艺术是自然与神、物质与艺术的平衡。新的艺术并不以自然而具体的方式表现，新的造型也不应被具体而自然的形式和色彩所遮蔽，而应通过抽象而精确的形式（如确定的直线）和原色来表达。1916 年他结识了荷兰哲学家苏恩梅克尔并深受其"造型数学"理论影响，这位哲学家认为自然界中一切相互对立的事物，都可以简化压缩成水平线和垂直线；而一切色彩亦来自三原色且具有象征意义——蓝色代表无限的天空、黄色代表普照的阳光、红色则是中性调和色。这与蒙德里安竭力探索的能精确表达万物基本特征的图示不谋而合。1917 年蒙德里安在其论著《绘画中的新造型主义》

图 1-31　皮特·科内利斯·蒙德里安

中，提出了普遍性、纯粹性和平衡性三大原则，奠定了风格派的理论根基。

蒙德里安的作品强调"纯粹实在"和"纯粹造型"，画布上只有高度凝练的几何抽象图式、三原色和三非色（黑白灰），水平线与垂直线将画面分割成矩阵方块，少量的红、黄、蓝三原色及灰色块穿插其中，通过形状和色彩的动势平衡来重构物质世界，引导人们摆脱纷繁复杂的物质表象，跳出感性审美的局限性，以理性而开放的角度，把握宇宙运动的秩序、节奏和规律（图 1-32）。这种造型独特、色彩明亮的风格被迅速地运用到平面广告设计中，如巴特·范·德·莱克（Bart van der Leck）为巴塔维尔船务公司设计的招贴，大量采用了线条分割与纯色配色，广告宣传主体（轮船、船务服务）、广告文化、企业名称等宣传信息，都被整齐地布置在各自的位置上，主次分明、便于阅读、易于记忆（图 1-33）。

"艺术至上"时期的广告作品，因造型和色彩过于烦琐，反而弱化了商品宣传的核心信息。而在风格派影响下的广告作品，从重视绘画的技巧和效果，过渡到重视商品劳务信息的"功能性"传播。通过对水平和垂直网格的精确设计，创造出一种静止而稳定的构图，再加上少量对比强烈的色块与静态的构图相互作用，让整个空间简单、和谐，又充满动感。

图 1-32 红、黄、黑、灰和蓝的构成/
布面油画/蒙德里安/荷兰/1921

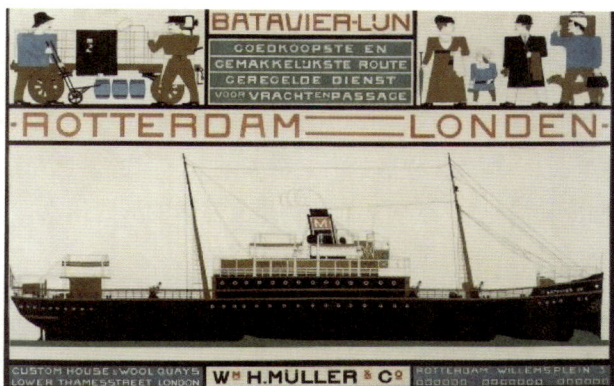

图 1-33 巴塔维尔船务公司/广告招贴/
巴特·范·德·莱克/荷兰/1915

特奥·凡·杜斯伯格(Theo van Doesburg,1883—1931,图 1-34)是荷兰风格派的理论奠基人和旗手,《风格》杂志的创刊人、主持者和撰稿人,1921 年其在受邀到德国包豪斯学院访问期间,将"风格派"抽象主义艺术演变成一种国际设计风格。1924 年因为"是否在作品中使用对角线"的问题与蒙德里安闹翻,并在《风格》杂志上发表《元素主义宣言》,标志着他与新造型主义早期原则的彻底决裂,杂志于 1928 年停刊。他的作品有四大特点:元素解构与重组、基本形与骨架几何化、原色与中性色运用、非对称性构图。

在杜斯伯格以塞尚的油画《玩纸牌的人》(图 1-35)为母题创作的《玩牌者》充分展现了他

图 1-34 特奥·凡·杜斯伯格

图 1-35 玩纸牌的人/布面油画/塞尚/法国/1890

的"元素"观，1917年的《玩牌者》以错落有致的矩形为基础，配以黑白灰色调。作品剥除了传统造型手法中的细枝末节，仅以简单的抽象元素构成画面，并努力探寻一种既独立又关联的组合方式，在原色与中性色的对比中，构建空间的不对称均衡（图1-36）。创作于1918—1919年的《玩牌者》，采用了各种几何形，加入了鲜艳的原色（图1-37）。

图1-36　玩牌者/布面油画/
杜斯伯格/荷兰/1917

图1-37　玩牌者/布面油画/
杜斯伯格/荷兰/1918—1919

　　这种高度理性化的功能主义被杜斯伯格广泛运用在设计中，如1912年《风格》杂志的广告页面（图1-38），1923年达达主义杂志《美卡诺》第三期的封面（图1-39）。他将整个版面进

图1-38　《风格》杂志广告页面设计/杜斯伯格/荷兰/1912

行不对称式分割,但又通过理性计算将设计对象的大小、位置、方向、数量合理调整,力图在空间区域上达到力的均衡,以满足人们稳中求变、静中求动的视觉心理。当时的很多广告招贴都采用了垂直和水平的排版方式,纵横方向的骨格将版面划分成若干部分,这种手法追随了"风格派"的理念,增强了画面的稳定性,提高了信息传播的有效性,让观者在心理上感到和谐舒适(图1-40)。

图1-39 《美卡诺》杂志第三期封面设计/
杜斯伯格/荷兰/1923

图1-40 为了艺术·展览/广告招贴/
巴特·范·德·莱克/荷兰/1919

3. 德国包豪斯(Bauhaus,1919—1933)

"包豪斯"是德国国立包豪斯学校的简称,1919年沃尔特·格罗皮乌斯(Walter Gropius)来到德国的小城魏玛,将原有的魏玛工艺美术学校进行重组,命名为包豪斯设计学院。"Bauhaus"是个寓意深远的生造词汇,中世纪建造教堂的建筑工人和石匠行会被称为"Bauhuette",将其倒装过来又是德文"Hausbau"(房屋建筑),这一文字游戏意味着包豪斯立志填平艺术家、工匠与工业之间的鸿沟,在教学中将理论知识与实务技术相结合,通过集体协作、工作坊的形式重塑社会面貌。作为现代设计教育的典范,其最大贡献在于让艺术融入现代工业"出产"下的大众生活,建立起一种工业社会普遍适应的设计语言。直至今日,世界各国的艺术设计教育基础课程都沿用着包豪斯首创的基础课程体系。

作为"功能主义"理念的推手,包豪斯的设计风格有几大特征:(1)艺术与技术的和谐统一;(2)以人为本,突出实用功能;(3)遵循理性、客观的自然法则;(4)科学富有逻辑的集体协作;(5)合理运用先进技术;(6)降低成本,提高经济效益。

代表人物有瓦西里·康定斯基、拉兹洛·莫霍利－纳吉、赫伯特·拜耶。

瓦西里·康定斯基（Wassily Kandinsky，1866—1944，图 1-41）是 20 世纪西方现代抽象艺术的奠基人，他的抽象艺术理论及教学实践影响着"包豪斯"的发展和世界艺术进程。在包豪斯任教的 11 年间，他建立了最具系统性的设计基础课程，在创作和教学实践中将视觉语言、造型方式及构成理念进行了重构，将抽象革命推至高峰。

康定斯基在其 1926 年出版的抽象艺术理论著作《点、线、面》中，奠定了现代设计基础课程"平面构成"的基本架构。他认为点、线、面是视觉美学的基本形式语言；点、线、面没有绝对的界限，在一定的条件下可以互相转换；不同的点、线、面因为形状、大小、位置、组合、方向、色彩的不同，会产生不同的视觉体验。因此，他主张将形式与内容融为一体，将设计内容以纯粹抽象的方式化繁为简，简化为具有强大归纳能力的点、线、面，通过形式的并列、交织、冲突与变化，突破彼此外形特征的局限，形成复合式的"语义"表达，引导观者从有限"形"的外在表现，经由"知觉混合"，延伸至无穷无尽的内在情感。点、线、面就像一个个基础音符，外在形式的组合必然使其内在的声音表达富有节奏（图 1-42）。康定斯基的抽象思维方式、形式语言及构成理念，促进了美国平面广告设计的发展，并潜移默化地影响着世界各国的设计师。如纽约平面设计派创始人保罗·兰德（Paul Rand），他充分汲取了康定斯基倡导的"内在精神"和"内在需要"，让设计对象不再拘泥于外在装饰和表象再现，而是转向内在意蕴和本质表达（图 1-43 至图 1-45）。

图 1-41 瓦西里·康定斯基

图 1-42 构图 8 号/布面油画/康定斯基/苏联/1923

图 1-43 国际博览会/广告招贴/保罗·兰德/美国/1988

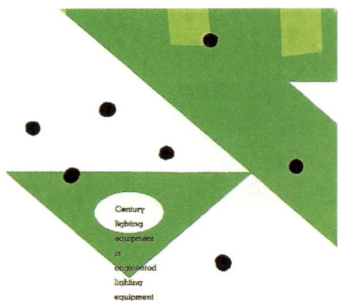

图1-44　世纪照明/商业画册/
保罗·兰德/美国/1990

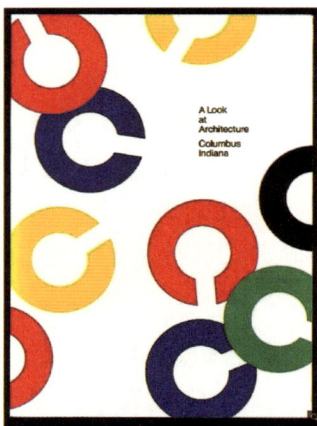

图1-45　看看建筑/广告招贴/
保罗·兰德/美国/1991

　　拉兹洛·莫霍利－纳吉（László Moholy-Nagy,1895—1946,图1-46）出生于匈牙利,1923年进入包豪斯担任教授,将构成主义理念带入包豪斯,并在教学中融入达达主义先锋艺术的理念。包豪斯解散后,纳吉于1937年移居美国芝加哥并创办了新包豪斯（New Bauhaus）,也就是芝加哥设计学院的前身。莫霍利－纳吉负责包豪斯的基础课程教学,他非常强调点线面的构成关系,并热衷于使用几何图形、抽象线条和强烈色彩对比来提升视觉冲击力（图1-47、图1-48）。

图1-46　拉兹洛·莫霍利－纳吉

图1-47　包豪斯/书籍封面设计/
莫霍利－纳吉/匈牙利/1924

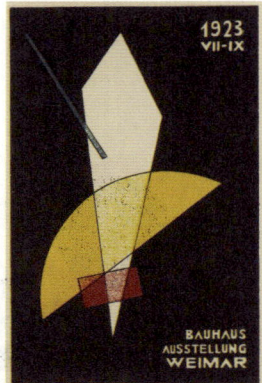

图1-48　魏玛博览会/
广告招贴/莫霍利－纳吉/
匈牙利/1923

　　他在摄影技术方面做了大量实验,探索出各种蒙太奇照片合成法,并将它们运用于商业艺术中,为视觉传达的结构形式带来全新的表现语言（图1-49）。"光"是莫霍利－纳吉艺术理论的核心,他非常注重"光"在不同媒介、不同材料中的表现方式,创造极具空间感和戏剧性的光影效果(图 1-50)。

图 1-49 汽车轮胎/广告招贴/
莫霍利－纳吉/匈牙利/1923

图 1-50 *Papmac* 有机玻璃画/
莫霍利－纳吉/匈牙利/1943

1920 年赫伯特·拜耶(Herbert Bayer,1900—1985,图 1-51)进入包豪斯求学,并顺利进入康定斯基的工作室学习印刷设计,他深受康定斯基的影响(图 1-52、图 1-53)。1925 年留校任教并担任"印刷与广告"工作室负责人,1928 年离开包豪斯前往柏林,开始其商业广告设计生涯,客户包括著名时尚类杂志 *Vogue*,并引领了杂志设计的"新线"(Die Neue Line)风潮。1938 年,拜耶将包豪斯的设计思想带到美国纽约,参与设计了多个以包豪斯为主题的展览,深深影响了第二次世界大战后的国际主义设计风格。

图 1-51 赫伯特·拜耶

在包豪斯求学期间,拜耶汲取了各个老师的艺术观念及创作风格的精髓,并发展出独具特色的个人风格。在设计理念上,拜耶吸收了院长瓦尔特·格罗皮乌斯重功能、重理性、重实用的思想,他在字体设计上进行的改革就是最好的体现。他创造的"通用"(Universal)字体(图 1-54),一改当时德国设计界流行的烦琐"歌德体"(Garamond)字体(图 1-55),去除无用的笔画装饰,以小写字母(lower-case)为中心,缩减到简洁清晰的基本造型,并应用在包豪斯的出版物及广告招贴中(图 1-56、图 1-57)。通用字体能够有效地降低设计成本、为民所用,因此,它成为迄今为止最经典的无饰线字体之一,体现了现代设计"传达和理解"的功能性本质。

图 1-52 白色之上第 2 号/布面油画/
康定斯基/俄罗斯/1923

图 1-53 包豪斯展览/广告招贴/
拜耶/奥地利/1923

图 1-54 "通用"字体/
拜耶/奥地利/1925

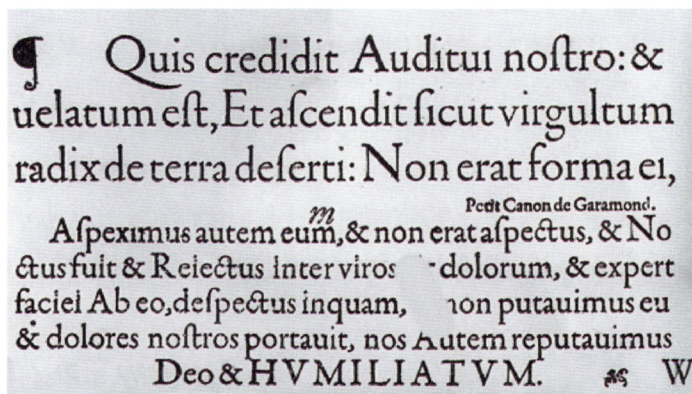

图 1-55 "歌德体"字体/克劳德·加拉蒙/法国/1534

　　在广告招贴设计上,利西斯基理性富有动感的版式构成风格、莫霍利-纳吉的构成主义摄影实验对拜耶的影响也很大。拜耶的作品摒弃了传统的装饰,体现着简洁的抽象美,强调画面的非对称性平衡,运用富有变化的线条和几何形分割空间布局,明确有效地传达着宣传信息。为了发掘功能主义设计更深层的本质,他在作品中融入摄影元素,采用照片拼贴技术,既消除了设计中无用的装饰形式,又保留了完整的信息传达体系,体现出创意的生命力(图 1-58、图 1-59)。

图 1-56 "包豪斯"字体/拜耶/奥地利/1925

图 1-57 包豪斯展览/广告招贴/
拜耶/奥地利/1968

图 1-58 手眼/摄影/
拜耶/奥地利/1925—1928

图 1-59 康定斯基 60 岁生日/广告招贴/
拜耶/奥地利/1926

　　包豪斯对现代设计的发展做出了不可磨灭的贡献，时至今日依然在建筑和设计等领域产生影响。如 2019 年包豪斯建校 100 周年之际，澳大利亚的线上设计平台"99Designs"举办了一场比赛，要求参赛者遵循"形式服从于功能""经典字体与版式""极简主义""红黄蓝经典色""几何学原则"等包豪斯设计理念，对世界知名品牌的 LOGO 进行再设计（图 1-60 至图 1-65）。

图 1-60　阿迪达斯—包豪斯/标志设计/
Jaseng99/2019

图 1-61　安卓—包豪斯/标志设计/
SSUK™/2019

图 1-62　汉堡王—包豪斯/标志设计/
Ponomarev Dmitry/2019

图 1-63　99designs—包豪斯/标志设计/
Asael Varas/2019

图 1-64　沃尔玛—包豪斯/标志设计/
Tae Yeon/2019

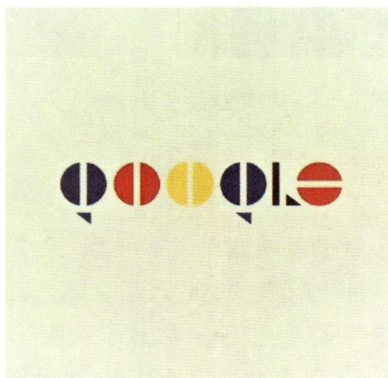

图 1-65　谷歌—包豪斯/标志设计/
artopelago™/2019

　　总而言之，20世纪初期"功能主义"设计观念的提出，使得隶属设计范畴的平面广告在创意原则上有了较大变革：首先，明确了商业促销功能作为广告设计的中心和目的，不再以唯美形式作为出发点，而以内容和效果作为决定因素；其次，讲究广告的科学性、便利性和经济性，顺应了机器化大生产的历史潮流；再次，在视觉表现上，舍弃了"艺术至上"时期的烦琐装饰，以极简线条、几何元素、平涂色块、蒙太奇照片合成等形式增强了视觉冲击力；最后，在内容设计上，不再进行细腻写实的"绘画式"再现，而是运用简单纯粹的图文组合传达商业信息。

（三）功能＋艺术的"融合式"广告——后现代主义

　　20世纪60年代之后，借着第三次科技革命的东风，世界各国都处于经济复苏和迅速发展的阶段，随着战后经济格局的变化，大批杰出的艺术家、设计师涌入美国，将欧洲现代主义设计思潮引入美国，也带动整个世界的设计艺术发展进入新的阶段。后现代主义艺术思潮发端于纽约，在80年代达到了顶峰，打破了现代主义推崇的"技术理性"，表现出在物质文明下的自我抚慰、自我娱乐及自我享受的态度。虽然其根本目的是与现代主义对抗，但不可否认的是，许多创作手法都浸润着现代艺术思想的痕迹，如包豪斯的艺术与技术结合、构成主义的摄影拼贴、风格派的稳中求变、立体主义的碎裂重构等。

　　经济的高度繁荣一方面满足了人们的享乐需求，另一方面也给他们带来了生活压力，现代主义强调的功能与理性让大众感到"刻板、冰冷又无趣"，人们迫切需要一种轻松有趣的人性抚慰。在后现代主义思潮，如波普艺术、新浪潮影响下的现代广告，从企业、产品为主导的"功能性"诉求，转变为以消费者为中心的"情感性"诉求。

　　功能主义时期强调的标准化、去装饰化、理性化已无法满足大众日益增长的物质文化需要。大众媒体迅速发展，各种流行文化充斥市场，广播、电视、报纸不断向消费者暗示商品与阶层审美（品位）的关联，把商品的附加价值推向极致；人们在消费商品时，不再仅仅为了满足生活中的物质（功能）需求，更为了满足消费商品时的精神（审美）需求，人们厌倦了广告中简单直接的功能性诉求，希望寻求一种更富于视觉欢娱的方式，因此，功能（商业）＋艺术（表现）的融合是广告创意发展的必然。

1. 波普艺术（Pop Art，1950—1980）

　　"POP"（波普）一词是英文"popular"的缩写，意为"流行的、大众的"，兴起于20世纪50年代初期的英国伦敦，它是20世纪后现代主义思潮中传播最广、最有影响的艺术形式之一。它反映了第二次世界大战后西方社会青年一代的文化观、消费观及审美趣味。波普艺术主张采用大众日常生活作为创作素材，与商业/工业产品相结合，借助电视、报纸、杂志等大众媒介作为宣传工具，最大化地去迎合消费者多元化的审美趣味。它彻底打破了"高雅"与"低俗"的界限，通过解构、拼贴、重复的手法，鲜艳强烈的色彩表现，标新立异的画面形态，用一种玩世不恭的叙事方式推销着大众流行文化。

代表人物有理查德·汉密尔顿、罗伊·利希滕斯坦、安迪·沃霍尔。

理查德·汉密尔顿（Richard Hamilton, 1922—2011，图1-66）英国著名艺术家，波普运动先驱组织"独立团体"的核心成员，被称为"波普艺术之父"。汉密尔顿最著名的作品是拼贴画《究竟是什么使今日家庭如此不同，如此吸引人呢？》（图1-67），画面展现了标准的现代家庭生活场景——带有楼梯的公寓、沙发床、茶几、地毯、家用电器等，灯罩上印着"福特"的标志，电视上是电影《爵士歌王》主角艾尔·乔森（Al Jolson）的脸部特写，窗外是挂着海报的电影院。画面视觉中心的位置是一位肌肉发达的半裸男子，握着一支像网球拍那么大的棒棒糖，旁边一位穿着清凉的女人斜坐在沙发上，棒棒糖上写着".POP"字样，它既是"棒棒糖"（lollipop）的结尾，又代表着画面中所有的"潮流事物"（popular）。有趣的是，这些图像全是从商业杂志中剪下再拼贴在一起的，浓缩了当时的流行符号和大众消费文化特征。这种全新的艺术手法打破了高雅艺术与大众文化的界限，为这一时期的广告创意提供了新的思路——商业形象艺术化、商品信息娱乐化（图1-68）。

图1-66　理查德·汉密尔顿

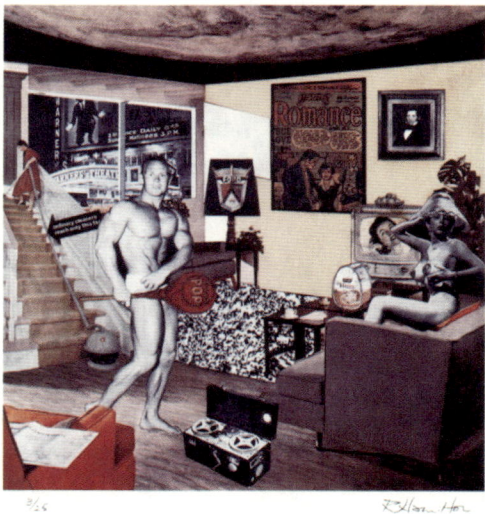

图1-67　究竟是什么使今日家庭如此不同，如此吸引人呢？/拼贴画/理查德·汉密尔顿/英国/1956

图1-68　可口可乐/广告招贴/达尔西（D'Arcy）广告公司/美国/1954

　　罗伊·利希滕斯坦（Roy Lichtenstein,1923—1997,图 1-69）是波普艺术的代表人物之一。他的作品基本取材于人们司空见惯的连环画，使用丙烯或油画颜料将这些元素"移置"到画布上放大。他吸取了新印象主义（Neo-impressionism）色点构成的精髓，以高纯度色彩和粗线轮廓为创作特色，故意保留了廉价彩色印刷工艺中的蓝、红、黄、黑四色网点。媒体对他的创作形式褒贬不一，1964 年的《纽约时报》将罗伊评为"美国最差劲的艺术家之一"，但他的作品又在艺术品拍卖市场上稳居高位，被艺术学界定义为"创造了纯粹的美国新绘画"（图 1-70、图 1-71）。利希滕斯坦拓展了波普艺术的内涵与外延，不再局限于从商业渠道提取创作元素，而是用艺术的笔触，分解、综合和复制了 20 世纪的大众生活景象（图 1-72）。直到今天，他独具风格的点线技巧和漫画手法，让波普的态度和精神在现代广告中演变和延续，因为他塑造的形象亲切、张扬、幽默、识别性强，符合市民趣味和审美，与现代流行生活方式相契合，深受大众喜爱。比如获得第 89 届奥斯卡金像奖最佳影片提名的《降临》（Arrival）的广告招贴，就致敬了罗伊·利希滕斯坦的波普风格（图 1-73）。

图 1-69　罗伊·利希滕斯坦

图 1-70　哭泣的女孩/帆布油画/
罗伊·利希滕斯坦/美国/1964

图 1-71　护士/帆布油画/
罗伊·利希滕斯坦/美国/1964

图 1-72　看！米奇！/帆布油画/
罗伊·利希滕斯坦/美国/1961

图 1-73　降临/广告招贴/
爱丽丝·李/美国/2017

图 1-74 安迪·沃霍尔

安迪·沃霍尔（Andy Warhol,1928—1987,图 1-74）是波普艺术黄金时期的领袖人物,与马蒂斯、毕加索和达利并称为"现代艺术四巨头"。他的作品几乎囊括了 20 世纪 60 年代以来美国最典型的流行文化符号:好莱坞明星玛丽莲·梦露、摇滚歌星"猫王"、可口可乐、食品罐头等。他完全抛弃了古典主义和现代主义艺术中手工绘制的部分,直接采用胶片制版、凸版印刷、橡皮或木料拓印等方式把照片转印到画布上,并运用大量的机械性重复排列、艳俗夸张的色彩,映射出后工业时代人们周而复始的空虚生活。安迪·沃霍尔的作品大致可分为名人肖像和静物两个类别,肖像系列折射时代变迁和大众文化趣味,静物系列呈现消费文化和市民生活面貌,如著名的"玛丽莲·梦露"（图 1-75）和"32 罐金宝汤罐头"（图 1-76）。在这个被大众传媒鼓吹的流行消费文化充斥的世界中,安迪·沃霍尔用"装配流水线式"的图像反抗着权威文化和架上艺术,它的创作方式直接影响了当时的广告创意风格——商业艺术和大众文化相结合（图 1-77、图 1-78）。

图 1-75 玛丽莲·梦露/丝网印刷/安迪·沃霍尔/美国/1962

图 1-76　32 罐金宝汤罐头/丝网印刷/安迪·沃霍尔/美国/1961

图 1-77　绿色可口可乐/广告招贴/
安迪·沃霍尔/美国/1962

图 1-78　米勒时装鞋店/广告招贴/
安迪·沃霍尔/美国/1955

2. 新浪潮 (New Wave Typography, 1960—1990)

20 世纪 60 年代末期,为了打破瑞士国际主义风格在设计界长期垄断带来的思维固化,瑞士巴塞尔设计学院的教师沃夫冈·魏因加特(Wolfgang Weingart)以国际主义的网格布局为起点进行了各种改革实验,因为该时期正是朋克文化蓬勃发展之时,因此又被称为"瑞士朋克设计"。沃夫冈对平面作品中的字体及编排方式进行各种切割、拆分、组合,采用具有强烈的构成主义特色的几何图形重构字体,以阶梯形编排版面;对作品的图像部分,通过照相技术对版面进行变形、重叠、拼贴,形成动感十足、富有深度的错视空间。这一艺术思潮的兴起,与第二次世界大战之后的"婴儿潮"(baby boom)及 20 世纪七八十年代日益浓厚的商业文化有着直接关系,这代人生长在和平年代,大多受过良好教育,他们感性冲动、热衷享乐。所以,在新浪潮风格影响下的广告设计,与强调高度理性化和系统化的国际主义风格大相径庭,摆脱了之前过分追求设计理性而造成的生硬感和雷同感,增加了许多感性的、个人的、自由的元素,利用流行文化元素让设计充满装饰性和动感,融合了理性的功能化表达和感性的艺术化表达。

代表人物有沃夫冈·魏因加特、艾普里尔·格莱曼。

图 1-79　沃夫冈·魏因加特

沃夫冈·魏因加特(Wolfgang Weingart,1941—,图 1-79)是新浪潮设计运动的发起人,他的设计充满了对早期荷兰风格派、俄国构成主义和德国包豪斯关于字体与版式设计的反思。作为瑞士巴塞尔设计学院的老师,他带领着学生尝试各种不同的组合、比对不同构成传达的感觉、探索各种字体排版的可能性。1972 年 10 月,沃夫冈来到美国,在各大艺术学院进行巡回演讲,他的设计思想给正处在后现代主义运动初期的美国设计界带来了启示,成为后现代主义设计的视觉参照。40 多年的教学生涯让他的学生活跃于各大设计院校,继续传授他的设计理念,新浪潮风格的设计很快流行于世界各地,统治设计界长达 20 年之久的国际主义风格被动摇了。

沃夫冈认为所有平面设计的视觉准则都是可以打破的,字体大小、轻重、形式、空间可以多元化组合,设计应该充满趣味性和易读性。沃夫冈利用制版照相机作为设计工具,对已设计好的版面进行技术化处理,让原有的刻板的版面变得生动活泼,具有超现实主义色彩(图 1-80、图 1-81)。

艾普瑞尔·格丽曼(April Greiman,1948—,图 1-82)是将技术、科学、文字、图像、色彩和空间融为一体的跨媒体艺术家,她也是 20 世纪 80 年代最早开始将计算机技术运用于艺术创造的设计师之一,在此之前,计算机一直被视为信息处理的工具。作为沃夫冈的得意弟子,她从巴塞

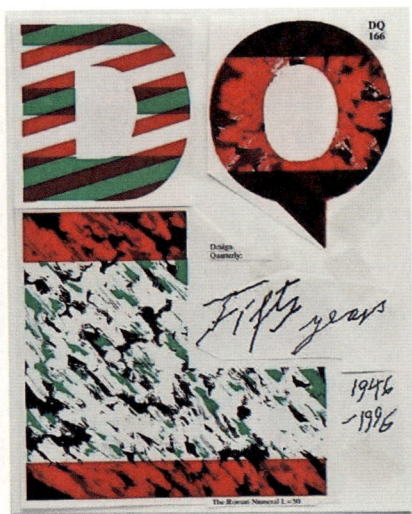

图 1-80 DQ 五十周年设计季/广告招贴/
沃夫冈·魏因加特/德国/1995

图 1-81 瑞士 1900—1984/广告招贴/
沃夫冈·魏因加特/德国/1983

尔设计学院硕士毕业之后，一直致力于在创作工具、新兴技术与设计师之间寻求平衡。她的设计打破了国际主义奉行的网格设计原则，运用几何图形背景、层叠的悬浮字体、加大字母间隔、阴影和指示标记线条，在二维平面上构建三维甚至四维效果（图1-83）。1984 年艾普瑞尔设计的"虹膜之光"广告招贴，成为她职业生涯的转折点，她将具有符号意义的视频截图作为设计元素，融合了新浪潮的文字排版风格，在创意构思及视觉审美上都非常精巧，整个画面充满着流动的光感（图1-84）。

图 1-82 艾普瑞尔·格丽曼

随着战后资本主义生产力的高速发展，西方社会的经济结构、文化教育、科学技术等发生了翻天覆地的变化，在物质丰饶的消费主义和知识信息急速膨胀的社会背景下，文化精英与普罗大众之间的界线逐渐模糊，人们的审美情趣也越来越多元化。广告作为一种时尚艺术，必须积极寻找与大众生活的共鸣，将视觉元素与不同艺术表现形式相结合，实现营销功能与艺术形式融合的广告创意变革。在这种背景下，催生了多元化的广告创意风格，在审美情趣上迎合大众品位，在设计方法上注重信息容量、传播速度及经济效益，如纽约派风格、图钉风格、嬉皮士风格、旧金山派风格、孟菲斯风格等（图1-85 至图1-92）。

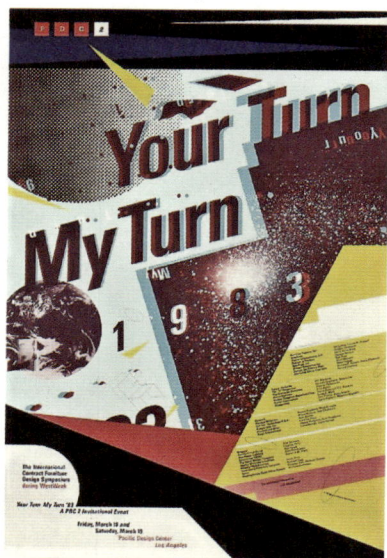

图 1-83 轮到你了,轮到我了/
3D 广告招贴/艾普瑞尔·格丽曼/
美国/1983

图 1-84 虹膜之光/广告招贴/
艾普瑞尔·格丽曼/美国/1984

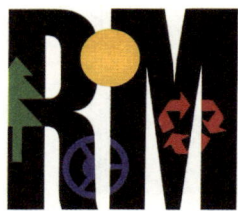

图 1-85 IBM 公司/
广告招贴/"纽约派"
风格/保罗·兰德/美国/
1976

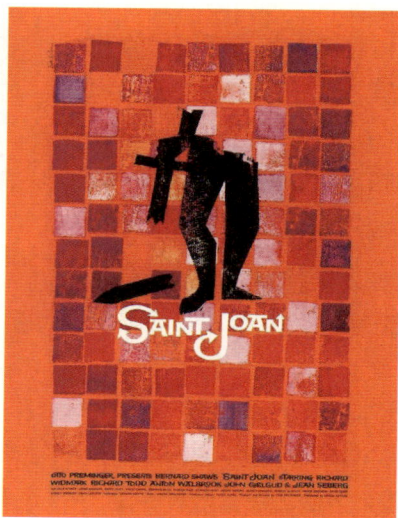

图 1-86 圣女贞德/广告招贴/
"纽约派"风格/索尔·巴斯/美国/1957

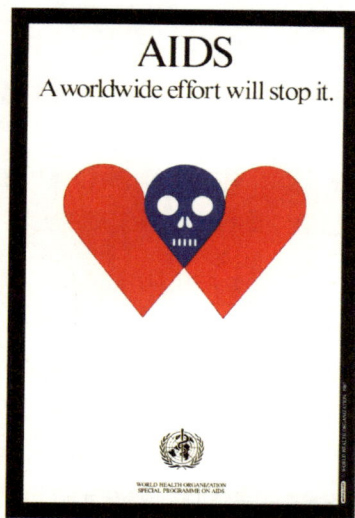

图 1-87 全球抵抗艾滋/广告招贴/
"图钉"风格/米尔顿·格拉瑟/美国/
1987

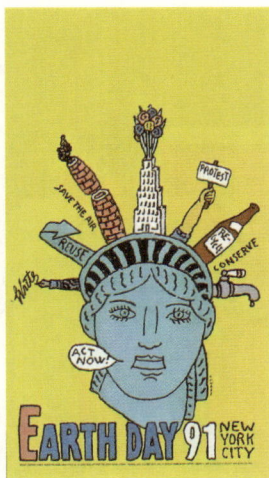

图 1-88　新纽约城·世界
地球日/广告招贴/
"图钉"风格/
西摩·切瓦斯特/美国/1991

图 1-89　很难解决/乐队广告招贴/
"嬉皮士"风格/韦斯·威尔逊/
美国/1968

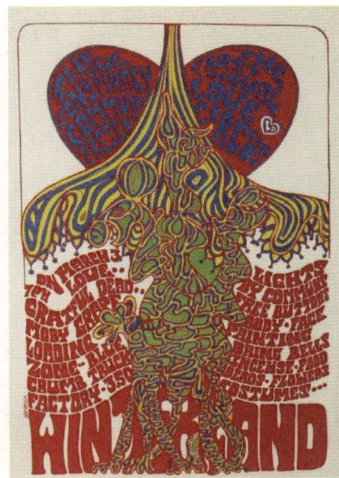

图 1-90　感恩至死乐队——
冬日土地/演出广告招贴/
"嬉皮士"风格/华莱士·科恩/
美国/1967

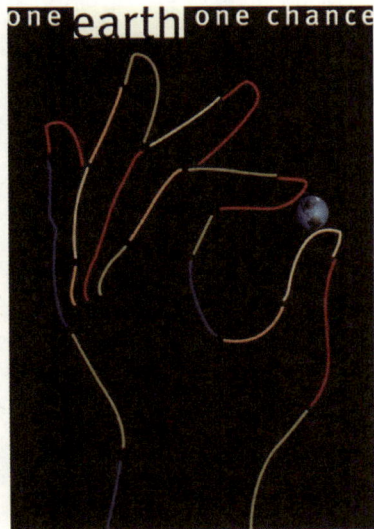

图 1-91　一个地球，一次机会/广告招贴
"旧金山派"风格/范比德尔/美国/1979

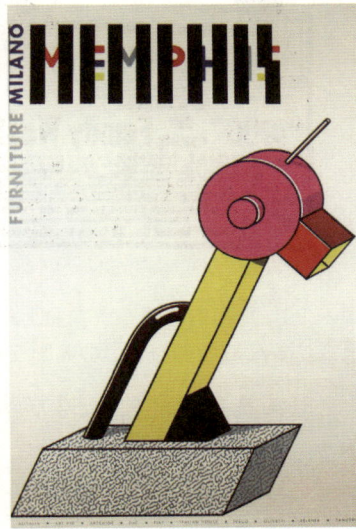

图 1-92　米兰家居展/广告招贴/
"孟菲斯"风格/埃托·索特萨斯/
意大利/1981

▶▶ 三、20 世纪广告创意流派与经典理论

（一）推销派

20 世纪初至 40 年代中期,西方资本主义国家通过海外扩张、商品及资本输出、掠夺性贸易、通信及交通事业的迅猛发展,社会经济持续繁荣,人们对商品消费的需求与日俱增。由于技术进步带来产能迅速扩张,商品同质化竞争日趋严重。企业主们开始认识到,与其一味降低成本,不如依靠广告宣传来促进销售。向潜在消费者描绘产品的优点、分析购买自家产品而非别家产品的原因,这一时期的广告创意主要以生产者、产品和传播者为中心,围绕着产品及生产本身进行诉求,称为"推销派"。

1. 硬核出击——约翰•肯尼迪和"印在纸上的推销术"

19 世纪末 20 世纪初,社会上没有专业的广告设计人员,大多数广告都是由画家兼职完成的,力图以精致华美的外在形式吸引消费者眼球,广告创意就是纯粹的艺术表现,无须顾及消费者的感受,也无须考虑销售诉求,这与当时社会生产力相对低下、商品供不应求、以"卖方市场"为主导的市场环境是分不开的。随着卖方市场向买方市场的演进,1904 年,约翰•肯尼迪(John Kennedy)提出一个极为有名的广告概念:"广告是印在纸上的推销术。"一扫过去广告的"告白"方式,开始从技术上探讨广告的推销功能。他认为,广告不是发布商品或服务的新闻,更不是虚有其表的韵诗和歌谣,而应像一个挨家挨户拜访的推销员,用合情合理的话语方式告诉消费者自己的推销理由,帮助消费者分析购买原因。"纸上推销术"观念的提出,批判了当时推崇的为艺术而艺术的"绘画式"广告创意,预示着 20 世纪"功能主义"广告时代的来临。约翰•肯尼迪为 1900 洗衣机公司所做的新版广告《让这台洗衣机自己去还债吧》,充分体现出他的推销智慧。

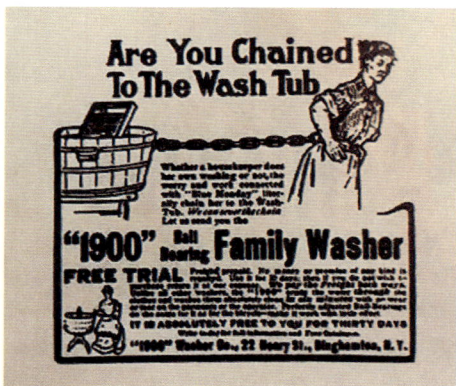

图 1-93 别把自己铐在洗衣盆上/报纸广告/1900 洗衣机公司/美国/1905

1900 洗衣机原先的广告展示了家庭主妇被锁链铐在洗衣盆上的画面(图 1-93),广告文案如下:

别把自己铐在洗衣盆上

别把自己铐在洗衣盆上,你会未老先衰。

为你奉上采用新原理制造的新式洗衣盆。

它省时省钱,30 天试用,先付 2 美元,余额分期付款,

每周 2 美元,6 周付完。

1900 洗衣机公司。

这则广告图文并茂，用戏剧性手法将主妇与家务活之间的关系进行了描述，运用"未老先衰"这一恐惧诉求带出了产品利益点，最后还附上促销信息，看上去如此"贴心"。然而，约翰·肯尼迪一针见血地指出了广告中存在的几个问题：第一，"铐在洗衣盆上"无疑是将主妇定义为被家务活束缚的"奴隶"；第二，没有哪个女性愿意这样被轻视；第三，"新原理"三个字不足以让人信服产品的具体功能；第四，直截了当的分期付款信息会让顾客觉得没面子；第五，缺乏新闻性与话题性。于是，这则充满着傲慢气息的广告被约翰·肯尼迪换掉。原广告中的家庭妇女形象，换成了"精致可人"的优雅形象，家务活被包装得轻松简单，桶状的1900洗衣机变成了茶几，主妇坐在它旁边的摇椅上，一边悠闲地饮茶，一边转动洗衣机手柄（图1-94）。广告文案如下：

图1-94 让这台洗衣机自己去还债吧/报纸广告/约翰·肯尼迪/美国/1906

让这台洗衣机自己去还债吧

当我发明1900洗衣机时，决心不让任何人为这种洗衣机而付款，我要让我的洗衣机自己来证明它能做别的洗衣机做不了的工作。

下面是我对我的新洗衣机作出的郑重承诺：不管你自己洗衣服还是雇用洗衣妇，它每周都将为你省下60美分，因为你要付给洗衣妇一天1.2美元的工钱，当然你自己的时间也得那么多。现在，不费太大力气，我保证我的新洗衣机能连续运转一天半，其他的洗衣机还没有哪种能全天工作，而且你还将因此每周节约60美分。

那么，为什么不让我送你一台这样的机器呢？试用4周吧，费用算我的。所有节省下的钱，全部归你。只需在4周以后的短短24周里，把你每周节省下的60美分中的50美分寄给我，那台机器就完全属于您了。

新的广告带有正面积极的心理暗示，首先，它肯定了家庭主妇的劳动价值和美好形象，运用第一人称，将人们最关心的利益问题放在最前面，激发顾客继续阅读的兴趣；其次，运用不同洗衣方案的价格对比，站在消费者立场主动帮其分析利弊，但并不直接推销，而是把选择权交给对方，消除他们对广告的戒备心；再次，广告中并没有直接说产品价格，只说"试用4周吧，费用算我的"，让犹豫不决的顾客打消顾虑愿意尝试；最后，4周以后的24周付款方式，巧妙地将"分期付款"进行了包装，维护了顾客的自尊心。

2. 先发制人——克劳德·霍普金斯和"预先占用权"

克劳德·霍普金斯（Claude Hopkins）是现代广告奠基人之一，他将广告定义为推销术的一种，"它的基本原则就是推销术的基本原则……广告的唯一目的是实现销售。广告是否赢利，取决于广告引起的实际销售"[①]。在他科学的广告理论中，霍普金斯提出了设置"预先占用权"来树立产品的独特性，即谁能找到某行业最具普遍性的产品特征，并声称谁最先拥有它，谁就在第一时间"占用"了这个产品。不要试图在一则广告中表达多个销售点，而是集中围绕某一个销售要点进行诉求。

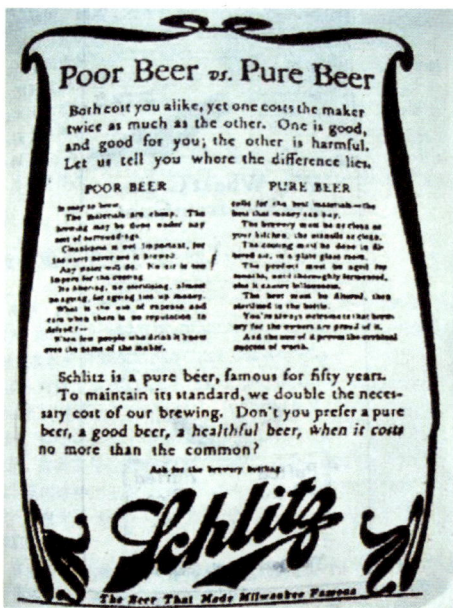

图 1-95 喜力滋啤酒/报纸广告/
克劳德·霍普金斯/美国/1919

20 世纪初期美国啤酒市场竞争激烈，陷入销售困境的喜力滋啤酒（Schlitz Beer）聘请了霍普金斯作为顾问，意图在啤酒大战中脱颖而出。在所有商家都在广告中宣传啤酒的口味纯正，并且比拼谁的"纯"字更大、更醒目时，霍普金斯将宣传重点转向酿造啤酒的复杂流程。虽然所有的啤酒厂商都采用了相似的生产流程——纯水酿造、酵母发酵、蒸汽消毒等，但消费者对此一无所知。根据"预先占用权"理论，霍普金斯第一时间在广告中提出了"我们的啤酒是真正用蒸汽清洗过的"，将最具普遍性的产品特征"预先占用"，成为喜力滋啤酒的独家特征（图 1-95）。6 个月后，喜力滋销量剧增，一跃成为全美最受欢迎的啤酒品牌。1997 年乐百氏纯净水推出的《27 层净化》广告，正是运用了霍普金斯的"预先占用权"理论，让它的销量在短短几个月内跃升至全国同类产品第二名。并不是其他纯净水厂商达不到这个标准，而是因为乐百氏先入为主地占据了受众认知，与喜力滋啤酒的宣传手法有着异曲同工之妙。

3. 绵里藏针——西奥多·麦克马纳斯和"情感氛围"

当 20 世纪初期的广告主导策略偏向理性诉求时，西奥多·麦克马纳斯（Theodore MacManus）对广告仅仅针对商品品质和属性进行描写，而对于购买商品的消费者视而不见产生了质疑。他认为，关注顾客的需求、欲望和使用感受，掌握购买者的心理节奏，有助于和消费者建立长久的情感联系。他主张在广告中运用含蓄的手法传递产品的完美形象，不断给予受众"拥有该产品后会获得幸福、尊重和关注"的心理暗示，营造一种消费后情感释放的美好氛围。例如 1915 年

---

① ［美］克劳德·霍普金斯:《我的广告生涯·科学的广告》，邱凯生译，新华出版社 1998 年版，第 180 页。

麦克马纳斯在《星期六晚间邮报》为凯迪拉克轿车所做的广告《对领导者的惩罚》，并没有从科学或理性的角度说明销售理由和购买理由，如品质优良、性能卓越、马力强劲等，而是通过强调凯迪拉克在汽车行业的领导地位，让消费者建立与产品的关联性，从而给购买者带来精神愉悦感（图1-96）。

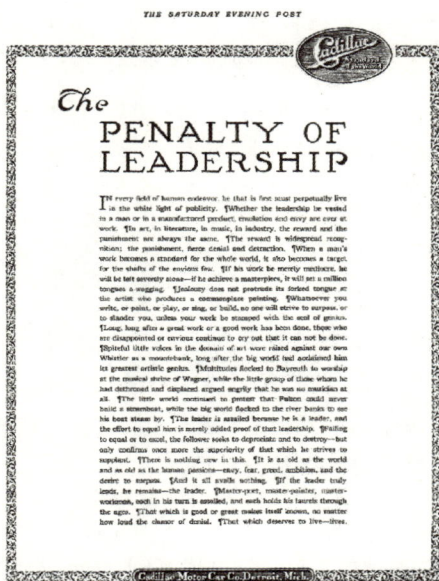

对领导者的惩罚

在人类进步的每个领域中，处于领先地位的人，必定生活在公众注目的焦点处。不论是一个人还是一种商品，一旦出人头地，模仿、赶超和嫉妒总会接踵而至。在艺术界、文学界、音乐界和工业界，酬劳和惩罚总是相同的。酬劳就是得到公认，而惩罚就是遭到反对和疯狂的诋毁。当一个人的工作得到世人的公认时，他同时也成了个别嫉妒者攻击的目标……杰出人物确实有其过人之处，他终究是一个杰出者。杰出的诗人、著名的画家、优秀工作者，每个人都会遭到攻击，但每个人最终也都会拥有荣誉。不论反对的声音如何喧嚣，美好的或是伟大的总会流传于世，该存在的总是存在。

图1-96　对领导者的惩罚/报纸广告/西奥多·麦克马纳斯/美国/1915

"情感氛围"派的形成与发展，与20世纪30年代爆发的经济危机是分不开的，广告中陈列过于理性的数据和事实，反而会暴露经济低潮的现实，引起人们的负面情绪。大萧条时代的公众，急需一种抚慰焦虑情绪的良药，而专注于消费者心理和关怀的软性推销，如同绵里藏针，以柔克刚地击中了公众的软肋。如知名化妆品牌伊丽莎白·雅顿（Elizabeth Arden）在第二次世界大战期间推出的《蒙特古马红》广告，穿着军装的女性依然保持着得体的妆容，口红俨然成为提高士气的符号，诉说着女性争取自由、尊重和权利的渴望（图1-97）。

图1-97　蒙特古马红/杂志广告/
伊丽莎白·雅顿公司/美国/1940

(二) 科学派

1. 聚焦产品——罗瑟·瑞夫斯和"USP"理论

罗瑟·瑞夫斯(Rosser Reeves)是科学派广告的拥趸,20世纪40年代,在继承克劳德·霍普金斯硬派推销理论基础上,首次提出"独特的销售主张"的理论,简称USP(Unique Selling Proposition)理论。他认为,广告立足于调查和销售,而不是艺术和灵感,甚至觉得"创意在广告里是一个最危险的词"。1961年,罗瑟·瑞夫斯根据他在达彼思广告公司(The Bates & Company)的实践,出版著作《实效的广告》。他在书中系统阐述了这一理论,主要包括三个部分:(1)广告必须向消费者表达一个明确的主张,应主动告诉消费者购买这件产品能获得的具体利益;(2)这个主张必须是竞争对手做不到或无法提供的,必须说出其独特之处,这一部分可以看作是克劳德·霍普金斯"预先占用权"思想的延续;(3)这个主张必须高度聚焦,把广告信息集中在一个点上,通过不断输出极简内容来强化产品记忆。

由此可见,USP理论虽然强调事实与调研,但依然是以产品为本位展开诉求,与早期推销派的观念一脉相承,在产品同质化现象不突出的前提下寻找差异化,以此作为人们购买商品的诱因。究其原因,当时的社会基本处于商品供不应求的卖方市场,大众消费还是以产品的功能利益为主,USP理论是罗瑟·瑞夫斯对当时消费者作出客观判断的结果,它具备极大的市场适应性。因此,这种聚焦产品的广告观念在20世纪上半叶一直居于统治地位。

M&M'S巧克力豆广告是罗瑟·瑞夫斯USP理论的完美注脚。1954年,玛氏(Mars)食品公司推出了一款巧克力豆,但新产品的销售效果并不理想,于是找了达彼思公司做代理。罗瑟·瑞夫斯仅用了十分钟就找到了M&M'S巧克力豆的USP——这是美国唯一用糖衣包裹的巧克力豆,这一"主张"恰好是竞争对手做不到的;由此进行延伸,瑞夫斯决定在广告中明确告诉消费者这一特点的优势:糖衣包裹的巧克力不会轻易在手上溶化,可以避免吃巧克力时弄脏手;并且将这一优势高度提炼,以"只溶在口,不溶在手"作为广告诉求点,配合相应画面在电视上不断播放,让M&M'S巧克力豆的优势瞬间凸显(图1-98)。

时至今日,USP的理论内涵仍然作为广告创意策略的经典,影响着一代又一代的广告人,如

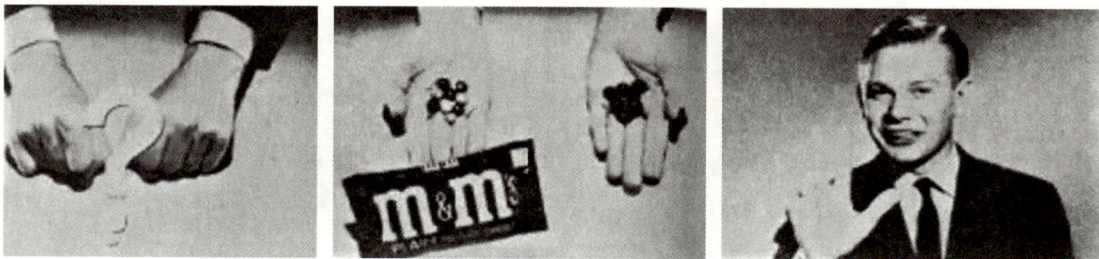

图1-98　M&M'S巧克力豆——只溶在口,不溶在手/电视广告/罗瑟·瑞夫斯/美国/1954

美团外卖的"唯快不破"，奥利奥的"扭一扭，舔一舔，泡一泡"，海飞丝的"去屑不伤发"，农夫山泉的"有点甜"，均体现出各自"独特的销售主张"（图1-99、图1-100）。

图1-99 美团外卖"唯快不破"广告/
美团外卖/中国/2016

图1-100 奥利奥广告/卡夫食品（中国）/
中国/2006

2. 个性赋予——大卫·奥格威和"品牌形象"理论

20世纪60年代，随着社会生产力进一步提高，产品数量和种类日益丰富，消费者拥有了更多自主选择权。大规模生产导致产品同质化越来越严重，千篇一律的功能诉求已无法满足消费者多变的需求。为了争夺市场，企业主们开始有意识地从消费者角度出发，针对不同的人群创造和提供相应的产品或服务。在这种背景下，大卫·奥格威（David Ogilvy）在其1963年的著作《一个广告人的自白》中提出了品牌形象理论，其核心思想是：(1)同类产品差异性减小，品牌之间的同质性就会增大。广告应避免强调产品本身的功能特性，而应塑造出满足消费者情绪意象的个性化形象，它是该品牌图像及概念等各要素的集合体，能够让人们由这一形象产生情感联系与审美偏好。(2)任何一个广告都是对品牌的长期投资，即使牺牲短期利润，也要让品牌形象具有持久性。这里的持久性并不代表一成不变，而是在保持核心内涵的前提下，不断成长提升。(3)消费者购买时追求的是"实质利益＋心理利益"，广告宣传应包含产品功能诉求及受众心理诉求，二者相辅相成、相得益彰。[1]大卫·奥格威的创意哲学建立在"广告是科学"这一基点上，其科学性来源于对消费者、广告商、邮购公司、百货商店、媒体的大量调查研究，为广告创意策略理论及实践提供了全新视角。

在经典广告《穿"哈撒威"衬衫的男人》（*Theman in the Hathaway Shirt*）中，奥格威让模特戴上黑色独眼眼罩，用颠覆常规的视觉形象，赋予没有个性的工业产品（衬衫）独特的品格和

① ［美］大卫·奥格威：《一个广告人的自白》，林桦译，中信出版社2008版，第87页。

高度识别性,这就是品牌的任务所在。广告的开头以聊天式的口吻告诉消费者"如果你买了一身很好的西服,却搭了一件廉价的衬衣,这会毁掉你的整体形象",快、准、狠地抓住了目标受众的心理,让人产生继续阅读的兴趣;接着详细介绍了有关于产品的各类特点:耐穿、不惜工本、穿着舒适、手工缝制、历史悠久……并强调了衬衣布料来自世界各国优质的产地,类似于今天的行业"背书"。该广告以大量事实作为诉求基础,首先满足了消费者的"实质利益",再穿插以"有男子气""南北战争前的高雅"这类词汇,满足了消费者的"心理利益"。奥格威让产品像人一样拥有自己的个性,相较于外形、功能、价格甚至品质差不多的同类产品,"哈撒威"也会因为出众的品牌形象,让消费者产生完全不同的联想,为这一"量身定做"的特色买单(图 1-101)。

穿"哈撒威"衬衫的男人

美国人终于开始体会到一套好的西装被一件大量生产的廉价衬衫毁坏了整体效果的事实了,这实在是一件愚蠢的事。因此在这个阶层的人群中,"哈撒威"衬衫开始流行了。

首先,哈撒威衬衫能穿很长时间。其次,因为"哈撒威"剪裁的低斜度及"为顾客定制的"衣领,使得您看起来更年轻、更高贵。整件衬衣不惜工本的剪裁,使您感到更为"舒适"。

衬衫的下摆很长,可深入您的裤腰。纽扣是用珍珠母做成的——大且非常有男子气。甚至缝纫技术上也能让人看出高雅。

最重要的是"哈撒威"使用从世界各角落进口的最有名的布匹来缝制他们的衬衫——从英国来的棉毛混纺的斜纹布,从苏格兰奥斯特拉德地方来的毛织波纹绸,从英属西印度群岛来的海岛棉,从印度来的手织绸,从英格兰曼彻斯特来的宽幅细毛布,从巴黎来的亚麻细布,当穿上这么完美风格的衬衫时,会使您得到众多的内心满足。

"哈撒威"衬衫是缅因州的小城渥特威的一个小公司的虔诚的手艺人所缝制的。他们几代人在那里工作了已整整 114 年。您如果想在离您最近的店家买到"哈撒威"衬衫,请写张明信片到"G.F. 哈撒威"缅因州·渥特威城,即复。

图 1-101 穿"哈撒威"衬衫的男人/报纸广告/大卫·奥格威/美国/1951

(三)艺术派

20 世纪 50 年代末至 70 年代,随着广播、电视等大众媒体的普及,受众对传媒的选择方式和媒介信息的接受方式发生着改变。对于广告传播来说,人们也由早期的"推销—刺激—反应"的接受模式转变为有选择的接受,尤其是第二次世界大战后的新生代消费者,他们反叛、注重享乐、以自我为中心,带有导向型的推销话术让他们不屑一顾,更倾向于标新立异的激情释放。第三次科技革命带来了资本主义经济的高度繁荣,市场环境从"卖方"向"买方"转移。人们购买商品不仅仅是为了满足物质需要,还为了满足兴趣、喜好、身份认同的精神需要。广告在充斥着流行文化的消费社会中，已不再是如过去的"推销术"那样简单，而必须以更富于视觉欢娱的方式，"艺术派"应运而生，它掀起了60年代广告界的创意革命，与20世纪上半叶充斥着数据图表的科学主义划清界限。艺术派把广告创作的重点从卖方转移到买方，认为广告如同写给消费者的情书，商品信息经过艺术加工，创作出特定的、包含着符号价值的艺术形象，建立起与消费者的情感链接。

1. 渗透心灵——威廉·伯恩巴克和"ROI"理论

威廉·伯恩巴克（William Bernbach）不相信所谓的广告法则，不准备任何市场营销计划，也很少做调查研究。他坚信广告不是一门科学，而是一门劝说的艺术，而"怎么说"比"说什么"更重要。因此，他提出了ROI理论，认为优秀的广告必须具备三个基本要素：关联性（Relevance）、独创性（Originality）、震撼性（Impact）。

（1）关联性。广告创意不应单纯地停留在产品功能和属性上，必须与商品、消费者甚至竞争对手建立逻辑关系，且不超出目标受众知识经验领域，并有效作用于生理与心理需求之上，以便让他们第一时间理解并接受。广告符号的建构最好与人们生活中熟知的事物，或者广泛认同的观念相吻合。首先是寻找广告创意与商品之间的关联，为商品本身的"自然属性"寻找与之对应的"象征意义"，并在广告中转化为视觉符号，即索绪尔所说的"用符号表示整体，用所指和能指分别代替概念和形象"①。简单地说，就是通过心理联想，把一种事物用于指代另一种事物，二者的关联性越强，广告效果就越好。这其实是寻找广告创意与消费者之间的关联，关联物可以是生活中大家所熟悉的人、物、事，也可以是消费者广为认同的道理、观念，或者是明星及权威人士，最好是找到广告创意与竞争对手的关联。若自身产品与竞争产品不相上下，则强化"人无我有、人有我优"的诉求，加深消费者的记忆；若自身产品与竞争产品差距甚远，可巧借优势方的名声带动自己，也就是俗称的"蹭热度"。

如伯恩巴克为艾菲斯（Avis）租车公司所做的系列广告，借助业内排名第一的赫兹（Hertz）租车公司的名气带动自己，宣称自己是"老二"，向受众抛出问题——"艾菲斯在出租车业只是第二位，那为何与我们同行？"成功引起了消费者极大的兴趣。接着在广告中宣传："我们更努力（当你不是最好时，你就必须如此），我们不会提供油箱不满、雨刷不好或没有清洗过的车子，我们要力求最好。我们会为你提供一部新车和一个愉快的微笑……"巧妙地将自身优点融入谦卑的态度中，这种做法成功地激发了人类同情弱者的心理，建立起诚实又努力的形象，让长期亏本的艾菲斯公司在两个月内扭转了亏损局面（图1-102）。

（2）独创性。即广告创意要尽量避免墨守成规，要善于挖掘常规事物中的非常规元素。首先，创意人员需要确立具有独创性的广告主题，并贯穿于整个创意过程之中；其次，需要塑造具有独创性的广告形象（人物、动物、物品均可），给受众留下深刻记忆；最后，需要设计具有独创性的广

① ［瑞士］费尔迪南·德·索绪尔：《普通语言学教程》，高名凯译，商务印书馆1980年版，第101—102页。

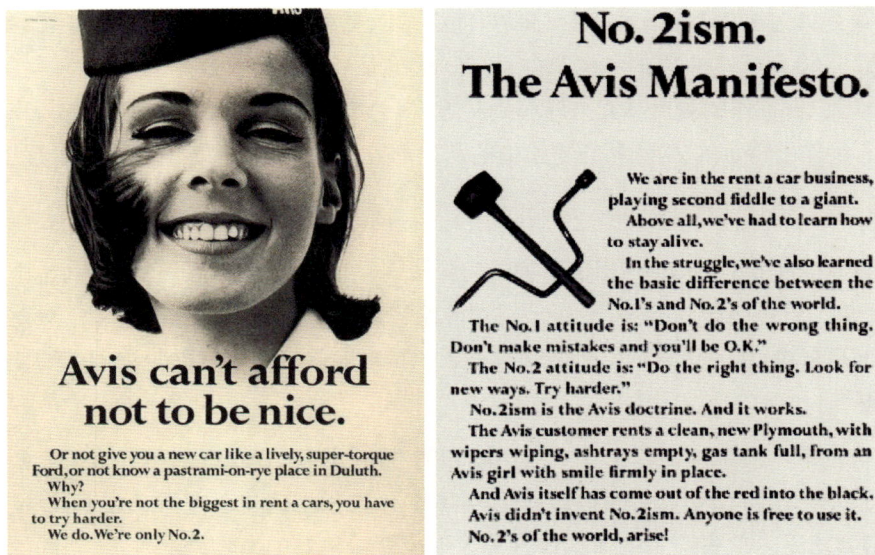

图 1-102　艾菲斯租车公司/报纸广告/
威廉·伯恩巴克（DDB 广告公司）/美国/1963

告表现形式，赋予商品/服务与众不同的艺术品格。广告中的独创性并不是一味求新求异，应以符合商品特性和消费者心理特征为前提，让观众觉得"既在情理之中，又在意料之外"。

（3）震撼性。在广告中通过听觉、触觉、视觉、动感等方式抢占消费者注意力，让其不由自主地被吸引，并产生情绪波动和情感共鸣。具有震撼性的广告相对于平淡无奇的广告而言，能够给予受众更自由的想象空间，充分调动消费者的感官以激发消费欲望。

洞察人性、出其不意、以情动人是伯恩巴克广告创作中最突出的特点，往往在人们熟视无睹的地方发掘出崭新的思路。他的艺术夸张是恰到好处的，在看似反常的表述中告知受众实际有效的信息。1958 年至 1977 年，他与两位合伙人共同创办恒美（DDB）广告公司，他们为大众甲壳虫汽车所做的系列广告成为艺术派广告的经典之作。这款车身材短小，内饰精美，功能简单，对习惯了宽大舒适、马力强劲、内饰豪华汽车的纽约人来说，这辆车似乎一无是处。当时的汽车广告大多千篇一律：花园、洋房、宠物狗，喜笑颜开的一家人站在熠熠生辉的车子旁，彰显着中产阶级的闲适生活。而伯恩巴克团队在远赴欧洲工厂实地考察后，决定反其道而行之，在广告中自曝其短，不遗余力地吐槽产品"小气/想想还是小的好""次品/柠檬""拥有它的好处之一是卖掉它""他们说办不到，就是办不到"……这种寓褒于贬、似贬实褒的幽默诙谐的手法，在不经意间巧妙糅合产品的卖点，让受众感到轻松愉悦（图 1-103 至图 1-106）。尤其对于那些战后成长起来的新生代来说，他们渴求能代表新价值观、新文化意向的诉求方式，希望与父辈的"传统刻板"区分，因此成为带动甲壳虫销售的庞大消费群体，让大众小型车一直主导美国市场，高于任何其

小气/想想还是小的好

我们的小车再也不只是个新鲜的小玩意。

不会再有一大群学生试图挤进里面。不会再有加油工问它油箱在哪里？不会再有人感到其形状古怪了。

事实上，很多驾驶我们"廉价小汽车"的人已经认识到它的许多优点，如1加仑(4.5升)汽油可跑51.5千米，可以节省一半汽油；用不着防冻装置；一副轮胎可跑64 370千米。

也许一旦你习惯了甲壳虫的节省，就不再认为小是缺点了。尤其当你挤进狭小停车场时，当你支付小额保险金时，当你支付小笔修理账单时，或者当你用旧大众换新大众时。

请想想小的好处。

图1-103　汽车平面广告/威廉·伯恩巴克(DDB广告公司)/美国/1958

次品/柠檬

这辆"甲壳虫"未赶上装船货运。

仪器板上放置杂物处的镀层受到损伤，这是一定要更换的。你或者不可能注意到，但检查员克郎诺注意到了。我们设在沃尔夫斯堡的工厂中有3 389位工作人员，其唯一的任务就是，在生产过程中的每一个阶段都去检查"甲壳虫"(每天生产3 000辆"甲壳虫"，而检查员比生产的车还多)。每辆车的避雷器都要检查(决不作抽查)，每辆车的挡风玻璃也经过详细的检查。大众车经常会因肉眼看不出来的表面抓痕而无法通过。

最后的检查更是苛刻！"甲壳虫"的检查员把每辆新车像流水般送上车辆检查台，通过总计189处的查验点，再飞快地打开自动刹车台，这样每50辆"甲壳虫"中总会有一辆被人说"通不过"。

对一切细节如此重视的结果是，大体上讲"甲壳虫"比其他的车子耐用而不大需要维护(其结果也使"甲壳虫"的折旧较其他车子为少)。

我们剔除了"柠檬"(次品)，你们得到了"李子"(十全十美的车)。

图1-104　汽车平面广告/威廉·伯恩巴克(DDB广告公司)/美国/1958

图 1-105 汽车平面广告/威廉·伯恩巴克（DDB 广告公司）/美国/1960

拥有它的好处之一是卖掉它

"甲壳虫"不会因为一启动钥匙就严重折旧。

就某一方面来说，它越久越值钱。

因此，许多新车价格为"甲壳虫"两倍的车子。五年之后，反而比"甲壳虫"便宜许多。

"甲壳虫"的旧车值钱，因为许多人想买它。原因之一：必须是汽车行家，才能辨别出干净的旧车和新车。

"甲壳虫"永远像"甲壳虫"。

另一原因是：它们持久耐用。

"甲壳虫"的组合精密，几乎密不通风（必须先打开一隙窗缝，才能轻易地关上车门，即使旧车亦然）。而且，"甲壳虫"无论新旧，都可以从汽车、机油、轮胎的保险和修理中，为你省下许多宝贵的钞票。

所以，你能卖到好价钱（如果你不得不卖的话）。

这种经济效益，正是人们乐于付出一切代价去换取的。

图 1-106 汽车平面广告/威廉·伯恩巴克（DDB 广告公司）/美国/1966

他们说办不到，就是办不到

我们尽力了，上帝都知道我们尽力了。但是，想把"费城 76"人的威廉·张伯伦塞进"甲壳虫"的前座，不太可能。

所以，如果你和 NBA 的张伯伦一样高，我们的车可能不适合你。但是你若只有 1.83~2.13 米的话，你的身材就让你有机会欣赏我们在"甲壳虫"上的伟大成就了。

头部空间比你想象得大（后座椅到车底超过 0.95 米），前座的容脚空间比任何豪车的都大。因为我们把发动机架在了后轮上，所以不会挡你的脚。

你能在车前放两个中等的提箱（因为发动机不在这）。并在后座放三个身材可观的小孩。

你还可以让一个发育良好的小宝宝在后座的后面睡觉。

不过，"甲壳虫"也有一个地方容量不大：油箱。

但是，"甲壳虫"每加仑（4.5 升）大约可以跑 46.67 千米。

他单一车型的销量，甚至超过了福特T型车（Ford Model T）。

2. 调动情绪——李奥•贝纳和"戏剧性"理论

"与生俱来的戏剧性"是李奥•贝纳（Leo Burnett）的创意哲学，又被称为"固有刺激法"。他认为，广告创意最重要的任务就是挖掘商品内在的固有刺激——生产原因及消费者的购买原因，这是找到传达商品及服务特点的最为有效的方式，这种方式能让商品戏剧化地成为广告里的英雄，产生让人发生兴趣的魔力，从而给顾客一个"不可拒绝的购买理由"。李奥•贝纳不像大卫•奥格威那样过于严谨，也不像伯恩巴克那样强调震撼性。李奥•贝纳的"戏剧性"是顺其（商品）自然的，不会为了创意而离开商品，不会去创造与商品内在没有关联的东西，他把这种清新朴实的广告风格命名为"芝加哥广告学派"。

以他的成名作《月光下的收成》为例，当时李奥•贝纳广告公司刚成立不久，明尼苏达流域罐头公司（Minnesota Valley）请他为罐装豌豆做广告（图1-107）。这则广告并没有落入强调"新鲜罐装技术"的套路，而是诗情画意地展示了朦胧月光下的无垠田野，在一轮明月的映照下，绿色巨人带着温柔的微笑，正在收割豌豆，旁边停靠着卡车和联合收割机。文案写着："无论日间或夜晚，绿巨人豌豆都在转瞬间选妥，风味绝佳……从产地至罐装不超过三小时。"广告一方面体现出豌豆从产地到餐桌的新鲜品质，另一方面则充满着戏剧性的浪漫想象，让绿巨人豌豆罐头迅速在美国家喻户晓，销量节节攀升。"绿巨人"这一广告符号潜在的经济和美学价值，让公司直接改名为"绿巨人公司"（图1-108）。

图1-107　月光下的收成/罐装豌豆平面广告/李奥•贝纳/美国/1940

图1-108　特殊的种子，才有特别的味道/罐装豌豆平面广告/李奥•贝纳/美国/1961

3. 颠覆传统——乔治·路易斯和"大创意"

20世纪三四十年代市场调研风气甚浓,数据和表格逐渐取代强调灵感的广告业。乔治·路易斯(George Lois)犹如麦迪逊大道①的叛逆小孩,他反对惯例,藐视教条。他认为广告是打破成规的艺术,而非建立定律的科学。乔治·路易斯认为在任何创意领域,永远要追求那个"大创意"(big idea)。首先,一个真正的大创意必须是原创的、独特的、简洁有力的,如果你的创意陈述冗长,又不能在瞬间直指人心,那它算不上"大创意";其次,一个真正的大创意必须是行之有效的,如果你的创意无法解决实际问题,无法产生正面影响力并触动积极的变化,即使执行得再漂亮,也不能称作"大创意"。

一个非常著名的案例是乔治·路易斯为沃夫·史密特(Wolf Schmidt)伏特加酒做的系列广告,该系列用了一个月时间来呈现。第一周的报纸上,一瓶伏特加酒被设计成年轻小伙子,它冲着旁边站着的番茄②说:"嘿,你这个甜美可人的小妞,若我们两个在一起可以调成血腥玛丽,我的家伙可与其他人不同哟!"番茄被拟人化成涉世未深的女人,它回应道:"我喜欢你,沃夫·史密特,你的'有味道'。"③(图1-109)在第二周的报纸上,一瓶伏特加酒平躺在那里,对身边的柑橘说道:"你这个风韵犹存的可人儿,我要发掘你的'内在美',使你名满天下。还不快过来亲我一下。"柑橘回应:"那上个星期我看到跟你一起的家伙,她又是谁?"(图1-110)。

图1-109 沃夫·史密特伏特加酒——番茄篇/
平面广告/乔治·路易斯/美国/1984

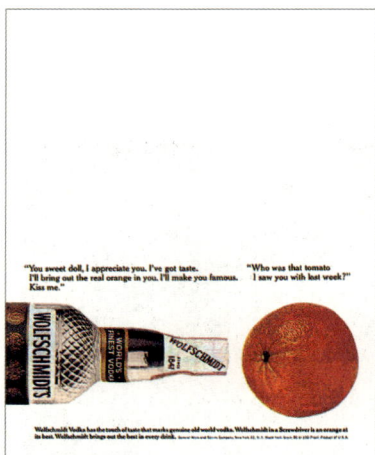

图1-110 沃夫·史密特伏特加酒——柑橘篇/
平面广告/乔治·路易斯/美国/1984

---

① 美国纽约曼哈顿区的一条大街,因众多著名广告公司总部都集中在这条街上,且记者马丁·迈耶在《麦迪逊大道》一书中,记录了以创意闻名的广告行业内数百名杰出人物及事迹,使这条街逐渐成为美国广告业的代名词。

② "番茄"在美式俚语中的意思是"漂亮姑娘"。

③ 暗示竞争对手司木露(Smirnoff)伏特加"没有特殊味道"的卖点。

在接下来几周的版面上，青柠、橄榄、苹果等"女性"粉墨登场，这些水果均是用来与伏特加酒一起调配成鸡尾酒的材料，但都无一例外地被拟人化成各具特色的女性角色，且都和那个叫沃夫·史密特的男性角色交换着带有暗示的双关语。如果广告使用的是真实男女公然调情，那些极具挑逗的话语会显得俗不可耐。而使用水果可有效减弱言语中的裸露感，使得这一品牌伏特加酒富有情趣的形象深入人心，成为许多年轻人在酒吧的必点饮品。乔治·路易斯用他的"大创意"打破了传统广告的直线性叙事，以艺术化的手法刻画人物内心世界，获得消费者的情感共鸣。

（四）综合派

20世纪70年代初，随着全球经济一体化的发展，产品更新换代速度加快；有线电视、卫星通信、计算机、互联网普及，信息传播渠道增多；社会分工进一步细化，东西方文化加速融合，消费市场目标人群的社会阶层、消费需求、价值观念和物质需求愈发多元化，单纯靠创意实践的广告已不能应付日渐成熟、精明的消费者。广告创意理念与形态需要在科学和艺术、功能和审美、传统与现代、民族文化与世界文化之间构筑起沟通的桥梁。此后，广告的注意力调转到营销策略等综合层面上。

1. 有的放矢——艾·里斯、杰克·特劳特和"定位"理论

顺应时代背景，艾·里斯（Al Ries）与杰克·特劳特（Jack Trout）提出了"定位"这一广告理论。在产品爆炸、媒介爆炸、广告爆炸的时代，广告主若想在众多商品、品牌和传播途径中抢占先机，必须要在消费者内心抢占优势位置，让消费者一旦产生相关需求，就会自动地想到这个品牌、产品或企业。定位的前提不是研究产品本身，而是抓住消费者的心理空隙，通过广告改变人们头脑里已存在的东西，创造他们内心期待的"美好生活"而获得内在满足。这一新的广告理论在麦迪逊大道掀起热烈回响，2001年，"定位"理论被评选为"有史以来对美国营销影响最大的理论"。

其核心思想包括：(1)人们的消费心理空间由不同的"小格子"组成，根据心理需求的不同呈阶梯状排列，广告定位的任务是要让某一品牌、产品或公司在"小格子"中占据优势位置。(2)广告应将信息极简化并聚焦于一个狭窄目标上，这一目标必须在消费者的心理上下功夫，是要创造出一个心理的位置。(3)在广告中说别人没有说过的，形成"第一说法"，让品牌在某个领域树立领导地位，形成先入为主的概念。使消费者形成条件反射，将潜在需求与该品牌产品自动建立关联。(4)若抢占不了领导位置，也必须与第一位置进行"关联定位"，并通过广告注入内涵，制造品牌之间的差异。(5)"小格子"中的阶梯层若全被占领，就要找到主要竞品的弱点，扩大转化为自己的优点，或把竞争者占据的位置重新定位，创造新的次序。[①]

① ［美］艾·里斯、杰克·特劳特：《定位》，邓德隆，火华强译，机械工业出版社2010年版。

　　定位理论的经典案例是七喜(Seven Up)汽水的"非可乐"广告。20世纪60年代,可口可乐、百事可乐两大巨头称霸的饮料市场,美国人每消费三份饮料,有两份就是可乐类产品,柠檬口味的七喜汽水一直不温不火。1968年,汤普森(Thompson)广告公司的副总裁威廉·罗斯(William Ross)在广告中强调七喜是"不含咖啡因的汽水",借助可乐作为位置锚点,设计出"非可乐"这一新定位。既避免了与两大饮料巨头正面竞争,还巧妙地与处于优势位置的品牌建立关联,把竞争者占据的位置重新定位,使自身处于和它们并列的位置。这一定位成功地把消费者"不喝可乐"时可选择饮品的心理空间牢牢占据,一跃成为全美排名第三的饮料品牌(图1-111)。

　　2003年广州成美营销顾问公司也运用定位理论,为红罐王老吉制定了广告战略,发掘出"预防上火"这个极有吸引力的概念,并获得了"定位之父"艾·里斯的高度肯定。相对于凉茶的地域限制,"上火"的消费群体基数巨大,能与不同年龄、地区、性别的消费者建立需求关联,占据位置;一个特征明显的功能性饮料,不容易让其他饮料业巨头迅速跟进;但又比普通饮料多了"去火"的功能,于是,王老吉确立了"预防上火的饮料"这一还没被同行宣传过,没被对手占据过的品牌定位(图1-112)。

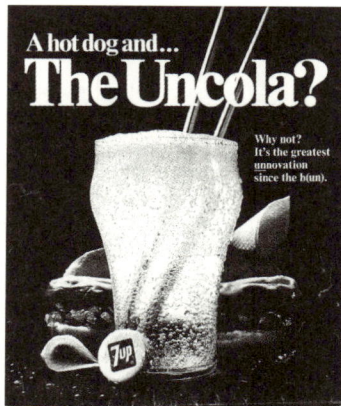

图1-111　七喜,非可乐/平面广告/汤普森广告公司/美国/1968

图1-112　怕上火,喝王老吉/电视广告/广州成美/中国/2003

2. 受众为王——唐·E.舒尔茨和"IMC"理论

　　20世纪90年代,美国西北大学教授唐·E.舒尔茨(Don E.Schultz)提出了"整合营销理论",简称为IMC(Integrated Marketing Communications),包括三个要素:(1)建立消费者数据资料库,根据消费者的行为及对产品的需求对其精确细分;(2)建立一个突出的、整体的品牌个性,以便消费者能够区别本品牌与竞争品牌之不同,并通过不同手段与方式传递"一致的声音";(3)无论是内容整合还是资源整合，两者都应发掘关键"接触点"，了解如何才能更有效地接触顾客，并让消费者与品牌建立良好关系。

广告创意流派及理论从最初"印在纸上的推销术"发展至整合营销阶段，充分体现出现代广告的综合观。从某种角度来说，20世纪的广告发展就是一部商业与艺术的博弈史。从表现形式上看，它脱胎于艺术，并且始终以艺术形式展示自己的魅力；从本质特征上看，它的商业性是与生俱来的，经济效益是广告创作的根本目的。无论是艺术，还是科学，究其根本，均是为了满足受众的需要：广告的艺术性为产品诉求披上艺术的外衣，通过视觉美感取悦消费者，让消费者在获取广告信息时得到更多心理体验；广告的科学性在于洞察客观世界的本质和规律，构架着生产者与消费者之间联系的桥梁。整合营销传播涵盖了广告、促销、公关、直销、企业形象识别、包装、新闻媒体等一切传播过程，全方位、全天候、高密度地将统一的品牌信息传达给消费者，它是艺术与科学的磨合，是审美和功能的统一。

2017年网易云音乐和农夫山泉联合推出的"乐瓶"项目，就是IMC理论在21世纪发展运用的优秀案例。网易云音乐精选了30条用户乐评，印制在6亿瓶农夫山泉饮用天然水水瓶上，在北京、上海、杭州等69个城市首发（图1-113、图1-114）。瓶身中央图形巧妙融合了"水"和"音

图1-113　网易云音乐 × 农夫山泉/整合项目/中国/2017

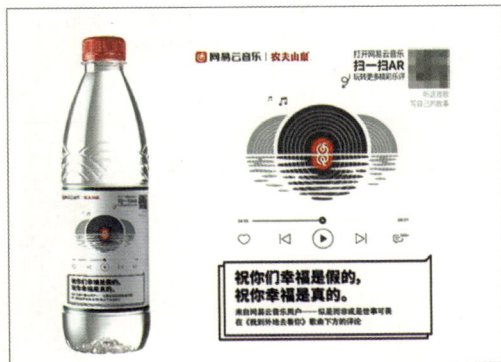

图1-114　网易云音乐 × 农夫山泉/整合项目/中国/2017

图 1-115 网易云音乐 × 农夫山泉/AR 场景识别码/中国/2017

图 1-116 网易云音乐 × 农夫山泉/专属音乐二维码/中国/2017

乐"两大元素,并自带 AR 识别码,扫码后即可进入网易云音乐 App 体验创意 AR 场景(图 1-115)。不同的瓶子上均配有农夫山泉的"专属"音乐二维码,每一瓶水都自带音乐和故事,当消费者喝下这瓶农夫山泉时,感受到的不只是"有点甜",更尝到了音乐中的冷暖滋味(图 1-116)。

3. 规范流程——詹姆斯·韦伯·扬和"创意五阶段"理论

詹姆斯·韦伯·扬(James Webb Young)认为,创意的出现并非偶然,而是一个循序渐进的过程,它不是纯粹的灵感,而是由"一系列可以被描述、被教授、并不断重复的步骤组成的",人们可以从有意识的训练中掌握创意原则与方法。他将创意的生成分为五个阶段:(1)素材收集阶段。收集关于产品和目标受众的特殊素材,收集关于生活和时事的普通素材,进行整理后备用。(2)素材消化阶段。将上一阶段收集的素材整理筛选,找到不同事物之间的相关性,形成碎片化创意点。(3)创意孵化阶段。将要思考的问题抛诸脑后,转向与此无关、但可刺激想象力和感知力的事情。(4)创意诞生阶段。借助潜意识,等待创意浮现,并做好记录。(5)修正和发展创意阶段。将创意应用到现实,检验它是否满足各方需求,并让其他人提出意见和建议(图 1-117、图 1-118)。

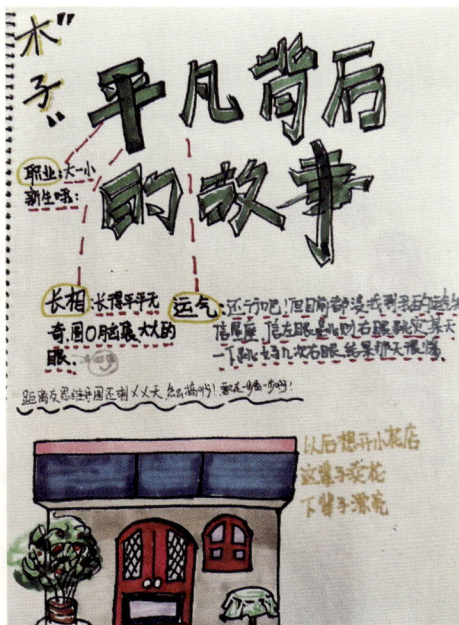

图 1-117　平凡背后的故事/创意思维训练/
李琪/学生作业/2020

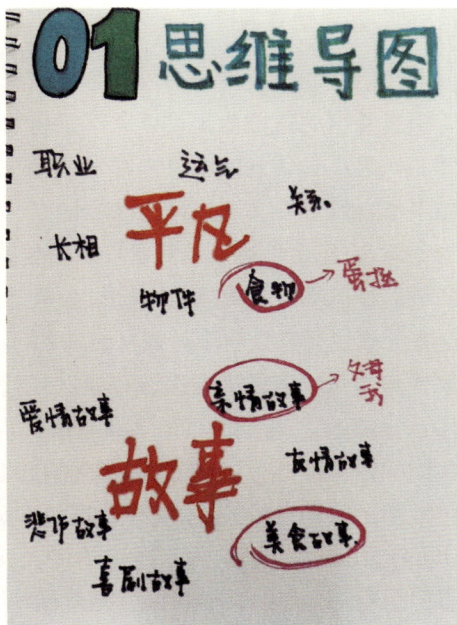

图 1-118　平凡背后的故事/创意思维导图/
涂欣桐/学生作业/2020

　　由此可以看出，广告的奇妙在于它是一种想象，我们把这种想象称为"创意"。广告创意的形成糅合着科学与灵感的基因，创作者们依据目标受众的生活体验和感受，以及对产品功能和品牌形象的理解，赋予商品丰富的精神内涵和文化价值。

第二节　影响广告创意的因素：文化背景、目标受众与媒体特性

一、广告创意与文化背景

（一）广告创意与民族文化的共鸣

　　辩证唯物主义告诉我们，客观存在决定人的意识。人的所有精神活动都离不开自身生存环境的影响，包括地理的、人文的，历史的、现实的、宏观的或微观的，广告创意也不例外。作为一种创造性思维活动，广告创意一定深受创作者文化背景的制约和启发，与此同时，其创意过程、表现手法也会自然而然地体现创作者自身的文化基因。作为宏观文化背景的重要组成部分，民族文化与广告创意的共鸣主要体现在以下几个方面：

1. 叙事语言共鸣

我们在调侃人与人之间沟通困难时,常将其形容为"鸡同鸭讲",说明语言在人际沟通中具有极其关键的连接作用。语言不仅是情感交流的重要载体,更是人类文明和民族文化的重要载体。作为广告创意的重要内容,语言形式的选择直接决定广告的效果。首先,中国的广告创意,如果不立足于中文表达,而是满屏的"火星文",让消费者不知所云,那么即使创作者自认为再好的创意,也无法传达给消费者。汉语里的比喻、夸张、借代、双关、对偶等修辞手法,特别强调语言的节奏和韵律。汉字这种集象形、会意、指事、形声为一体的文字形式,本身就是极佳的创意来源。这些元素运用在广告中可提升传播的艺术感染力,给观众留下意犹未尽的想象空间。其次,即使是使用本民族语言来表达,语言风格还有古雅诗意和通俗白话之分,面对不同文化层次、审美偏好、消费习惯和生活方式的消费者群体,不同的表达方式也会影响广告创意效果;再次,就算是在共同的语言基础上,我们还有不同的方言语系,广告创意也必须依据大数据,基于地理位置和文化氛围进行精准投放,才能有效吸引不同地域的下沉消费市场。比如瑞典知名家居品牌"宜家"(IKEA)进驻哈尔滨时,为了入乡随俗,设计了一套"东北大楂子味儿"的广告,瞬间拉近了与消费者的距离,引发用户积极互动,提升品牌触达率(图1-119)。

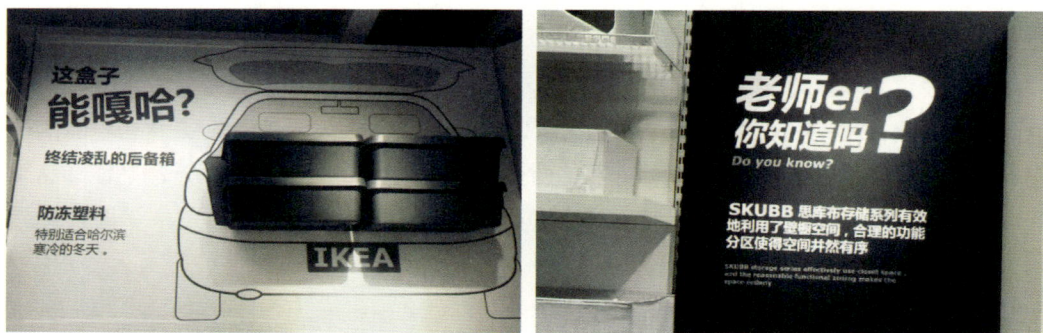

图1-119 宜家——东北方言/平面广告/IKEA 家居/瑞典/2018

2. 价值观共鸣

在长期的生存竞争和发展历程中,每一个民族都逐渐形成了牢固的命运共同体,以及支撑和维护这个命运共同体的价值体系。作为精神文化的现实载体,一个民族的广告创意必定离不开本民族价值体系的规制,并自觉不自觉地在广告传播中携带并释放这些价值观。尤其在全球文化语境下,广告应坚守本民族核心价值观,并寻找不同文化之间的融合点,才能获得消费者的好感和共鸣。若无视各民族文化差异,挑战核心价值底线,必然会引发普遍反感甚至遭到抵制。日本索尼(Sony)公司在开拓泰国市场时,为推广音响类产品,在广告中让原本正襟危坐的佛祖戴上了索尼耳机,随着音响中音乐旋律的递进,佛祖情不自禁地在佛堂上跳起了舞,索尼音响也赫然显现在广告画面中。泰国是一个全民信佛的国家，佛祖是神圣不可侵犯的，拿佛祖来开玩笑无疑相当于触犯了核心价值底线，因此，该广告不仅被立刻叫停，索尼公司在泰国公众媒体的曝光资格也被取消了整整一年。企业因这则广告付出了巨大代价。

3. 记忆与情感共鸣

每个民族都有共同的民族记忆，包括光荣与梦想、苦难与艰辛，这些共同的民族记忆逐渐积累并固化为特定的、共同的民族情感。如汉唐盛世的荣耀已经内化为中华民族永不枯竭的自信源泉，我们也乐于在广告创意中呈现这一时期的文化；而鸦片战争以来100多年的屈辱历史，让国人容不下任何广告对民族尊严的轻慢。这种情感是基于共同民族记忆的一种集体无意识反应，更是一种心灵上、情感上的共通与共鸣。然而，即使在共同的民族情感之下，不同年代的人也会基于各个时代特有的文化潮流、场景经历和经验范围，而产生心灵和情感上的"亚差异"，即我们常说的"代沟"。所以，广告创意既要准确把握共同的民族记忆，也要把握不同年代群体消费者的共同记忆和经验范围，才能真正打动他们。

如伊利旗下冰淇淋品牌"须尽欢"，将唐代消夏佳品"酥山"①与李白的《将进酒》结合，设计了一幕李白和友人在家作词谱曲，大啖冰淇淋的场景。广告还原了盛唐时期的古典文化元素——鹤氅、袴褶、堕马髻、幞头、皂靴、古琴、中阮、洞箫、大鼓等，通过对汉唐文化的展示，唤起不同年代消费者的共同记忆，与年轻人实现更多的共鸣交集（图1-120）。

须尽欢

图1-120 须尽欢/视频广告/须尽欢×自得琴社/中国/2020

---

① 早在唐章怀太子墓《仕女图》和唐代壁画《野宴图》中，就出现了"酥山"这一美食。据考证，酥山就相当于今天的冰淇淋，做法是先将"酥"（北方游牧民族传入中原的一种乳制品，与今奶油、黄油接近）加热到近乎融化、非常柔软的状态，然后滴淋进盘子一类的器皿上，并做出山峦的造型，最后放入冰窖冷冻。

4. 个性表达共鸣

在千百年来儒家文化中长幼有序、尊卑有别、含而不露、持中贵和的思想浸润下,我们的个性表达含蓄委婉,行事留有余地,做人谦虚谨慎。从本质上看,东西方文化都建立在宇宙和人的基础上,然而,两种文化体系在宇宙和人的关系上存在着不同的逻辑。所以,强调个体独特性、个人利益、个人偏好、个人成就的广告创意在欧美国家中更常见,而强调权威意见、集体认同、家庭伦理的广告创意在东亚国家中更为常见。如"大润发"超市在春节期间,联名优酷热播的《乡村爱情15》,推出了"烟火文学"系列广告。这系列广告在文案创意上,统一采用东北的"唠嗑儿"风格。"唠嗑儿"是汉语方言词汇,意为聚在一起闲话家常,是一种交流感情,增进家人与朋友亲密关系的方式。广告通过接地气的东北话文案,加上大家喜爱的《乡村爱情》动漫化人物形象,在袅袅的烟火气中,升腾出老百姓生活的幸福味儿。

5. 文化习俗共鸣

在民族共同体长期的紧密互动中,每个成员、群体、组织互相影响,逐渐积累形成一整套相似或相近的风土人情和习俗禁忌,并反过来成为这个民族共同体的重要文化表征、思维方式和情感认同。对中国人来讲,红色代表着喜庆、热闹与祥和。在中国的广告创意中凡是喜庆的场景设置,一定少不了红色,而且,这些表现喜庆吉祥的广告也更容易为中国人所接受。如电商企业"京东"在2019年春节期间推出的《红的寄托》视频广告及平面广告,讲述了"红色"所承载的新年意义,展示了六个过年时的平凡生活场景,并让"红"巧妙融入——迎新的红色春联、女儿为母亲涂上的口红、异国游子与父亲通话的红色挂机键、寄养小狗脖子上的红绳、母亲给儿子绣的红鞋垫、京东快递员身上的红色工作服(图1-121、

红的寄托

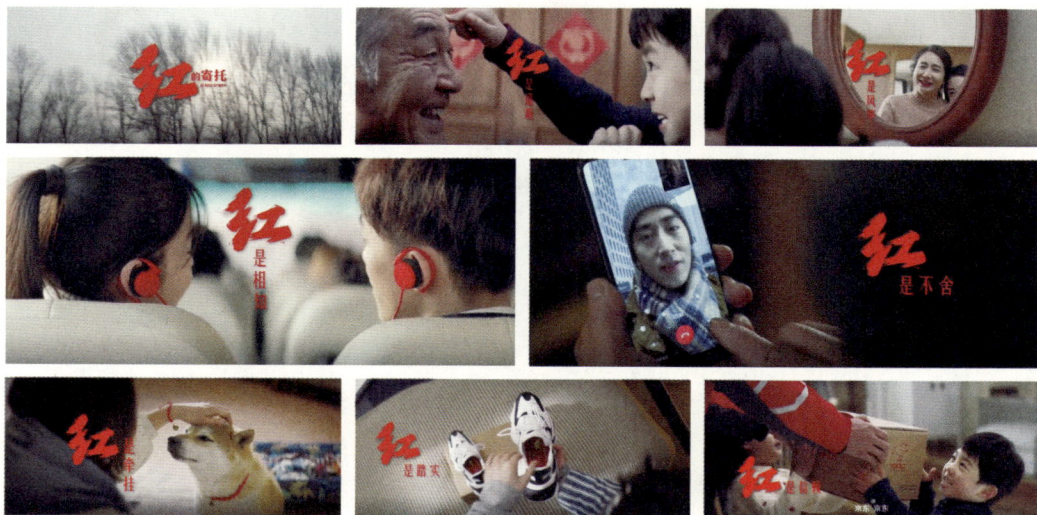

图1-121 红的寄托/视频广告/180 壹捌零广告(180China)/中国/2019

图1-122）。众所周知，京东的主色调就是红色，广告正是抓住了红色是中国新年必不可少的颜色，将"京东"品牌色与传统文化色合二为一，展现了中国老百姓的"红色"情结，实为一波非常符合国人口味的广告创意方案。

图 1-122　红的寄托/平面广告/180 壹捌零广告（180China)/中国/2019

（二）广告创意与外来文化的共融

任何广告创意的宏观文化背景，不仅要立足于自身民族文化，还会受到外来文化的影响。广告创意作为一种文化现象，既植根于民族文化土壤之中，又离不开外来文化的广泛参与。现如今，很多外来文化基因已经高度本土化，并逐渐内化为中华文化的组成基因，影响着广告创意的思维方式和表达创新。

如华润三九集团"999 感冒灵"推出的《高腰暖心秋裤》广告中，就将中国穿衣习惯中的"穿秋裤"与日本二次元文化进行了共融。春节返乡前夕，999 感冒灵的官方微博突然宣布进军时尚界，推出了四款秋裤，分别是"不凉少年""穿久保灵""养生朋克"和"跪舔客户"。"不凉少年"是"不良少年"的谐音，见于许多日本动漫作品中，如《灌篮高手》《热血教师 GTO》《我是大哥大》等。"不良"文化来源于第二次世界大战后的日本，20 世纪 70 年代末，正值日本"泡沫经济"破裂前的高速成长期，青少年为了抵抗空虚、追求个性进行了一次反叛文化运动，到了 80 年代初期达到巅峰。他们梳着飞机头或者油头，穿着机车皮夹克或刺绣特攻服，开着改装后的机车成群结队地在街道上横冲直撞。"穿久保灵"谐音"川久保玲"，川久保玲是一名日本服装设计师，以融合了日式残缺美学的前卫风格闻名全球。作为药品，999 感冒灵本身不具备"暖"的产品属性，但广告选择了生活中必不可少的保暖用品"秋裤"，建立起与消费者的关联，并与年轻人喜爱的日本二次元文化融合，不仅从物理层面强化了 999 感冒灵的温暖属性，更将单纯的广告打造成公众喜闻乐见的娱乐话题(图1-123)。

图1-123 999感冒灵·高腰暖心秋裤/平面广告/Serviceplan China/中国/2019

(三)广告创意与品牌文化的共振

如果说民族文化、外来文化是广告创意的宏观文化背景,那么品牌文化则是广告创意的微观背景,同样对广告创意的方向和形式有严格规定性,甚至这种规定性更加明确和细致。不同的品牌有不同的品牌文化,不同的品牌文化有不同的精神内涵和个性气质,而广告创意就是要充分呈现这种独特的品牌文化,诠释品牌独特的精神内涵,释放品牌独特的个性气质。如果说品牌文化是"有趣的灵魂",广告创意则是呈现"有趣的灵魂"的"有意味的形式",并且能进一步塑造和强化这种"有趣的灵魂",从而实现广告创意和品牌文化的互相匹配、互相生长、形成共振,给消费者更明确、更强烈的震撼。那些知名品牌的广告创意,无一不是围绕自身品牌文化来叙事的,无一不是围绕自身精神内涵来释放的,无一不是围绕张扬品牌个性来呈现的。

如被业界评为"大众"汽车广告的巅峰之作——《中国路,大众心》,以"心"为创意,由13个带"心"的汉字(忠、志、恳、态、慧、悠、惠、想、聪、感、恣、惹、爱)连接起13个生活场景片段:对人生伴侣的"忠"诚、对城市建设的斗"志"、对体育事业的勤"恳"、云淡风轻的人生姿"态",运筹帷幄的人生智"慧","悠"闲惬意的日常出游……13辆不同款式的大众汽车(第四代高尔夫、帕萨特B5、捷达、夏朗、桑塔纳3000、POLO三厢、高尔、辉腾、POLO两厢、宝来、途锐、新甲壳虫敞篷、新甲壳虫)不露痕迹地穿插在这些场景中,与"用心,更专业"的品牌文化同频共振,表现了大众汽车的理念(图1-124)。

图 1-124　中国路，大众心/视频广告/DMG 国际广告公司（Dan Mintz）/中国/美国/2004

▶▶ 二、广告创意与目标受众

广告的目的是什么？大卫·奥格威说："广告的目的便是销售，否则便不是广告。"作为促进销售的重要手段，广告创意必须能有效地吸引关注、产生好感、扩大认同、采取行动，以及维护与消费者之间的良好关系。因此，广告大师李奥·贝纳说："我们希望消费者说'这真是个好产品'，而不是说'这真是个好广告'。"在消费需求多样化、消费市场精细化背景下，要实现这些目的，广告创意必须明确自己的目标受众，有如爱情，不能"广而告之"，更不能"泛爱众"，而要"众里寻他千百度""咬定青山不放松"；有如狩猎，不能"瞎猫子碰到死耗子"，更不能"无的放矢"，而要"控弦破左的，右发摧月支"。

（一）广告创意与受众个性特征

广告创意的目的是对目标受众施加有效影响，使其实现消费态度和行为的改变。不同的目标受众群体，都有各自特定的个性特征与气质。广告创意只有先充分了解受众的个性特征，根据不同群体的个性、气质及偏好，才能让他们真正产生共鸣，主动参与广告传播全过程，成为广告内容建构中的一个环节。正如奥美广告公司为"统一"集团推出的饮品"左岸咖啡馆"做的全案广告，将一个罐装速饮咖啡产品做出了高级感，且让大部分消费者相信真有这样一家咖啡馆存在于塞纳河左岸。第一年销售额（台湾地区内）就达到了 400 万美元。究其原因，是因为奥美广告公司抓住了目标受众的个性特征：17至 22 岁的青年女性，多愁善感、享受独处、热爱文学艺术、喜欢村上春树。广告通

左岸咖啡馆
视频广告

过一个年轻女子独自旅行的视角,呈现了一个充满人文气息的法国咖啡馆形象,娓娓道来的文案却充满日本文学风格(图 1-125)。这种创意风格从 1998 年一直延续到今天,成功地将"左岸咖啡馆"塑造成文艺女青年的代名词,塑造成一种情绪、一种感觉、一种诉说不尽的"左岸风情"(图 1-126)。

她又要离开巴黎了
人们说,女子不宜独身旅行,
她带着一本未完成的书,独坐在咖啡馆中,
那是一种阴性气质的书写。
她喝着拿铁……咖啡与奶,1 比 1,
甜美地证明着第二性,不存在。
那香味不断地从她流向我,绝不只有咖啡香,
这是 1908 年中的一天,
女性成为一个主要性别,
她是西蒙波娃,我们都是旅人,
相遇见在左岸咖啡馆。

图 1-125　她又要离开巴黎了/全案广告/奥美(台湾)/中国/1998

无目的拾光

图 1-126　无目的拾光/视频广告/奥美(台湾)/中国/2020

（二）广告创意与受众消费动机

消费动机即广告受众选择、购买某种商品的主要原因和理由。在充分竞争条件下,现代消费市场日益呈现商品多样化和消费分层化特征。面对不同价格和品牌的商品,不同的受众群体对同一类产品的消费动机各有不同,体现在最终价格和品牌选择上的显著差异。广告创意必须立足于充分了解和把握受众消费动机,投其所好。顶端消费者对商品附加值的追求远远超越了对商品功能价值的需求,针对此类消费动机的广告创意,主要强调通过商品消费可获得更多的社会尊重甚至尊崇;而底层消费者购买商品往往仅仅是为了满足基本生存需要,他们最看重的是产品的基本功能,针对此消费动机的广告创意,不适合过度渲染情感、浪漫等虚无缥缈的精神价值。例如 50 元 1 斤的大米和 1 元 1 斤的大米,他们的受众群体显然不一样,消费动机也有很大差别,针对前者的广告显然不能强调"便宜、抗饿"之类,针对后者的广告也很少突出"有机、珍稀"之类。

（三）广告创意与受众情感需求

广告创意的目的在于影响消费者,当然首先得吸引消费者的关注并使其产生好感。不同受众群体都有各自特定的时代经历和人生经验,他们对产品的消费不仅仅只是为了满足功能上的需要,有时还会承载特定的情感需求。例如,有过知青生活经历的人,特别容易对那个年代相似或相近的商品情有独钟;有过艰苦农村生活经历的城市居民,往往对农家菜、乡村旅游特别向往,这些都是怀旧情感在起作用。母亲对孩子、恋人对恋人,与之相关的产品总是承载特别的情感;青春时代、中年时期、老年岁月,不同群体总是将自己特定的情感需求深深寄托和投射在相应的产品消费之中,从而实现情感上的些许慰藉和满足。如果不关注目标受众的情感需求,就不可能产生情感上的共鸣,他们也就不会关注广告、关注产品,更不会对广告产生好感,并迁移到对产品的好感上来。洞察和把握受众的情感需求,包括显的和潜的,是广告创意赢得消费者的重要法宝之一。如"侨鑫楼盘"的广告《一生一次,一次一生》,以不同的手脚组合作为主要视觉元素:

(画面)戴婚戒的男女手——(文本)婚姻是幸福的,最幸福的莫过于白头到老,一生一次,一次一生;

(画面)成人的手和婴儿的脚——(文本)结了婚,拥有了孩子是幸福的,最幸福的莫过于孩子能够健康,陪伴自己到老,一生一次,一次一生;

(画面)男人的手和女人的手——(文本)从第一次牵手开始,就牵了一辈子,就像这房子一样,第一次拥有了它,就想拥有一生,一生一次,一次一生。

与喜欢的人相识相知相守并成家立业,是大多数人心中对幸福的描绘;一个温馨舒适的家,是人一生的幸福港湾,不仅要有幸福,更要长长久久。广告正是把握住了受众内心的普遍需求与人们对长久幸福的渴望,通过情感上的共鸣加深他们对楼盘的好感和信赖(图1-127)。

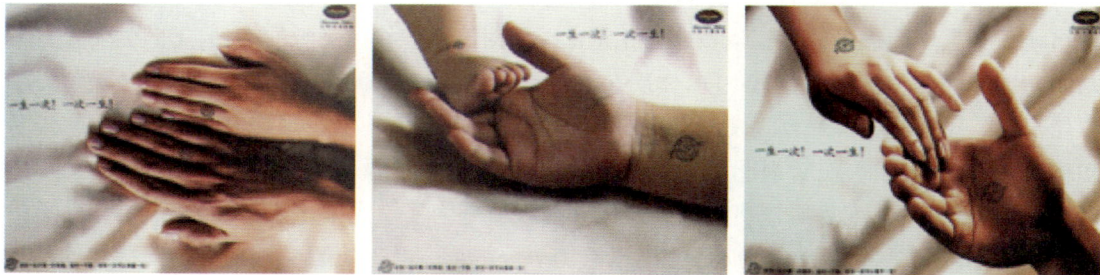

图1-127 一生一次,一次一生/平面广告/侨鑫文化传播/中国/2015

(四)广告创意与受众身份认同

身份认同是人们基于社会比较后对自身社会地位和角色的自我定位和归类,也就是对"我是谁""属于谁"的自我评价,更是一种从众需要。而从众是人类建立同盟、避免孤立的重要手段。法国思想家让·鲍德里亚在《物的系统》中谈到商品作为被消费的物具有双重价值,其一是商品作为物的"使用价值",其二是商品通过广告宣传衍生的"附加价值"。广告不断地为各种商品制造着符号意义,使商品成为各种生活方式的象征,成为人们对地位和身份加以区分和辨认的标志。人们在购买商品之前会对自己有着最基本的认知,在此基础上选择符合自我形象的商品。一句流行的广告词"我买了,从而我就是什么"(I shop,therefore I'am)点破了其中的奥秘。"我"的消费对象与消费方式体现着"我"对自我的认知、定位和期待,决定了我在消费过程中会在潜意识里进行筛选,并外化成与之对应的消费行为以完成身份认同。因此,在广告创意中,必须立足于强化不同群体的身份认同,以提高消费者对产品与身份匹配的消费自信。

如奢侈品牌路易·威登(LOUIS VUITTON)推出的系列广告"每个故事中都有一段美妙的旅程",著名导演弗朗西斯·福特·科波拉(Francis Ford Coppola)及索菲亚·科波拉(Sofia Coppola)父女在电影拍摄现场,父亲手执剧本与躺在草地上的女儿恳谈,身边随意摆放着路易·威登旅行箱;滚石乐队的凯西·理查兹(Keith Richards)怀抱吉他坐在酒店房间里,床上摆放着路易·威登为他量身定做的吉他盒;安德烈·阿加西(Andre Agassi)和施特菲·格拉芙(Stefanie Graf)这对网坛情侣依偎在旅店舒适的床上,床头随意摆放着路易·威登旅行包;法国著名影星凯瑟琳·德纳芙(Catherine Deneuve)靠在路易·威登的行李箱旁,在火车的候车站等待。广告构建了这样的情境:路易·威登是知名人士和上流社会的选择,选择路易·威登的人,都拥有杰出的成就和丰富的人生体验(图1-128)。

图1-128　每个故事中都有一段美妙的旅程/平面广告/奥美广告(Ogilvy & Mather)/美国/2010

▶▶ 三、广告创意与媒体特性

　　从口语传播时代、文字传播时代、电子传播时代、网络传播时代到如今的新媒体多终端传播时代,媒体环境的改变带来了传播方式、传播逻辑的变革,消费者原有的媒介接触习惯、接触时间和接触方式也随之发生改变,这必然影响到广告创意的内涵、形式、创作逻辑和传播逻辑,且不同媒体特性的广告在创意形式和表现策略上也会存在差异。因此,在广告创意过程中必须把媒体作为重要考量因素,充分结合不同媒体特征,巧妙利用不同媒体传播优势来增强广告的表现力、感染力和影响力。

(一) 传统媒体与广告创意呈现

　　传统媒体是指在互联网诞生前曾长期作为传播媒介的报纸、杂志、广播、电视等媒体,其主要传播特征是以传者为中心的单向传播。报纸、杂志、广播、电视等不同媒体平台上的广告,在创意上呈现各自媒体特征。报纸、杂志广告创意注重静态视觉呈现,具体包括:造型简洁、富有创意、表意清晰的图形,符合品牌气质、视觉冲击强烈的色彩,便于阅读、引导性强的版式,简短易记、令人印象深刻的广告语;广播广告创意是诉诸听觉的创意形式,因为播放时间限制(15~30秒),又缺乏形象化的视觉呈现,所以必须将广告语言形象化、立体化和艺术化,点子要新,说话要亲,诉求要精。并搭配合适的音乐和音响,反映人物活动、事件变动、现场气氛和情绪,辅助广告信息传递,引导听众展开丰富联想,刺激购买行为;声画并行的电视广告比纸质媒体或听觉媒体更具传播优势,通常会调动各种传播符号,以画面为中心,辅以音响、有声语言、文字字幕等对广告创意进行多元化表现。

广告创意呈现与媒体环境是紧密相关的。传统媒体环境下,媒体掌握在极少数人手中,报纸、杂志、广播、电视作为传播主体,垄断着广告创意内容的生产、质量与流向,并以一对多的形式传播给大众,传播者与受传者角色固定,传播渠道成为稀缺性资源。受众只能被动地接受广告讯息,无法进行实时反馈和自我表达。这在一定程度上影响了广告创意呈现,形成了以媒体为中心的创意逻辑,广告创意目标则被设定为通过重复的广告信息曝光,建立品牌溢价的市场竞争优势。为了让消费者在单向度传播中提升对广告的记忆度和好感度,高概率的"信息邂逅"是必要的,洗脑式广告金句、广告产品反复出现、名人代言成为主要呈现方式。当前,移动互联网已然成为第一流量入口,无论是受众还是广告市场都在从传统媒体向新媒体快速迁移,传统广告媒体被重构,即时、平等的社交化传播得以发展,打破了传统媒介自上而下的信息传播垄断。传统媒体广告的短板是技术和数据,优势则是理论根基和创意能力,无论媒体环境如何改变,创意的广告内容永远不会退出。传统媒体广告应依托自身优势,巧借互联网技术、数据和渠道,逐步完成从创意内容到呈现形式上的创新。

如高端厨房电器品牌"方太"(FOTILE)在《京华时报》上连续发了 3 天的整版广告,出了 3 个字典里都找不到的生僻字,发动读者猜字谜。引发围观之后,《京华时报》和方太官方微博一起揭晓了谜底,三个字分别对应三款方太新发布的产品:水槽洗碗机、智能油烟机、蒸微一体机,生僻字的每个部首都跟产品的功能相关。方太选择传统媒体打头阵,利用纸媒的权威性树立品牌公信力,再利用社交网络形成二次传播,打破传统媒体传播的单向度壁垒,并在微博上"喊话"华为荣耀、海信、九阳、乐视等品牌方一起来"造字",网友们也纷纷加入了这场造字狂欢(图1-129)。

(二)新媒体与广告创意呈现

新媒体是继报纸、杂志、电视、广播等传统媒体之后逐步发展起来的,以数字化技术为基础、以互动传播为特点的媒体形态,包括手机媒体、数字电视、电子杂志、移动终端应用、博客、播客、视频、户外新媒体等。新媒体的技术多样性为广告创意提供了新的呈现形式,既能使传统媒体无法完成的创意变为现实,又能结合新旧媒体优势,整合多种传播手段,全方位立体化地进行创意表现。如基于 VR/AR/MR 技术的数字广告,不仅为受众提供了更具沉浸感和临场感的创意展现形式,还能通过游戏等互动形式与受众进行有效沟通。

图 1-129　方太——猜字游戏/报纸广告/SGAD+ 胜加广告/中国/2016

新媒体的可互动性让受众能够参与和体验广告传播的全过程，甚至成为广告创意的一部分，通过场景关联实现跨品牌、跨平台的深度协同。新媒体的精准定位性让目标受众由大众分解为小众/分众，广告创意会基于用户的浏览偏好、社交关系、搜索习惯等标签化分类人群，产出具有针对性的个性化内容，激发受众主动分享，实现裂变效果最大化。

获得"2018 金投赏商业创意奖"金奖的"奥利奥"（Oreo）广告就充分运用 AR 技术，把创意、媒体、社交、明星等碎片化资源整合在一起，设计了一款可以玩的"饼干游戏"（图 1-130）。用户只要拿起手机，打开支付宝 App 扫描奥利奥饼干包装上的二维码，通过识别不同形状的奥利奥，就可解锁 18 款不同游戏，还可以和网友进行挑战、参与全球排名并获得相应奖励。同时在微博联合明星进行助推，吸引了大量粉丝互动与消费者二次传播，把"吃饼干"这件很普通的事情变成有趣的体验入口，让一个百年老品牌焕发出青春活力（图 1-131）。

图 1-130 奥利奥游戏机/AR 广告案例视频/Inspire 蕴世(上海)/中国/2018

图 1-131 奥利奥游戏机/微博广告/Inspire 蕴世(上海)/中国/2018

第三节 广告创意的基本流程

广告创意及其实现有一个基本的操作流程,它们之间总体上呈现线形递进关系,如图 1-132。

一、市场调查——广告创意之"源"

好的创意之所以能打动消费者,原因就在于创意所呈现的诉求符合消费者的需求,包括功能上的高度匹配、价值上的高度认同、气质上的高度吻合、情感上的充分共鸣,以及相对于竞品的优势差。如果没有对消费者的充分了解、对竞争者的充分了解、对自身的充分了解,要做到这些是不可能的。因此,所有好的广告创意,必须依赖于充分的市场调查;"秀才不出门,能知天下事"的古话,放在今天瞬息万变的市场背景下,是万万行不通的。所有好的广告创意,都一定源自充分的市场调查。闭门造车、凭空想象都不可能产生好的广告创意,具体内容如图1-133。

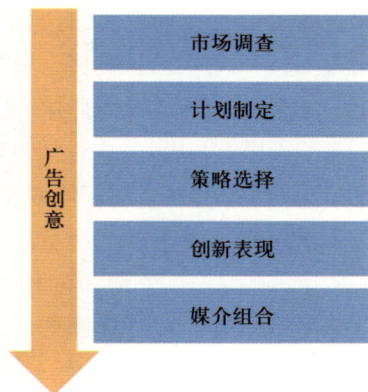

图 1-132 广告创意流程示意图

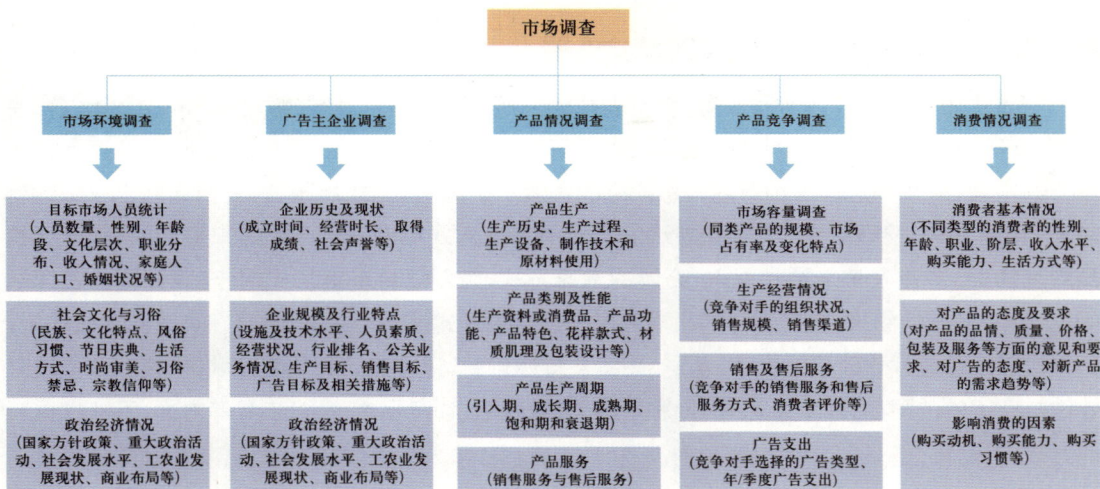

图 1-133 市场调查内容

▶▶ 二、计划制定——广告创意之"舟"

人生有规划就不会迷茫,工作有计划就不会打乱仗,同样,实现广告创意的目标也离不开合理的计划安排。制定计划就像渡船,它能有效连接起点和终点(目标),确保广告创意按计划逐步实施,实现预期效果。广告计划主要包括广告市场分析、广告目标、广告预算、广告主题、广告创意策略、媒体选择及排期、各种促销配合等。根据实际需要一般会制定长期计划(3~5年)、年度计划、季度计划、月度计划、临时计划等,根据广告内容又可分为专项计划和综合计划。

▶▶ 三、策略选择——广告创意之"舵"

广告创意的策略选择,就是对目标市场的需求变化、目标受众差异、广告产品特征及竞争对手情况等进行整理分析，从而制定不同对策的过程，主要包括两个方面：其一是广告内容构成策略选择——说什么，即选择合适的"说服"目标消费者的"理由"；其二是广告内容表现策略选择——怎么说，即为这个"理由"选择合适的表现方式。策略选择就如同船舵一样，直接决定广告创意的诉求方向，以及广告创意目的能否实现。策略选择不对，就如同船舵的方向把握不准，注定是到不了彼岸的。由于互联网环境下的传播节点不断增加，信息过载导致广告受众的注意力成为稀缺资源，消费行为也呈现出全天候、碎片化、个性化特征。所以，针对不同的消费人群、不同的时间地点、不同的竞争环境，广告创意策略也应随之改变。现代信息传播讲究"削尖信息"，要削掉哪些信息，突出哪些信息，就是广告创意的策略选择。条条大路通罗马，但使用不同交通工具最快到达的道路只有一条，不管何种策略选择，都应秉承着化繁为简、深度聚焦的原则，也就是选择目标受众最感兴趣、最能打动他们的利益点，捕捉消费者决策过程中的关键时刻，与消费者建立实时沟通。

▶▶ 四、创新表现——广告创意之"楫"

船靠桨才能行稳致远而通四海，创新表现就是广告创意目标达成的船桨。熟视之所以容易无睹，是因为过于熟悉的事物总是难以吸引足够的关注；老生常谈之所以令人厌烦，是因为话语千万遍重复，这些都是广告创意的大忌。好的创意一定是"言他人所未言、发前人所未发"，这就需要"预料之外、情理之中"的创新表现。创新的表现方式能够为广告主带来更加惊喜、鲜亮的品牌发声，为消费者带来更加深入、高效的沟通方式，为创意带来更加广阔、充满惊喜的发挥空间。大数据时代的到来，新兴媒介的出现为广告创意的形式注入了新鲜血液，在具体实施过程中，不再局限于传统媒体时代的文字、色彩、图案及排版创新，还可充分利用新技术、新媒介来打破时效性与空间性的限制，从创意形式、创意策略、创意风格、创意平台、创意工具等方面，不断挖掘新的方式方法。

▶▶ 五、媒介组合——广告创意之"帆"

广告创意不能只是闷在心里的"好想法"，更需要通过恰当的媒介更好地呈现和传达给目标消费者，否则，就永远只能是单纯的"想法"，没有任何实际意义，更不会对消费者产生有效影响。而恰当的媒介组合更是广告创意的风帆，单个媒介的目标市场到达率是有限的，且数字时代用户的媒介消费习惯呈现多元化态势，科学的媒介组合能够弥补单一媒介传播频度的不足，强化重复效应；整合不同媒介的传播优势，形成传播合力；确保广告创意最大程度渗透目标受众，提升传播范围，就像蒲公英的种子，以风为媒才能四散开来落地生根；就像江河之舟，要借风扬帆才能到达远方的理想港湾。媒介组合并不是将各种媒介简单相加，而是根据不同媒介特征进行有机整合，并不断优化完善（图 1-134）。

图 1-134　统一藤娇·川香藤椒鸡丝凉面/新品推广计划(节选)/徐炀/中国/2018

第四节　广告创意的基本原则

▶ 一、目标性——精准定向原则

大卫·奥格威曾经说过:"顾客不是白痴,她是你的妻子。"数字技术的发展和应用让传播内容飞速迭代,人们接收的信息如"粉尘"一般弥散,在无处可逃的信息轰炸中,受众注意力变得尤为稀缺。在与新技术、新媒介互动的过程中,受众在信息选择方面更具备主动权,他们不再是传统媒介时代"一击而中的靶子"[1],对广告的免疫力也越来越强。在这种背景下,若想抓住消费者的注意力,在广告中成功传递"爱的信息",让消费者觉得你真诚又贴心,很大程度上取决于你是否有明确的创意方向和目标,一定要有所取舍、精准定向、同频共振。

1. 明确"表白"对象

数字化信息革命让社会分群化进一步加剧,受众因社会角色和利益需求的不同,呈现出愈发多元化的兴趣结构。我们不能以主观意识去定义"表白"对象,而是需要通过大数据技术对目标受众进行精准画像,明确消费者的所在区域、职业身份、年龄性别、文化程度、兴趣爱好、行为习惯、消费习惯等,然后投其所好、强化互动,让其产生强烈的共鸣和归属感。

---

[1]　这一说法来源于盛行于 20 世纪 20 至 30 年代的"魔弹论"(the magic bullet theory)。该理论认为,传播媒介拥有不可抵抗的强大力量,它们所传递的信息在受众身上就像子弹击中躯体、药剂注入皮肤一样,可以引起立竿见影的效果,进而左右人的态度、意见,甚至支配受众的行为。

2. 明确"表白"内容

尼古拉斯·尼葛洛庞帝在《数字化生存》一书中指出:"信息也许仍然是以报纸、杂志的形式(原子)传播的,但其真正的价值却在于内容(比特)。"[①]若想在信息爆炸的比特空间里展现出产品特性,一针见血地触达人心,就必须对"表白"内容精心筛选,让它既可以通过物质利益诉求展现产品或服务的实用价值,又可以通过目标受众的心理利益诉求,展现产品的附加价值。具体来说,就是要根据用户兴趣标签确定与之相匹配的创意基调。如图形、色彩、空间、材料、肌理、声音、动态等。

3. 明确"表白"方式

数字化时代的媒介种类复杂多样,受众可以在不同的广告媒介中随意切换,甚至可以同时使用多种广告媒介,消费者的需求边界被不断拓宽。选择什么样的渠道(方式)去表白是不可忽视的问题,具体包括:目标受众的触媒习惯、与目标受众接触最多的媒体、与产品特性最匹配的媒体、互为补充的媒体等。整合不同渠道,让你的"表白"多场景、立体化地呈现给广告受众,让其无法招架、持续心动。

4. 明确"表白"技巧

好创意与广告内容的科学性相关,但也离不开表达的艺术性。生搬硬套地"表白"只会让品牌或产品遭到消费者反感和质疑,要想俘获目标受众,就得学会技巧性地运用各种表现手法,将商品特点以"喜闻乐见"的形式展现出来。对不同的受众可采用不同技巧,主要包括:开门见山、比喻象征、幽默夸张、对比说明、名人效应、信任背书等,让受众在广告中体会到信息、娱乐、消费及社交等多重"享受"。

5. 明确"表白"不足

世界上没有百分百完美的创意,也没有百分百会成功的"表白"。经济全球化让世界文化呈现出既各自独立,又相互交流的状态。广告创意存在于一定社会背景之中,创意"表白"必然会带有不同文化、思想、意志、情感的烙印。广告目标受众必然存在群体文化差异的问题,导致他们对同一"表白"有着不同的态度和价值认可。所以我们要及时观测"表白"效果,合理优化创意策略,在保留一定主导性的同时,实现与目标受众同类价值目标最大化。

如 2016 年火遍朋友圈的白酒品牌"江小白",2011 年"出生"的它相对于耳熟能详的老品牌,显得十分弱小,但它在硝烟弥漫的白酒市场一骑绝尘,短时间内以低成本崛起,就是因为目标明确、精准定向。江小白将"表白"对象明确为 80 后年轻群体,在"表白"内容上,江小白深度挖掘目标受众生活现状、心路历程和情绪观点,打破传统白酒严谨冷峻的创意逻辑,告诉消费者:我虽然没有悠久历史,也没有高贵出身,但我能让你感到舒适愉悦(图1-135)。

---

① [美]尼古拉斯·尼葛洛庞帝:《数字化生存》,胡泳、范海燕译,海南出版社1997版,第3页。

图 1–135　"江小白"/平面广告/江小白/中国/2019

　　在"表白"技巧上，江小白成功塑造了一个会讲段子、略带书卷气、文艺范儿十足、戴着黑框眼镜、系着英伦黑白格子围巾的小男生形象，在瓶子上诉说着年轻人的快乐、孤独和烦恼。"情绪在，谁说青春不回来"，"病了才知道谁最爱你，醉了，才知道你最爱谁"……还推出了都市励志爱情动漫短片《我是江小白》，让目标受众觉得"你懂我，你是世界上的另一个我"（图 1–136 至图 1–138）。

　　在"表白"方式上，江小白充分利用年轻人聚集的各大社交、娱乐平台（微信、微博、QQ 空间、视频客户端等），与目标受众充分互动，如推出了"表白瓶"创意，只要扫描瓶身二维码，就会进入"我有一瓶酒，有话对你说"的 H5 在线游戏，点击"我要表达"，输入自己想说的话，然后选择背景卡片，

图 1–136　"江小白"瓶身广告/
江小白/中国/2016

图 1–137　我是江小白/动漫短片/
江小白/中国/2017

图 1-138　"江小白"社交媒体广告/江小白/中国/2018

最后排版修饰,提交后便可以在朋友圈分享 DIY 的酒瓶外包装,而且自己设计的外包装有机会出现在全国范围内、真实售卖的江小白酒瓶上(图 1-139)。在这一刻,江小白让每个目标受众都成为"表白者",它不再只是一个白酒品牌,而是一个善于倾听的青春好友。

　　为了避免目标受众免对长期"表白"产生的疲惫感,江小白在建立自主 IP 的同时,不断寻找与自身气质匹配的文化大 IP 进行联动,如联合"中国警察网"劝止酒驾,以创意公益海报、时尚周边、说唱歌曲、短视频等形式,在年轻人群体中传达正能量;或与热门综艺如《中国新说唱》,中国上班族动漫形象代言人"张小盒",星座达人"同道大叔"等,不断制作话题和流量(图 1-140 至图 1-144)。

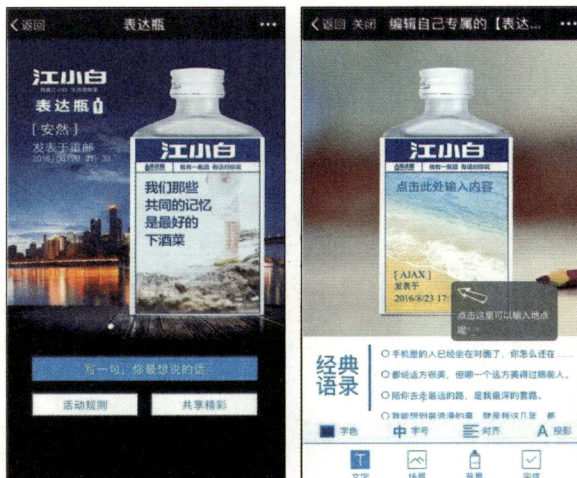

图 1-139　江小白"表白瓶"/H5 互动广告/
江小白/中国/2016

图 1-140　防止酒驾/社交媒体广告/中国警察网 & 江小白/中国/2019

图 1-141　防止酒驾,轻松淡饮/公益广告/
中国警察网 & 江小白/中国/2019

图 1-142　干杯就干杯——江小白黑标精酿/
品牌 TVC 宣传海报/中国新说唱 & 江小白/中国/2019

图 1-143　失散多年的兄弟/品牌宣传广告/张小盒 & 江小白/中国/2017

图 1-144 十二星座酒话/社交媒体广告/同道大叔 & 江小白/中国/2017

▶▶ 二、人文性——价值观导向原则

广告是现代经济发展的支柱和动力,也是社会文化构成的形式之一。虽然广告的本质是追求商业利益最大化,但其传播效应和文化特性既是对社会生活和价值观念的反映和描绘,也深深影响着社会文化的内涵与外延。因而广告需要担负起相应的社会责任——在传播商业信息的同时,也传递人文关怀与正确的价值观导向。

首先,在广告创意过程中,要充分认识思想安全与意识形态斗争的紧迫感与必要性,不能危害国家安全、主权和利益,创意内容必须坚守道德底线。

其次,广告创意不仅要体现社会主义物质文明,更要为精神文明的提升添砖加瓦。追求经济效益无可厚非,但要预防西方资本主义国家消费主义价值观的陷阱,创意着力点应以社会主义先进文化、社会公众价值归属、民族文化认同为基准,引领消费者构建科学健康的消费观念。

最后,广告创意应以本土文化为核心,将民族文化与外来文化的优秀部分相互融合。全球化时代,无处不在的商品和品牌使消费者正在经历着一场本土文化与外来文化之间的碰撞,广告必须与不同社会群体的思想、情感和行为相互磨合。当一种社会文化被置于另一种社会文化时,就像舟与水的关系一样,水能载舟亦能覆舟,对于不同国家或地区的人们来说,本土文化就如滋养他们生长的水源一样,流淌着民族的历史和祖辈的记忆。广告创意应给予"水源"足够尊重,在不触犯对方文化信仰的基础上探求创新,才能有效地实现信息共享与文化的交融。否则,只会引发矛盾和冲突被公众抵触,影响所宣传产品或服务的美誉度。

2019 年国庆节前夕，中国银联"云闪付"以"你的付出，让中国有底气"为主题，推出了《付出者联盟》系列广告，以此作为新中国成立 70 周年献礼。广告选取了 36 个平凡职业中的代表，象征着"360 行，行行出状元"，并用国漫的形式加以艺术化，画面效果非常让人容易联想到《封神榜》。每个职业被赋予了英雄称号：广告人是"造梦者"，身背 PowerPoint、PS、AI 等工具大旗，手接"卜瑞幅"（brief）；边防军人是"镇远者"，身披盔甲，脚踏战靴，守护着"华夏界"；公务员是"改世者"，身穿蓑衣头戴斗笠，挥动着锄头，如愚公一般努力地砸碎贫困的大山；法律人是名"守正者"，左手天平、右手锤子，身边是象征司法公正的神兽"獬豸"……

面对支付宝、微信支付这两个先入为主的支付品牌，作为"国字头"选手，中国银联将品牌优势与"家国情怀"建立关联，在广告中致敬每一位劳动者，传递了中国式英雄的价值观导向——真正的超级英雄不是美国电影《复仇者联盟》里拥有超能力的个人英雄主义，而是千千万万劳动者力量的凝聚。他们既是日常消费的支付者，也是各自岗位上的付出者，也正是他们平凡又伟大的付出，佑我华夏安宁，拉动经济腾飞，给予中国自信的底气。在新中国成立 70 周年的关键节点，中国银联成功树立起"云闪付"心系国计民生、服务社会大众的高大形象（图 1-145）。

付出者联盟

图 1-145 云闪付付出者联盟系列广告/凡人互动（胜加集团）/中国/2019

三、关联性——构形和表意相通原则

许慎在《说文解字》中说："形，象也。各本作象形也。"即"形"为"可见者也"。《系辞传》载："书不尽言，言不尽意……圣人立象以尽意。"可见"形（象）"是能够表现"意"的，广告创意过程是将无形的"意"（广告概念与策略），转换成文字、图形、声音、视频等有形的符号。广告受众接收到符号后，会将个人的知识、经验、喜好等投射到这些"符号（形）"上，产生对"符号（形）"的认知、判断或阐释,在对"形"的解读过程中再建符号的"意",从而理解广告传达的信息。然而,如果受众解读出来的意思,与广告符号想传达的意思不一致——"构形"和"表意"缺乏关联性,广告信息就无法得到有效传播了。所以,一则优秀的广告应该是"形意相通"的,在形的选择和组合过程中,既要能够反映广告宣传对象的基本特征,又要被公众理解和接受,才能让人以形会意、以意会心。

诞生于 1931 年的"百雀羚"是中国第一代护肤品品牌,作为民国时期的"网红",深受贵族名媛的青睐,在她们的"带货"之下,"百雀羚"不但畅销全国,还出口至东南亚诸国。新中国成立后,这只"旧时王谢堂前燕"成为平价商品,飞入寻常百姓家,20 世纪 80 年代几乎成为上海人的居家必备品,更是一代人记忆中"妈妈的味道"。然而,随着外资品牌的扎堆进驻和强势推广,加上百雀羚自身产品和营销上的故步自封,一度让它沦为"土气、低端、老套、单一"的代名词。进入 21 世纪以后,百雀羚开启了艰难的转型之路,不再沉醉于"经典国货"的品牌资历。2010 年正式落地新的品牌定位"草本护肤,天然不刺激",并重新提炼出"中国传奇,东方之美"的品牌理念,不断挖掘中华传统文化的价值,将东方美学与自身品牌、产品、包装相联结,与外资品牌形成差异化。近年来,更是通过电商和数字化传播手段,频繁与年轻人互动实现品类拓新,拉近与新生代消费者的距离。如 2018 年新春来临之际,百雀羚联合独立动画人"绿人 GreenerZ",推出了一镜到底的动画广告《新年就是新的》,满屏的清新绿色带来春的气息,让观众很自然地将其与品牌自身的"天然草本"属性匹配。中国风剪纸风精美绝伦,广告中出现的百雀羚图腾、花草植物、中式窗棂和旗袍女人,立刻就能让人联想到"东方美学",并建立与汉方中草药的关联;广告末尾的酒杯、时钟、外滩和烟花等形态,让人感受到这个百年品牌的历久弥新,并与消费者一起共同演绎新的生机与活力(图 1-146)。

图 1-146　新年就是新的/动画广告/百雀羚、绿人 GreenerZ/中国/2018

其创意思路如下：通过广告定位——草本护肤，天然不刺激，提炼出"意"——天然的、草本的，然后将抽象的"意"通过具体的"形"，也就是绿色植物这一视觉符号表现出来；而品牌理念中"中国的、东方美的"这些"意"（抽象概念）的表现，则转换为剪纸、中式窗棂、旗袍美女等视觉符号。这些视觉符号到达广告受众那里，受众根据自己的经验和感受对这些"形"（视觉符号）进行解读，还原成"意"——天然、草本、中国风、东方美等，广告信息得以成功传达（图 1-147）。

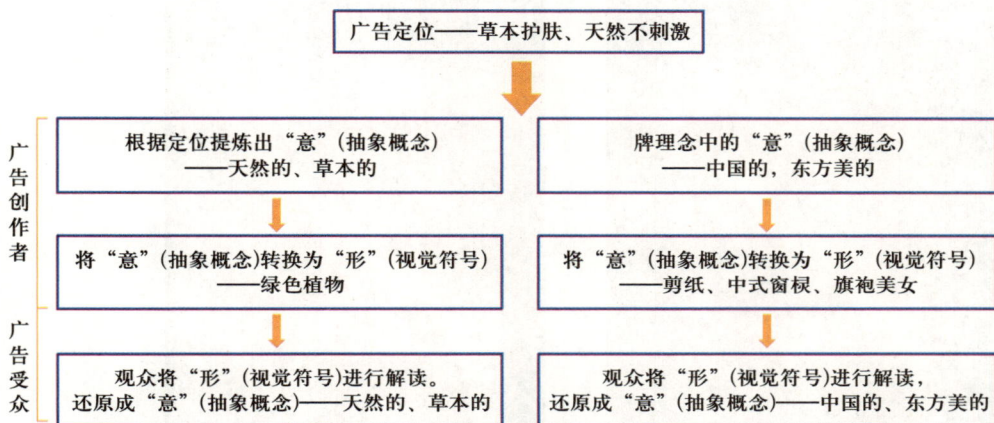

图 1-147 百雀羚动画广告/"构形"与"表意"创意思路

然而，这只是理想中的思路模型，请注意模型的最后一个环节——观众将"形"（视觉符号）进行解读，将"形"还原成广告想要表达的"天然的、草本的"或"中国的、东方美的"。假如说某些观众看到绿色植物形象并没有联想到天然草本，而是想到清新活力；看到剪纸、中式窗棂、旗袍美女形象，并没有联想到"中国的、东方美的"，而是想到活色生香，是否有这种可能性呢？ "一千个观众眼中有一千个哈姆雷特"，不同的观众会对同一个"形"有不同解读，"构形"和"表意"之间是存在不确定性的，不可能完全对应，而有效的广告在于，即使不能完全对应，但会保持与之相关、相近、相似的范畴之内。正如百雀羚的广告，即使观众联想到的是清晰活力、活色生香，与品牌和产品特征也不会相去甚远，依然能够达到基本的传播效果。

那么，要如何规避这种不确定性呢？ E.H.贡布里希曾说："读解图像和接受别的信息一样，得依靠对各种可能性的原有知识，我们只能认出我们已经知道的东西。"[①] 正如玫瑰花和爱情，玫瑰花这一形象约定俗成地成为表达"爱情"的符号，这充分说明，广告信息的有效传递，主要借助于人们的生活经验和文化积淀，在"构形"过程中与文化习俗、历史典故、生活经验等群体观念联系越紧

---

① ［英］E.H.贡布里希：《图像与眼睛——图画再现心理学的再研究》，范景中、杨思梁、徐一维、劳诚烈译，广西美术出版社 2016 年版，第 173 页。

密就越容易通过联想调动人脑中的信息储存,产生相同的感知,从而降低"构形"和"表意"的不确定。如"统一"《可以弹的面》系列平面广告,为了体现牛肉面的筋道,在"构形"时将琵琶、古筝与面条结合。并且将公众熟知的中国传统弦乐器的弹奏方式与面条的"弹"进行了意义嫁接,直观准确地向受众传达出广告信息:面汤中盛满了浓浓的中国味道,面条"弹"跳在唇齿之间,犹如弹奏一曲关于美食的《琵琶行》(图1-148、图1-149)。

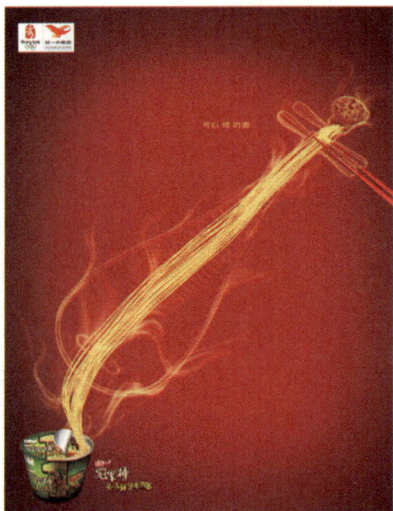

图1-148 可以弹的面——琵琶篇/
平面广告/陈奕阳/中国/2007

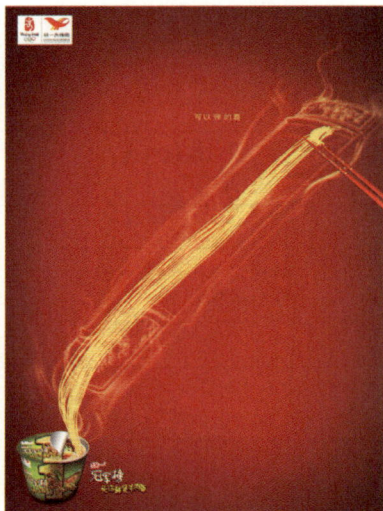

图1-149 可以弹的面——古筝篇/
平面广告/陈奕阳/中国/2007

▶▶ 四、真实性——形式和内容辩证统一原则

广告是一种劝服性的信息传播活动,通过各种修辞手法和艺术表现形式,最大程度引起广告受众的兴趣和关注,信任并接受产品、观念及服务,从而产生购买欲望。因此,在广告创意过程中,适度夸张与合理渲染是必不可少的。然而,我们必须明确的是,"夸张"不等于"夸大",《现代汉语修辞学》对"夸张"的定义是根据一定目的,在客观现实基础上,利用词语和句子条件,对事物做必要的扩大形象的描述,使其呈现出形象性、具体性和体验性。如唐代诗人李白在《秋浦歌》中用"白发三千丈,缘愁似个长"来表现无限的忧愁。唐代小尺千丈为3 000米,大尺千丈为3 600米,虽然夸张了头上白发的长度,但观众都知道人类的头发不可能长到1万米,作者在描述事物时没有脱离观众认知范围的事实,即使描述内容"超过"了事实,但并不会因此误导观众。

广告创意的真实性并不是一般意义上的"真实",而是在广告宣传内容上不弄虚作假,坚持事物本质的客观真实;在创意形态、创意情境、创意时空等外在形式上合理"失真",达到形式和内容的辩证统一。

《广告法》第三条规定："广告应当真实、合法,以健康的表现形式表达广告内容,符合社会主义精神文明建设和弘扬中华民族优秀传统文化的要求。"第八条规定："广告中对商品的性能、功能、产地、用途、质量、成分、价格、生产者、有效期限、允诺等或者对服务的内容、提供者、形式、质量、价格、允诺等有表示的,应当准确、清楚、明白。广告中表明推销的商品或者服务附带赠送的,应当明示所附带赠送商品或者服务的品种、规格、数量、期限和方式。法律、行政法规规定广告中应当明示的内容,应当显著、清晰表示。"这是广告真实性原则对广告内容的具体化要求,在广告内容符合商品实际,没有人为编造痕迹,没有盲目夸大,没有恶意欺诈的基础上,创意的外在形式可以适度夸张。

比如来自印度的鞋类零售品牌"Metro Shoes",在广告中将鞋子外形极度夸张,根据不同鞋子的风格与穿着场合,将其"变"成儿童游乐设施、约会场所沙发、上下班交通工具,将一般意义上"真实"的产品和人物,在形状、体量、表情上进行"失真"处理。但是,广告并未对鞋子的质量、功能、价格、产地等具体内容进行任何夸大。所以,受众并不会从生活逻辑角度去苛求其形式的"真实",相反会因为超乎寻常的视觉冲击力而牢记广告内容(图1-150)。

图1-150 "快乐双脚,使人快乐"系列广告/Metro Shoes/印度/2016

2015年3月,由某女明星代言的"佳洁士"双效炫白牙膏,则因为在广告中宣称"只需一天,牙齿就真的白了",被上海市工商局认定为虚假广告并处以603万罚款。如果只是在创意形式上展现出模特唇红齿白、巧笑倩兮的模样,并不会有任何问题;但若对广告标的物的实际效果过度夸大,即在广告内容上违背商品实际情况,诱导或误导消费者,会严重影响品牌声誉。

▶▶ 五、创新性——"同中求异"和"异中求同"原则

大卫·奥格威曾说:"这个世界是由空气、水和广告组成的。"广告已然渗透人们日常生活的每一寸空间,尤其是传媒技术的蓬勃发展,消费者每天面对各类信息轰炸,主动或被动地"听取蛙声一片"。在此起彼伏的"蛙声"中,广告要吸引受众注意力就必须乐于创新、突破常规、想人所未想、发人所未发,比如在千篇一律的"蛙声"中搭配"蛙泳、蛙跳"的组合,是为"同中求异";当其他"青蛙"都开始各显神通,在"蛙声"中穿插五花八门的新奇元素时,要学会在不同"蛙声"表演中找到相似之处,如创意的逻辑、画面、情节、文案等,筛选出最受欢迎、最适合产品宣传的"蛙声法则",是为"异中求同"。

广告创意的"同中求异"并非一味标新立异、无中生有,而是将人们约定俗成的元素重新组合,从新的角度表现习以为常的事物,让人觉得耳目一新。心理学家认为,那些由人们熟悉的物体稍加改变后的图形是最吸引人眼球的,当观众第一眼看到既熟悉又陌生的图形时,其思维惯性在一瞬间被打断,产生强烈的探究心理。在此时突然加入与之相关的广告信息,人的潜意识就会自动接收,顺其自然地记住了广告信息。

如麦当劳在各大节日推出的创意广告,把大家司空见惯的节日元素重新排序,从异于常理的角度进行组装:薯条做成的圣诞树,为平安夜镀上了一层金色光辉;沾着芝麻粒的汉堡,让你想起曾经带你去吃儿童套餐的父亲,被岁月打磨成"地中海"的发型;黑白相间的巧克力圣代做成妈妈的脸部轮廓,因为在怀孕时女性肤色会变得暗沉,这只是身为人母为孩子付出的冰山一角而已(图1-151)。

图1-151 麦当劳的平面广告/TBWA/法国、泰国/2016-2017

广告创意的"异中求同"是将不同方向和角度的创意汇总,最终指向产品利益点和情感利益

点，也就是说，无论创意怎样变化，必须得回到这两个基点。记住不要试图在纸上表现多个利益点，只需要表现最强势的点，然后让不同的创意内容与强势利益点融合。如洗发水有很多利益点：去屑止痒、养发润发、防止脱发等，你不需要在一则广告中表现所有亮点，因为过多亮点等于没有亮点，比如海飞丝洗发水，无论采用何种创意方式，都始终围绕"去屑"这一产品利益点进行宣传。2008 年海飞丝推出的《该停了！》平面广告，画面上，梳子的齿变成了树林，被雪片般的头皮屑压得东倒西歪，《该停了！》联系 2008 年雪灾这一社会热点，既充分切合了消费者希望雪灾得到控制的情感利益点，又体现了"去屑"的产品利益点（图 1–152）。2015 年，海飞丝为了改变年轻人对该品牌"老气"的印象，在社交媒体上推出了《我不屑》互动广告，运用二次元漫画风格与年轻人产生共鸣，号召网友加入 H5 小游戏发布"不屑宣言"。"不屑"既代表了当代年轻人"特立独行、不受约束"的情感利益点，又一如既往地指向"去屑"的产品利益点（图 1–153）。

图 1–152　该停了！/"海飞丝"洗发水平面广告/
盛世长城（广州）/中国/2008

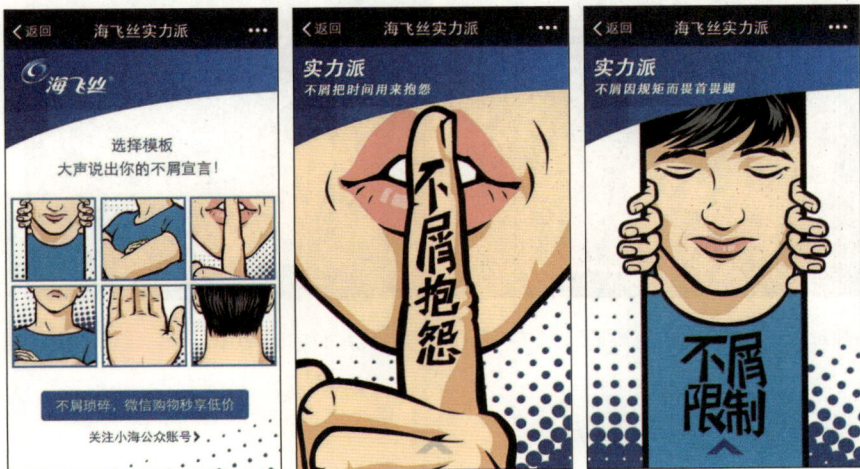

图 1–153　"我不屑"/"海飞丝"洗发水互动广告/盛世长城（广州）/中国/2015

▶▶ 六、记忆性——"少即是多"与"积少成多"原则

"少即是多"（Less is more）本是德国建筑大师路德维希·密斯·凡德罗提出的建筑学用语，主张在建筑结构构件及造型上尽量精简，去除多余装饰，只保留轻灵通透的建筑本身和里外流通的空间，这一原则被广泛运用在不同门类的现代设计中。在广告创意中，"少即是多"并不是空无一物，而是把复杂的广告信息精简化，通过少量的画面元素虚实融合，清晰紧凑地表达出最关键、最核心的信息。在画面中放置过多过杂的元素，恨不得把商品的所有特点都表现出来，只会让观众眼花缭乱，最后什么也没有记住。"少即是多"的创意原则，与中国传统美学思想中的"留白"异曲同工，均用言简意赅、由此及彼的表现方式，剔除多余冗杂的元素，将图形和文字高度凝练，置于视觉焦点处，其余部分不着墨色，为观众预留思考和想象空间。诚如清代笪重光《画筌》中所说："虚实相生，无画处皆成妙景。"在新雪铁龙 C-CROSSER 越野车广告中，摒弃了汽车广告中常出现的车型展示、家人出游、帅哥美女等复杂元素，采用大面积纯色背景，除了视觉中心位置的图形外，其余部分全部"留白"，呈现一种空旷悠远的意境，让观者联想到驰骋于苍茫天地间的自由美好。"少即是多"的"少"指的是外部形态的简洁，而"多"指的是隐藏在简洁图形下的深刻内涵，也就是"一图多义"，才能以一当十、以少胜多。这则广告中的图形设计相当巧妙，将山峦与树木形象与雪铁龙的标志合二为一，既展现了这款车可以轻松跨越高山、穿越丛林的优良性能，又进一步强化了雪铁龙的品牌形象（图 1-154）。

图 1-154　新雪铁龙 C-CROSSER/平面广告/竞立媒体/中国/2010

　　"积少成多"以增强广告记忆性主要是针对创意形态而言的。消费者的购买动机来自购买商品所获得的利益(功能利益/心理利益),在这个数字化变革、颠覆和重构的时代,消费者购买商品并不遵循于"认知—兴趣—决策—购买"的传统流程,中间任一环节都有可能刺激他们直接购买。也就是说,消费者的购买动机多元又随机,激发购买行为的利益要素复杂而分散,单一化的创意形态无法应对消费者的多元化需求。因此,广告必须打破创意的形态壁垒,通过各种组合,在消费流程的各个环节与受众连接,让平台与平台之间、品牌与平台之间、线上与线下联动融合,积少成多地将每一个触点(公众号、朋友圈、社群、小程序、微信支付)全时全域地与用户连接,聚合成强大的宣传矩阵,渗透到用户的多场景之中。如"帮宝适"(Pampers)纸尿裤在2019年"双十一"期间,就是运用了"积少成多"的创意原则,在硝烟弥漫的品牌大战中成功"出圈"。首先在官微发布了经典IP蜡笔小新的魔性"屁屁舞"动画,通过打造"地表超舒适PP"话题演绎产品卖点,号召年轻父母带着宝宝加入线上屁屁舞打卡(图1-155)。配合线下各大商超的"地表超舒适屁屁"快闪活动,在快闪店里设置个性化体验场景——超透气PP沙发、云柔泡泡池、彩虹PP墙、PP舞舞池等,抓准妈妈群体爱"晒娃"的社交特性,卷入受众群体,线上线下同频共振,实现社交化裂变。在微博、抖音等多个阵地,联动新生代流量星爸星妈,讲述自己为人父母的真实体悟,公开自己舒适带娃的好物"帮宝适"纸尿裤,成功地将内容植入产品、流量转为销量(图1-156)。

图1-155　地表超舒适屁屁舞/动画广告/宝洁(中国)/中国/2019

图 1-156 "地表超舒适屁屁"快闪店及明星直播带货/
宝洁（中国）/中国/2019

【思考与延伸】

1. 艺术思潮与广告创意理念演进的内在联系是什么？

2. 20 世纪不同广告创意流派的经典理论放置今日，其普适性与局限性分别有哪些？

3. 寻找 1~2 个近两年"刷屏级"的广告案例，根据本章第五节知识点，分析其创意流程。

4. 寻找 6~10 个近两年"刷屏级"的广告案例，根据本章第六节知识点，找到对应的创意基本原则。

【小组讨论＋汇报】

1. 年轻目标受众喜欢什么样的广告创意？请制作出打动这一群体的创意攻略。

2. 传统媒体与新媒体广告的优劣势分别有哪些？如何彼此借力、融合创新？请结合案例进行汇报。

第二章

广告创意思维与表现训练

本章知识点框架图

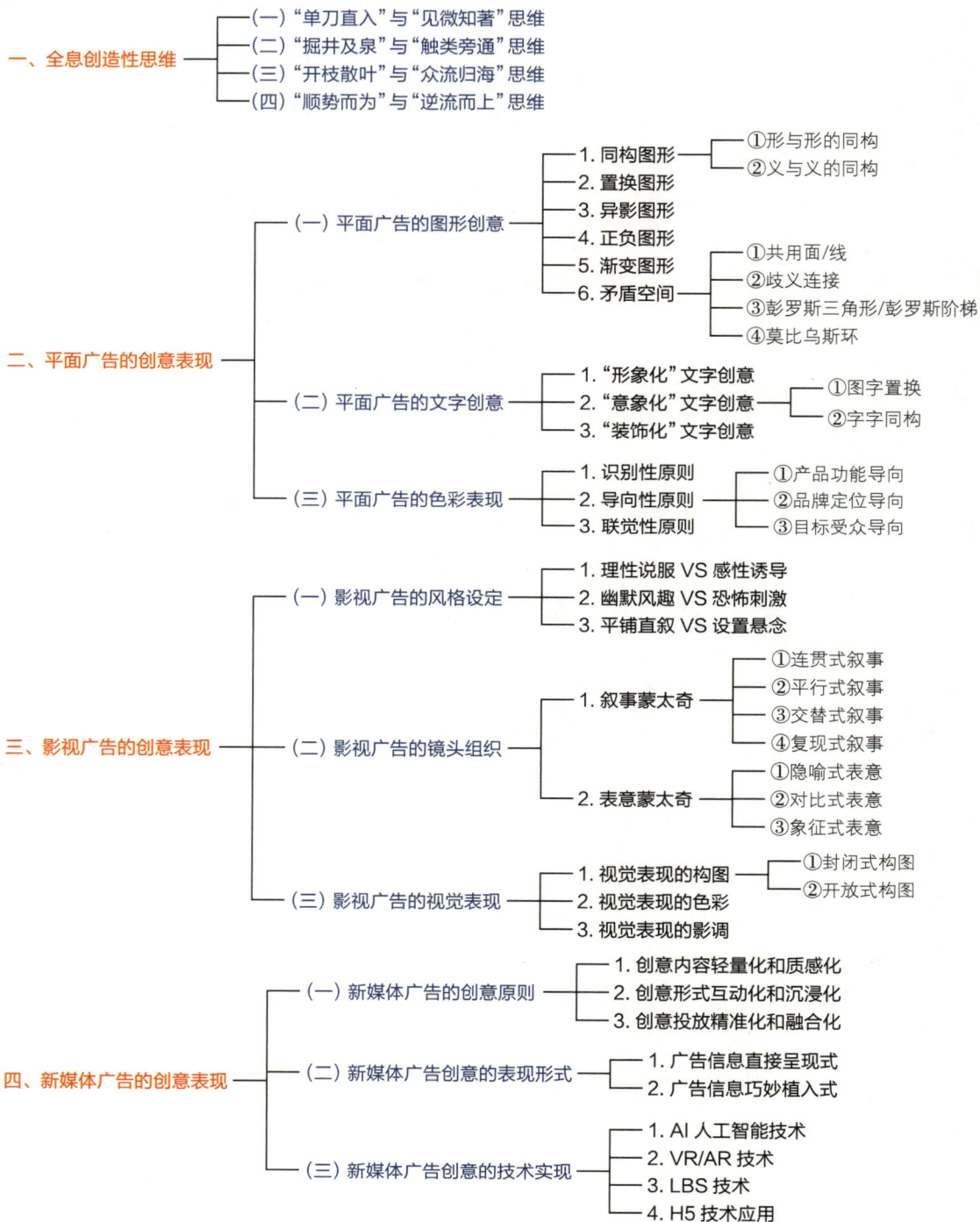

一、全息创造性思维
- （一）"单刀直入"与"见微知著"思维
- （二）"掘井及泉"与"触类旁通"思维
- （三）"开枝散叶"与"众流归海"思维
- （四）"顺势而为"与"逆流而上"思维

二、平面广告的创意表现
- （一）平面广告的图形创意
  - 1. 同构图形
    - ① 形与形的同构
    - ② 义与义的同构
  - 2. 置换图形
  - 3. 异影图形
  - 4. 正负图形
  - 5. 渐变图形
  - 6. 矛盾空间
    - ① 共用面/线
    - ② 歧义连接
    - ③ 彭罗斯三角形/彭罗斯阶梯
    - ④ 莫比乌斯环
- （二）平面广告的文字创意
  - 1. "形象化"文字创意
  - 2. "意象化"文字创意
    - ① 图字置换
    - ② 字字同构
  - 3. "装饰化"文字创意
- （三）平面广告的色彩表现
  - 1. 识别性原则
  - 2. 导向性原则
    - ① 产品功能导向
    - ② 品牌定位导向
    - ③ 目标受众导向
  - 3. 联觉性原则

三、影视广告的创意表现
- （一）影视广告的风格设定
  - 1. 理性说服 VS 感性诱导
  - 2. 幽默风趣 VS 恐怖刺激
  - 3. 平铺直叙 VS 设置悬念
- （二）影视广告的镜头组织
  - 1. 叙事蒙太奇
    - ① 连贯式叙事
    - ② 平行式叙事
    - ③ 交替式叙事
    - ④ 复现式叙事
  - 2. 表意蒙太奇
    - ① 隐喻式表意
    - ② 对比式表意
    - ③ 象征式表意
- （三）影视广告的视觉表现
  - 1. 视觉表现的构图
    - ① 封闭式构图
    - ② 开放式构图
  - 2. 视觉表现的色彩
  - 3. 视觉表现的影调

四、新媒体广告的创意表现
- （一）新媒体广告的创意原则
  - 1. 创意内容轻量化和质感化
  - 2. 创意形式互动化和沉浸化
  - 3. 创意投放精准化和融合化
- （二）新媒体广告创意的表现形式
  - 1. 广告信息直接呈现式
  - 2. 广告信息巧妙植入式
- （三）新媒体广告创意的技术实现
  - 1. AI 人工智能技术
  - 2. VR/AR 技术
  - 3. LBS 技术
  - 4. H5 技术应用

第一节　项目训练一：全息创造性思维训练

训练目的

1. 破除常规思维定式，形成多维度创意视角，提升创新创意能力。

2. 了解8种全息思维方式的原理及实施步骤，建立全息思维模式。

3. 学会将全息创造性思维与其他课程/学科共通共融，培养全息思维习惯。

重点难点

重点：提纲挈领、见微知著、掘井及泉、触类旁通、开枝散叶、众流归海、顺势而为、逆流而上8种思维方法及训练；

难点：如何从事物的多侧面、多环节、多因素、多层次、多角度进行思考，如何调整原有的思维习惯，建立全息思维模式。

▶▶ 一、知识点

全息创造性思维是指思维主体有意识调动自身知识技能储备及已获取的创意资料，将多种思维方式有机结合，从事物的多侧面、多环节、多因素、多层次、多角度进行思考，着力寻求更科学、更有效、更具突破性的创新点的思维模式。它涵盖了主观与客观、深度与广度、宏观与微观、前瞻与回顾几方面的内容，具有多向性、多维性、动态性和开放性。具体有8种思维方式可供我们结合使用：

(一)"单刀直入"与"见微知著"思维

"单刀直入"是一种直奔主题的思维方式，运用在广告创意中，即将企业、产品或服务的客观现实（商品名称、外形特征、功能利益、用户示范、数据实证等）作为表现对象，明确直白地呈现出来，使消费者能够一目了然地进行认知和判断。例如广告大师李奥·贝纳为美国肉类协会创作的平面广告，没有任何美化与润色，直接将一块未经加工的新鲜红肉放置在红色背景下，这样设计似乎没有任何技巧与策略，甚至有些简单粗暴，然而，这种呈现手法能让观众直接感受到肉的色泽、鲜度和品质，在红色背景映衬下产生强烈的视觉冲击力，搭配广告文案："你能不能听到它们在锅里滋滋作响？"广告将视觉刺激转移到味觉联想，充分满足了家庭主妇购买肉类时追求健康天然的诉求（图2-1）。在为品食乐（Pillsbury）公司所做的蛋糕烘焙材料广告中，李奥·贝纳继续延续"单刀直入"型思维方式，直接将一块巧克力蛋糕放置在画面中，侧面被切开了一小块，内部细节清晰可见，让人垂涎欲滴。然后告诉大家：只有使用品食乐公司的烘焙材料，才能做出如此美味的蛋糕（图2-2）。

"见微知著"是指在对事物的客观形象、直观表象进行感受的基础上，借助主观认知进行判

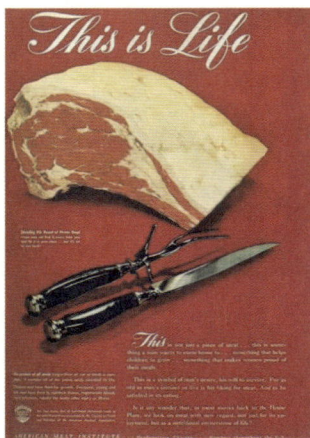

图 2-1　美国肉类协会/平面广告/
李奥·贝纳/美国/1945

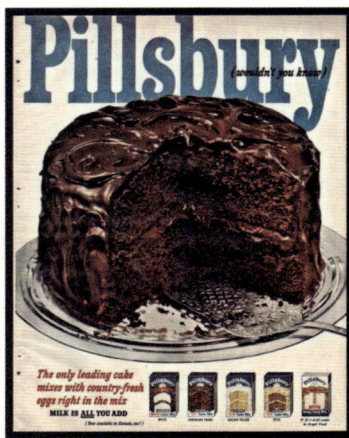

图 2-2　品食乐蛋糕烘焙材料/平面广告/
李奥·贝纳/美国/1946

断,将各类形象性材料进行联想、分析、抽象、概括,最后综合成具有典型性的图形/图像符号的思维方式。在广告创意过程中,"见微知著"思维通常包含两个维度:一是"有中生无",即以现有的客观事物为参照,将事物的外形、结构、材料、原理等要素重新组合,加工出与原事物具有关联的新形象。如原产自瑞典的"绝对伏特加酒"(Absolut Vodka),以绝对伏特加酒瓶的独特造型为参照,把酒瓶的经典造型或明显或隐晦地与各种元素组合,加工成具有"ABSOLUT"特征的新图形。既能从形象上与其他伏特加区别,让人们对绝对伏特加酒瓶产生高辨识度的直觉感知,又能将组合事物的含义融入,体现酒(商品)以外的丰富内涵(图 2-3、图 2-4)。

图 2-3　绝对的北京/平面广告/
腾迈(TBWA)/美国/2003

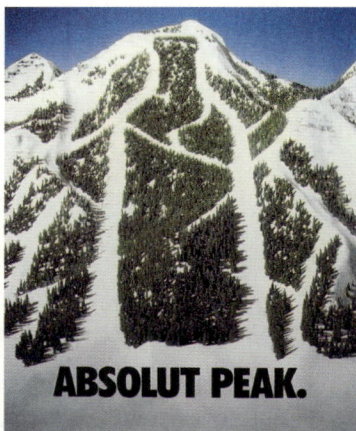

图 2-4　绝对的顶峰/平面广告/
腾迈(TBWA)/美国/2004

　　二是"无中生有"，即抛开客观事物的原始形态，将脑海中关于该事物的记忆素材与个人体验随机连接，创造出一个全新的形象。北京有句顺口溜叫"内九外七皇城四，九门八点一口钟"，见证了承载着千古兴衰事的皇城九门，似乎与起源于西方的篮球运动毫无关联，然而在耐克的"京城篮球少爷"系列广告中直接抛开篮球鞋及篮球场的原始形态，将人们对九道门的记忆与来自九个区域篮球少年们的个性特点连接——正阳门的骄傲、西直门的顽强……创造出属于每个城门的"霸主"形象。九门霸主会聚一堂，问鼎紫禁城之巅——太庙，决出最终的京城篮球王者。广告中出现的城门、铠甲、将旗、战马等元素，将"耐克""街球文化"等流行符号与中国传统文化符号融合，唤起了观众对京城历史、京味文化、街头篮球和青春热血的美好回忆，赋予了品牌新的意义（图 2-5）。

图 2-5　耐克·京城篮球少爷/系列广告/W+K 上海/中国/2007

（二）"掘井及泉"与"触类旁通"思维

"掘井及泉"是指在同一个诉求方向或诉求点上进行深入思考，直到找到解决问题的最佳答案，它是一种循序渐进的思维方式。"掘井及泉"最重要的就是专注于一个方向，不能随意跳出固定框架，必须是连贯的、清晰的以及定向的。

"触类旁通"是指跳出事物的既定框架，在创意目标这根轴线上，自由跳跃至任意一个思维点，并不断地将这些点与创意目标进行关联，它是一种横向推进式的思维方式。顾名思义，"触类旁通"思维并不要求创意点之间具有连贯性、逻辑性或者绝对性，可以是断裂的、多变的以及交叉的，任何不在预设模式之内的偶发事件均可以触发关联，是一种"万物皆有可能"的破局式思考。战国时代的田忌赛马，在"赢得比赛"这一目标轴线上，没有追求每一场比赛都能获胜。而是"今以君之下驷与彼之上驷，取君上驷与彼中驷，取君中驷与彼下驷"，三局两胜，总体推进了目标达成。

在广告创意过程中，"触类旁通"思维能帮助我们突破思维定式，提出富有挑战性的假设，让创意更有广度。而"掘井及泉"思维则帮助我们沙里淘金，筛选出最有价值的方案，让创意更具精度。以止痛药"芬必得"为例，我们将两种思维方式综合运用在广告创意中。

第一步，运用"触类旁通"思维，在创意目标"止痛"这根轴线上，列出人们需要止痛片的四种情境：头痛、关节痛、牙痛、痛经。

第二步，在这四个创意切入点上，运用"掘井及泉"思维将自己深入角色里发问（这里选取两个角色举例说明）。

问题1：头痛的时候，"我"一般都会有哪些言行举止？这些言行举止透露出我的哪些期待？

答案1：头痛的人需要安静的环境，你会说："吵死了，让我安静点！"因为周围的一点点声音都显得特别刺耳，它们刺激着你的耳膜直达你的中枢神经……

问题2：关节痛的人在生活方面有哪些不便？

答案2：弯不下腰，爬不动楼，搬不动重物，做家务使不上劲……

第三步，分别在每个答案上运用"触类旁通"思维跳跃到与这些答案有关或无关的各个"触点"，如发声媒介（人、动物、机器）、刺痛（铁丝网、荆棘条、针）、做家务（换灯泡、扛水、扫地），等等。

第四步，我们运用"掘井及泉"思维将各个思维触点筛选整合，将疼痛患者与普通人对日常生活的不同感觉进行夸张：

对于头痛的人来说，普通人听起来的美好或微小的声音，对他们来说却是折磨；

对于关节痛的人来说，普通人觉得轻而易举的家务，对他们来说难如登天；

因此，我们需要"芬必得"快速缓解疼痛，还你一身轻松！

最后，确定创作素材，找到最佳创意方案（图 2-6、图 2-7）。

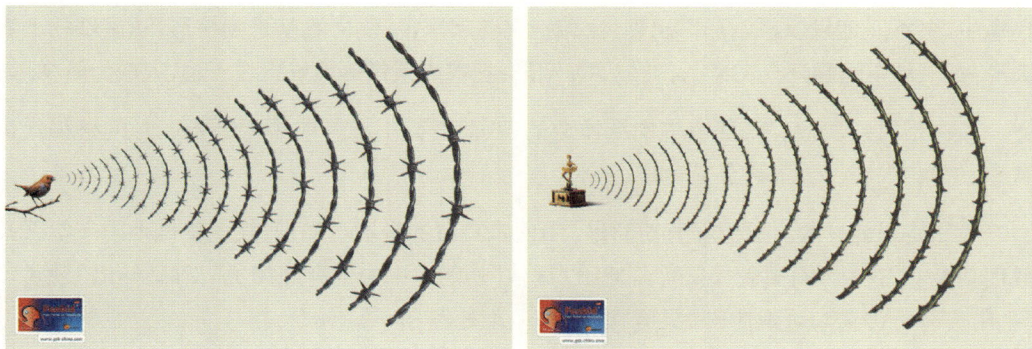

图 2-6　芬必得·头痛篇/平面广告/RedBank·红岸/中国/2017

图 2-7　芬必得·关节痛篇/平面广告/RedBank·红岸/中国/2017

（三）"开枝散叶"与"众流归海"思维

"开枝散叶"是指从一个目标或问题点出发，沿着不同途径向四面八方展开思考，探求多种答案的思维方式。任何客观存在的物体，都有可能发散出无数可能性，在具体运用中有以下几种发散途径：

（1）形态发散——在事物原始形态的基础上，是否存在其他形态？

（2）材料发散——在事物原始材料的基础上，是否有其他材料替代？

（3）功能发散——在事物固有功能的基础上，是否延伸出其他功能？

以"世界读书日"这一命题为例，按照常规思维方式创作，我们的眼睛总会盯着"书"这一命题本身,能够联想到的东西非常局限,如读书的人、书的种类或世界地图之类。如果采用发散思维法,以"书"为原点至少可以从三个方向展开:

首先是形态发散。大部分书的原始形态是矩形,在此基础上思考是否存在其他形态。在广告创意中,书不一定只以原始形态出现:比如把书卷起来,从侧面看就是圆柱形,从底部朝上看就是圆形;把书从中间翻开立在桌上,就成了 V 字形;把书高低错落地堆积在一起,就成为阶梯形……

其次是材料发散。大部分书由纸做成的,在此基础上思考能否用纸张以外的材料代替。如黄金、白银、木块、砖瓦,甚至是食材……

最后是功能发散。书的固有功能是"阅读",其目的是增长知识,在此基础上思考能否开发出其他功能。"书中自有黄金屋",可延伸出"居住"功能;"书中自有颜如玉",可延伸出"观赏"功能;"书中自有千钟粟",可延伸出"果腹"功能……(图 2-8)

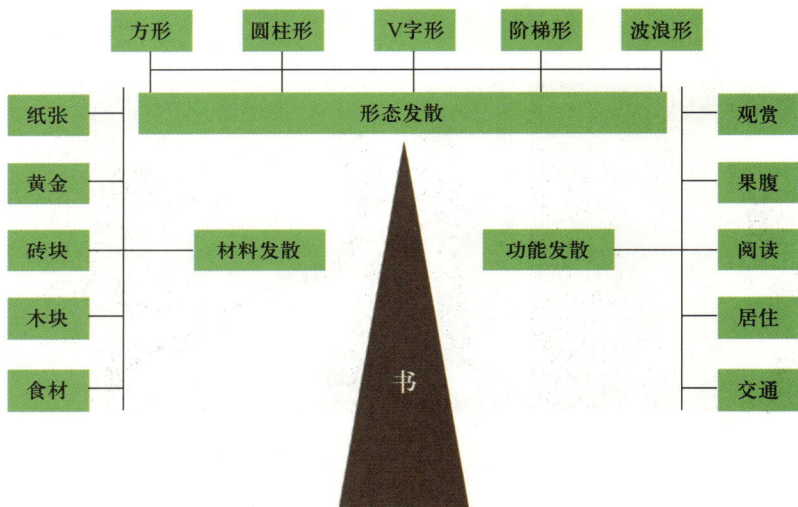

图 2-8 "世界读书日"发散思维导图

如果说"开枝散叶"思维是放飞想象的话,"众流归海"思维则是回收想象,它是一种异中求同、量中求质的方法,通过对发散出的众多元素进行比较和筛选,从零散信息中提取它们的共同属性,最终归纳出一个合乎逻辑规范的结论。

还是以"世界读书日"命题为例,根据刚才发散出来的创意点,找到各创意点(支流)之间共同的属性,让它们"众流归海"。能够归合在一起的物体,一定存在着形态上、意义上的共性,整个广告创意的过程就是一个先"开枝散叶"再"众流归海"的过程:

第一步,找到两组形状具有共同点的物体:书—方形,黄金—方形。

　　第二步，找到两组意义具有共同点的物体：黄金—财富，书—书中自有黄金屋—财富。所以，这几个素材可以归合在一起。

　　按照这种方法，我们可以在发散的素材大海里自由挑选、科学搭配，"归合"出各种不同的创意。比如：书—方形，木头—门—方形，任意门—交通；书—波浪形，食材（面条）—波浪形，面条—果腹，书—精神食粮—果腹，等等（图2-9至图2-12）。

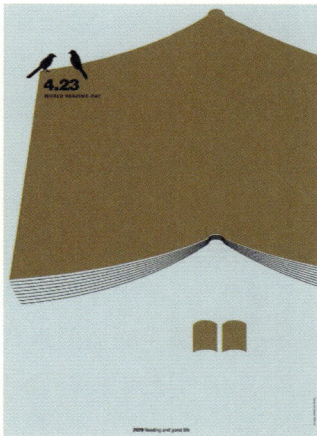

图2-9　书中自有黄金屋/
"世界读书日"/公益广告/
白艳维/中国/2020

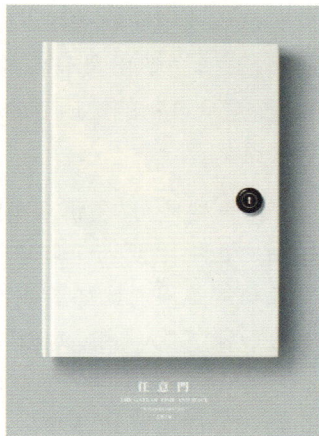

图2-10　任意门/
"世界读书日"/公益广告/
李羿昊/中国/2020

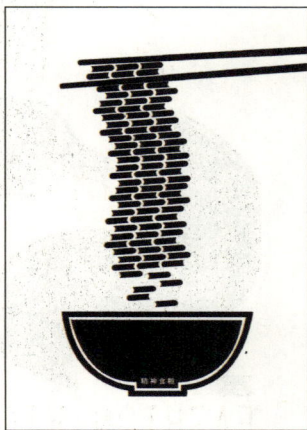

图2-11　精神食粮/
"世界读书日"/公益广告/
郭岩/中国/2020

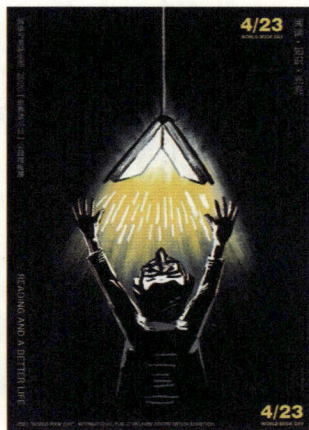

图2-12　阅读·知识·光亮/
"世界读书日"/公益广告/
徐文/中国/2020

（四）"顺势而为"与"逆流而上"思维

"顺势而为"是指以产品客观属性为原点,按照事物发展的普遍规律分析问题,按照受众熟悉的思维路径,直接朝向终点的思维方式。它能够帮助我们有效运用现有的逻辑规范,沿着事物发展的自然方向探索问题,通过已知来揭示事物本质。因此,运用这种思维的创意内容较符合大众的认知习惯。

"逆流而上"思维则是以人的惯性思维为坐标,对司空见惯的、似乎已成定论的事物或观点有意识地相逆的一种思维方式。它能够帮助我们克服因经验和习惯形成的思维定势,反其道而行之,塑造出具有个性化的视觉形象。"逆流而上"思维并不是简单的与惯性思维相对立,而是从事物的性质、结构、位置、过程等方面进行逆向思考。运用在广告创意中,一般有两种思路:

第一种是"广告诉求角色的逆向"。广告诉求角色是指广告中主要的人、事、物等,"逆向"是指广告中主要人、事、物的所作所为出现与其年龄、性别、习惯、特性等反向的特征,产生出人意料的效果。比如要设计一组"反皮草"公益广告,若是使用正向思维进行创意,就要遵循一般规律下"人"和"动物"的关系——人是满手鲜血的杀戮者,动物是手无寸铁的受害者(图2-13)。而诉求角色的逆向就是将广告中的传统角色进行反常态处理,让原本被动受害的野生动物转换成主动攻击者——被做成皮草围脖的狐狸不再逆来顺受,而是突然"觉醒",狠狠地咬了人类脖颈一口,以此告诫那些购买动物皮草的人们,虐杀野生动物一定会得到自然的惩罚(图2-14)。

图2-13 时尚受害者/"反皮草"
公益广告/Zhang Zhenbo/中国/2010

图2-14 围脖/"反皮草"公益广告/
Wang Yue/中国/2010

第二种是"广告诉求主体的逆向"。通常情况下，广告诉求主体就是广告中的产品本身，若是使用正向思维创意，则是在广告中直接展示产品信息，在信息宣传中加入创意属性。而诉求主体的逆向，则是把广告诉求主体弱化，不让它以本体出现，将原本的诉求主体依附于其他主体来表现。产品还是那个产品，只是给原产品穿上了一件"马甲"，让人耳目一新。比如日本的《每日新闻》，随着网络社会移动终端的发展，纸质媒体受到巨大冲击，当代年轻人几乎不再通过购买报纸阅读新闻。为了唤醒人们对传统报纸的关注，《每日新闻》与矿泉水公司合作，为《每日新闻》穿上了矿泉水包装纸的"马甲"，一个月内将 31 款"新闻瓶"成功推入市场，实现了零售商店月售3000 瓶的业绩。这样一瓶矿泉水放在超市货架上，不仅可以满足消费者解渴的需求，还能在喝水时顺便看新闻，让看新闻这件原本花时间的事情，依托于一个与生活息息相关的载体。包装上还附有二维码，消费者若觉得瓶子上的新闻没看够，通过手机扫描即可线上阅读更多新闻，逐渐实现线下线上一体化转型（图 2-15）。

图 2-15　《每日新闻》报纸 + 矿泉水包装广告/
Yoshinaka Ono/日本/2014

▶▶ 二、训练项目

训练主题：巧用中国元素，讲好中国故事

训练要求：

1. 查阅中国传统文化元素的相关文献资料，并对中国传统文化代表元素进行分类。

2. 对近 30 年来中国举办的综合性国际体育赛事（亚运会、奥运会）进行盘点，全面梳理中国元素及中国故事融入国际赛事宣传的案例，撰写 2 000 字左右的案例分析报告（图文并茂）。

3. 在 8 种全息思维方法中任选 3 种，以"2022 年北京—张家口冬奥会"为主题，结合中国传统体育元素，分小组进行角色扮演/互换，提出创意、交换创意、完善创意并进行创意反思。

4. 做出 3 组创意流程图，选取 1 组做出广告宣传物成品，表现手法不限，工具不限。

5. 准备作品汇报 PPT,需完整地呈现创意流程、设计方案、创意解析及应用展示。进行作品汇报及评分,采用小组自评 + 学生互评 + 教师评价,票选出人气前三的作品。

(一)经典案例:陈绍华笔下的中国元素与中国故事

陈绍华,中国当代著名平面设计师,20 世纪 80 年代,在中国美术界普遍不重视设计(当时叫工艺美术)的情况下,他的广告招贴《绿,来自您的手》获得第六届全国美术作品展览会招贴画类金奖,1988 年调入深圳万科并创建万科广告事业部,1992 年创立"陈绍华设计有限公司"[①] 并任创作总监,1995 年与深圳设计同人共同创办中国大陆第一个平面设计协会——深圳平面设计协会。陈绍华的作品中体现出他对中国元素的敏锐洞察,其中最为世人称道的是他为 2008 年北京申奥设计的"五环太极"会徽,无论是国际奥委会、国内外同行还是广大群众,都给予了作品极高评价,甚至有人认为这是大型国际赛事中最有活力的形象标志之一。会徽取材自传统手工艺"中国(同心)结"和中国优秀文化遗产"太极拳",运用现代设计手法,将民族文化与国际元素相融合——红、黄、蓝、绿、黑五条色带如"同心结"般回旋缠绕,组成奥运五环的形态,同时又像是一个正在打太极拳的人,更像是中国国旗上的五角星,优秀的作品总是在似与不似之间,给观众带来无限遐想。太极是中国古典哲学观的集中体现,展示着中国人对生命与自然、和谐与共生的理解,与奥运会促进和平友谊、加强团结合作的意义是完全契合的。富有动感的书法笔画式线条,让中国文化气韵在"更高、更快、更强"的奥运精神里延展(图 2-16)。

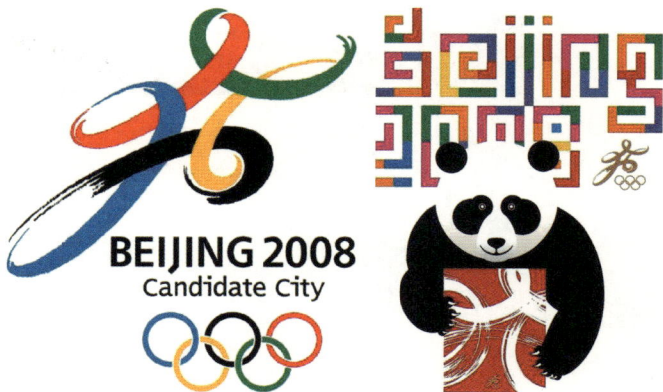

图 2-16 五环太极·2008 北京申奥标志/标志设计及广告招贴/
陈绍华/中国/2000

无独有偶,在"第一届世界智力运动会"会徽设计中,陈绍华也用到了"中国(同心)结"元素。

[①] 中国最早成立的设计公司之一,中国十佳品牌设计机构,后更名为"陈宋品牌设计顾问"(C&S DESIGN OFFICE)。

闭合式绳结首尾相连，体现比赛过程中的沟通交流、团结互助；打成的绳结呈现"心形"，代表着人类智慧的起源——"结绳记事"，象征着人类的"心智"；整体很像无限循环的"莫比乌斯环"，寓意着人类智慧的生生不息，也包含着对赛事持续发展的美好祝愿（图 2-17）。

在"2011 西安世界园艺博览会"整体视觉系统设计中，陈绍华和他的团队以《道德经·第四十二章》中的"道生一，一生二，二生三，三生万物"为思想来源，让花瓣分别组合成三片、四片、五片、六片结构并由内向外层叠，仔细观察可发现细节之精妙：三片花如大写的汉字"人"，体现以人为本；四

图 2-17 第一届世界智力运动会/标志设计/陈绍华/中国/2008

片花犹如方方正正的西安古城，象征和谐人居；五片花代表金、木、水、火、土五行，代表自然万物；六片花寓意上、下、东、西、南、北六合，象征天地宇宙。整体展现了人、城市、自然、宇宙的和谐共生，契合了世园会"天人长安，创意自然"的主题（图 2-18、图 2-19）。

图 2-18 2011 西安世界园艺博览会/标志设计/陈绍华/中国/2011

图 2-19 2011 西安世界园艺博览会/形象推广/陈绍华/中国/2011

广告招贴《平面设计在中国》体现了陈绍华在浩瀚无边的中国元素里提炼新创意的敏锐，鲜亮的正黄底色上，两条腿迈着稳健的步伐前进。中国传统服饰（图案）元素的加入，体现出中国人的审美自信，这种审美自信的背后是中国经济、文化发展及话语权的回归（图 2-20 至图 2-22）。

在社交媒体飞速发展、商品高度同质化的今天，广告创意不再单纯以功能诉求为中心。广告人必须深入细致地洞察消费者，更有针对性、更精细化地将消费者的价值观与中国的政治、经济、社会环境紧密联结，在广告中传达中国正能量，讲好中国故事。那么，同样的中国故事，如何多侧面、多环节、多因素、多层次、多角度地呈现呢？全息创造性思维可以帮我们解决这一问题。运用

图 2-20 平面设计在中国/
广告招贴/陈绍华/中国/
1995—1996

图 2-21 深圳平面设计师协会/
陈绍华/中国/1995—1996

图 2-22 沟通/广告招贴/
陈绍华/中国/1995—1996

"开枝散叶"与"众流归海"思维,把设计主题想象成一棵大树的生长过程,画出"全息思维导图":
发散原点是"树干",也就是根据广告主题提炼的"关键词",然后抽出粗壮的"主枝",接着每个
"主枝"上再抽出"分枝",最后每个"分枝"上长出"叶子"。有几点值得注意:

　　(1) 不要一开始就"散点式"发散,直接细化到各种各样的"点",想到哪儿就是哪儿。这会使
得发散过程习惯性地被固化思维引导,发散内容局限于自己的习惯、爱好、知识、价值观等,导致
发散数量少、发散速度慢、发散广度窄、发散深度浅。

　　(2) 发散大的类别(主枝),再以此类推,一步步将大的类别分化地越来越细,逐渐生发出更多
更小的类别(分枝)。

　　(3) 将小的类别(分枝)继续裂变,发散出明确又具体的事物(叶子)。

　　"全息思维导图"是最接近我们大脑神经元结构的样式,可有效地破除惯性思维导向下的盲
区,帮助我们从不同角度、不同方向、不同的切入点来分析思考问题,由此达到"道生一,一生二,
二生三,三生万物"的效果。

　　2019 年,正值中华人民共和国成立 70 周年,设计师们通过创意的表达记录历史、定格时代、
畅想未来,书写新时代的中国故事,描绘新中国的风采。既然是中国故事,必然少不了使用中国
元素,即"中国元素"为"树干",根据"树干"——中国元素,先梳理大的类别(主枝)——传统元素、
现代元素、民族精神;再在每一个"主枝"上抽出"分枝",如传统元素——传统节日—文学艺术—
民俗文化—饮食文化—历史人文景观—神话传说;然后在每个"分枝"上长出"叶子",如传统节
日——中秋节—春节—元宵节—端午节……运用"树状思维导图"发散思考(图 2-23),最后运用
"众流归海"思维将创意点筛选回收,归合出最佳创意方案(图 2-24 至图 2-26)。

传统元素

- 中秋节
- 春节
- 元宵节
- 端午节

→ 传统节日

- 书法/国画
- 诗词歌赋
- 戏曲

→ 文学艺术

- 福禄寿喜
- 舞龙舞狮
- 剪纸窗花

→ 民俗文化

- 八大菜系
- 饮食器具
- 饮茶品酒

→ 饮食文化

→ 历史人文景观
- 古典园林
- 古村落/民居
- 军事防御
- 宗教建筑
- 宫殿/亭台楼阁
- 桥梁/水利

→ 神话传说
- 八仙过海
- 嫦娥奔月
- 哪吒闹海

现代元素

- 宇宙飞船/卫星
- 航空母舰
- 民航机/无人机
- 深海蛟龙

→ 航空航天航海

→ 城乡建设
- 一带一路
- 美丽乡村
- 精准扶贫
- 新型城镇化
- 长三角经济带
- 北上广深

→ 海陆空军
- 军事演习
- 武器装备
- 军服军仪

→ 时代楷模
- 雷锋
- 焦裕禄
- 消防官兵
- 救灾官兵

民族精神

→ 热爱祖国
- 国庆70周年
- 和平统一

→ 团结协作
- 国家之间
- 地区之间
- 同事之间

→ 爱岗敬业
- 奉献精神
- 螺丝钉精神
- 标兵人物

→ 自强不息
- 抵御外敌
- 发展自身
- 励志人物

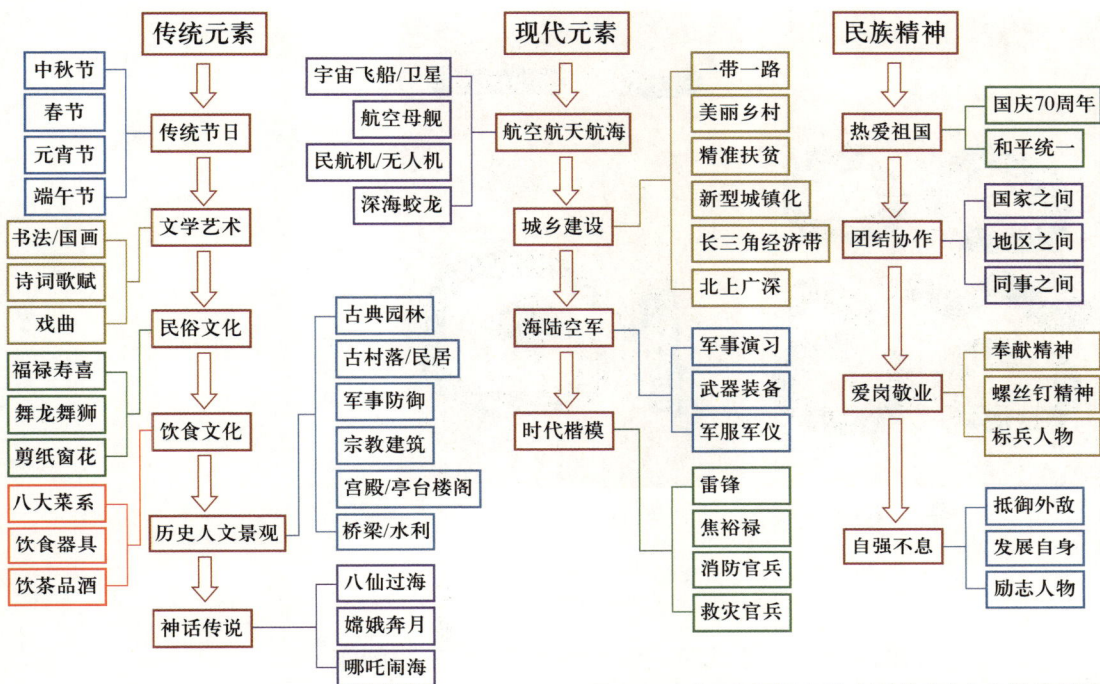

图 2-23　"用中国元素讲中国故事"全息思维导图

图 2-24　新语/庆祝新中国成立
70 周年公益广告/
张阳、王皓月、王宝仪/中国/2019

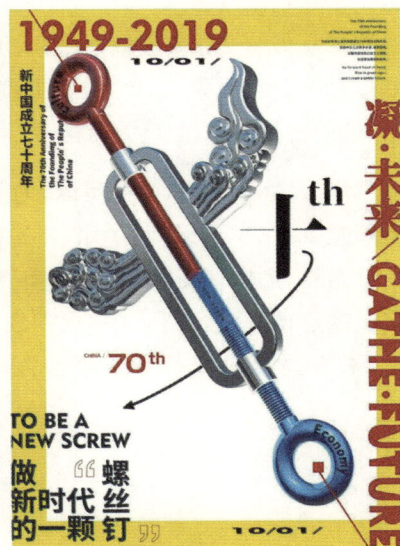

图 2-25　凝·未来/庆祝新中国
成立 70 周年公益广告/
姜振华/中国/2019

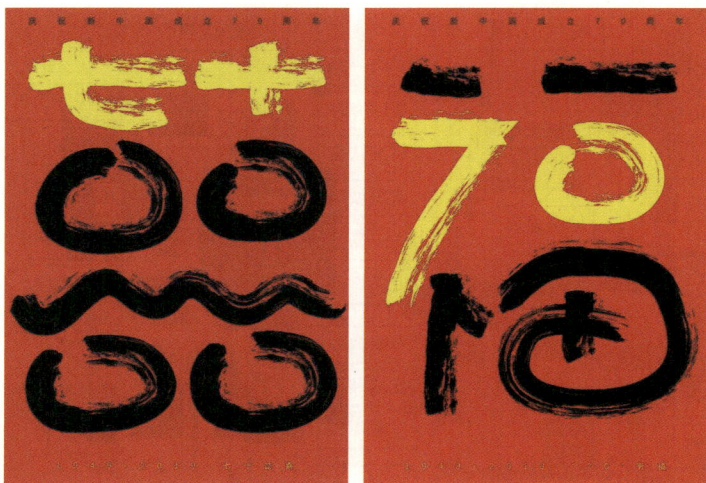

图 2-26 七十囍福/庆祝新中国成立 70 周年公益广告/
陈昕/中国/2019

（二）学生案例："2022 年北京—张家口冬奥会"主题创作

作品《古往今来》以 2022 年北京—张家口冬奥会为主题，设计了一套含赛事介绍、奥运文化宣传、冬奥项目的科普图书，旨在向全民普及冰雪运动，增添文化动力。在创作过程中，学生充分运用全息创造性思维，通过"掘井及泉"与"触类旁通"思维方式，从不同角度、不同方向切入，最终选择从传统文化中汲取力量；运用"开枝散叶"思维方式，发散出中国古代人物、服饰、诗词、冬季运动等创意元素；运用"众流归海"思维方式，将古代运动元素与现代冬奥会运动项目巧妙融合，造型古朴稚拙，配色秀雅含蓄，兼具视觉识别性、功能性和趣味性（图 2-27）。

作品《冰雪相融，全民奥运》为冬季奥林匹克运动会广告招贴，运用"见微知著"思维方式，以敦煌壁画中的"飞天"为参照，将冬奥健儿矫健的身姿，冰雪女神、奥运圣火与和平鸽等元素重新加工组合，形成了新时代的"冬奥飞天图"。蓝色寓意着冬季运动的活力和朝气，激发全民对冬奥会的热情（图 2-28）。《冰火同歌》采用扁平式插画风格，让冬奥会吉祥物熊猫"冰墩墩"与滑雪、滑冰、冰壶、冰球等七大项目的运动员一起比赛，力奔终点，所向披靡（图 2-29）。

图 2-27 古往今来/冬奥会项目宣传图书（节选）
温冰娜、吴佳航、焦琪雯/广告学专业学生作品/指导老师：王旋/2021

图 2-28　冰雪相融,全民奥运/冬奥会广告招贴/
许沙沙/广告学专业学生作品/指导老师:王旋/2021

图 2-29　冰火同歌/冬奥会广告系列招贴(节选)/
陈思月、张晨曦/广告学专业学生作品/指导老师:王旋/2021

(三)训练步骤

1. 了解设计情境,搜集创作资料,组建创意团队(图 2-30)。

图 2-30　设计情境分析及创意流程目录(节选)/
陈思月、张晨曦/广告学专业学生作品/指导老师:王旋/2021

（1）查阅中华传统文化及中国古代体育运动项目的相关文献。

（2）考察 2022 年北京—张家口冬奥会的参赛国家、具体运动项目、热门人物,以及举办的相关背景（社会、政治、经济、文化、生态、产业、技术、商业等）。

（3）组建创意团队,根据时间节点和可利用资源制订工作计划并完成人员分工。

2. 考察目标人群及市场需求,建立初始创新点（图 2-31）。

图 2-31　目标人群及市场需求调查（节选）/
许沙沙、徐炀/广告学专业学生作品/指导老师:王旋/2021

（1）制订调研规划,收集观察数据和研究数据,提取最有价值的信息。

（2）将有价值的信息可视化为图表,抽离出热点、差距和重叠之处,寻找设计创新点。

3. 小组内部创意激荡,完成设计提案（图 2-32）。

（1）构思概念:运用全息创造性思维的 8 种方法重构假设。

（2）定义概念:在设计原则允许的情况下提出尽可能多的解决方案,从中获取灵感,并将概念可视化。

（3）组织创意点:对创意点进行排序、重新组合和逻辑划分,确定最佳创意点。

（4）沟通概念:完成草图、正稿和设计提案的可视化,准备创意展示 PPT,展示形式力求新颖。

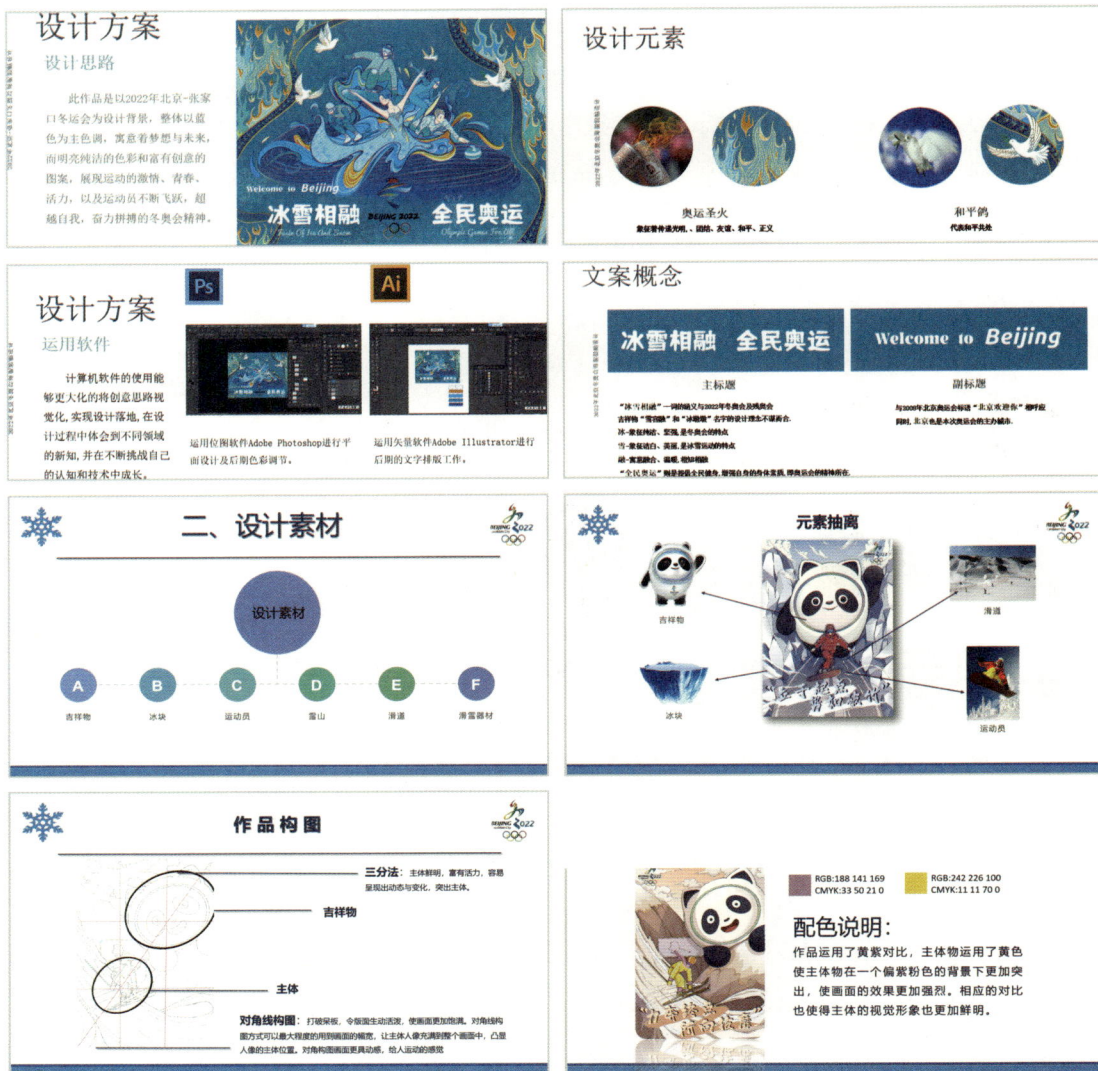

图 2-32 创意思维导图及设计提案(节选)/许沙沙、陈思月、张晨曦/
广告学专业学生作品/指导老师:王旋/2021

4. 各小组设计提案现场 PK,表现形式可趣味化、多元化。

5. 全体师生现场投票,进行量化评价及质化评价。

6. 根据评价结果进行改进,完成高价值创意方案,评估是否适合实施落地(图 2-33、图 2-34)。

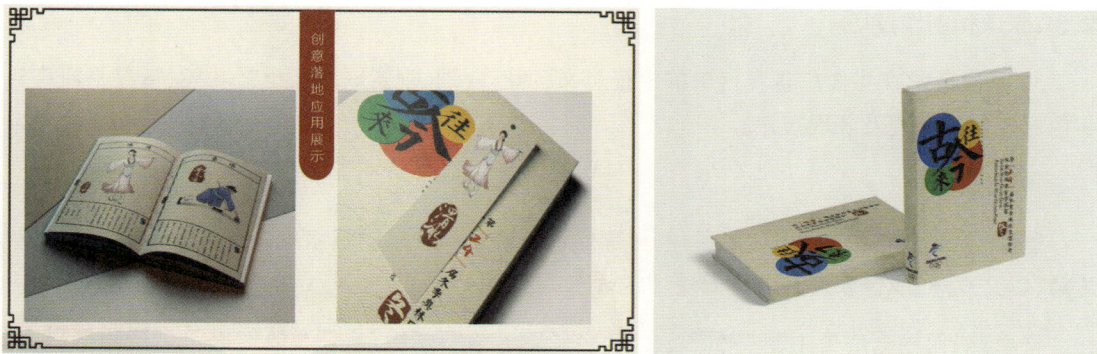

图 2-33　创意落地及应用展示/
温冰娜、吴佳航、焦琪雯/广告学专业学生作品/（指导老师）王旋/2021

图 2-34　创意落地及应用展示（节选）/
许沙沙、陈思月、张晨曦/广告学专业学生作品/指导老师：王旋/2021

第二节　项目训练二：平面广告的创意表现与训练

训练目的

1. 了解和掌握平面广告中同构图形、置换图形、异影图形、正负图形、渐变图形及矛盾空间的概念、原理和创作技巧。

2. 了解平面广告中文字的重要性，掌握"形象化"文字、"意象型"文字及"装饰型"文字的概念、原理和创作技巧。

3. 了解色彩在平面广告宣传中的象征意义、情感心理、视觉联想及记忆功能,掌握平面广告中色彩搭配的原理及表现技法。

重点难点

重点:平面广告中的图形、文字、色彩等要素与市场、商品、消费者的关联。各元素是否以形达意、以文立意、以色表意地准确表现广告诉求。

难点:如何根据广告主题将图形、文字、色彩等元素科学组合,使其既能够符合产品气质,又能紧密结合消费者心理。

▶ 一、知识点

(一)平面广告的图形创意

德国当代著名视觉设计大师霍尔戈·马蒂斯曾说:"一幅好的设计应该靠图形说话,而不是依靠文字注解。"图形是平面广告作品的核心要素,是易识别、好记忆、易理解的信息载体,它可以跨越地域、文化和语言障碍,直观生动地将广告内容和信息传达给消费者。我们不应单从形式上评论一个图形的好坏,因为脱离了广告主题、市场定位、品牌战略和消费者需求,孤立地讨论图形没有任何意义和价值。所以,必须学会分析背后的设计依据和思考来源。

1. 同构图形

同构图形是指将两个或两个以上的元素组合在一起,共同构成一个新的图形。这个新的图形并不是原图形的简单相加,而是形与形、义与义之间相互协调后的彼此成就,通过形态结构的变化而衍生出新的意义。

(1) 形与形的同构。在自然界中,有很多物体虽然属性不同、意义相去甚远,但外形却有着极大的相似性,如太阳、车轮、象棋、橘子这四个完全不同的物体,但因外形都是圆形,"圆"这个要素就成为不同物体之间的连接点。

形与形的同构又分为"局部同构"和"整形同构"两种类型。"局部同构"是指同构的部分只是图形的局部,而不是整体。如"饿了么"外卖平台在 2018 年元宵节发布的热点广告中,将灯笼的局部与盛满元宵的外卖碗局部进行同构,缔造了在异乡无法与家人团圆,但可以通过点一份元宵外卖慰藉思乡之情的场景,快、准、狠地抓住目标受众的痛点,让品牌、节日和创意融为一体(图2-35)。"整形同构"则是指整个图形由多个相同或不同的细小元素聚合而成,构成整体形的个体细小元素应该与整体形象具有某种内在关联,这样同构图形才能产生意义传递。如"洽洽瓜子" 2018年在官方微博上发布的"二十四节气"借势广告,为体现"享誉世界的中国瓜子"的品牌核心理念,中国传统文化中的各个节气的标志性物体,由一颗颗瓜子聚合而成,形象地表现出各个节气的独有特征,诗情画意地将产品融于借势热点中(图2-36至图2-38)。

　　2012年中央电视台出品了一部美食类纪录片《舌尖上的中国》,堪称"吃货"眼中的美食地图。作为节目宣传的平面广告,应如何在方寸之间浓缩中华民族五千年的美食文化,表现出中国各地饮食文化的博大精深呢? 比如每逢冬腊月用猪肋条肉(五花肉)抹上食盐,配以一定比例的花椒、大茴、八角、桂皮、丁香等香料腌入缸中的腊肉,是无数中国人关于家乡年味的记忆。这样的中国食物该如何在广告中表现呢? 若直接展示一盘腊肉,或展示一个人在大嚼特嚼腊肉,虽吻合主题但却略显粗浅,因为只有食物,却没有中国文化体现。广告宣传的主题是"舌尖上的中国",这就意味着我们必须寻找到至少两个图形进行组合,一个是代表食物的图形,另一个就是代表中国传统文化的图形。在《舌尖上的中国Ⅰ》海报中,将表现食物的图形"腊肉",与表现中国传统文化的图形"国画"①组合在一起,共同构成一个新的图形,这个新图形不是简单的相加,而是一种和谐的突变(图2-39)。

图2-35　元宵/"饿了么"节日热点广告/中国/2018

图2-36　二十四节气·立春/"洽洽瓜子"借势广告/中国/2018

图2-37　二十四节气·秋分/"洽洽瓜子"借势广告/中国/2018

图2-38　二十四节气·小寒/"洽洽瓜子"借势广告/中国/2018

---

① 中国美协副主席、广东画院院长许钦松于2007年创作的山水画《岭云带雨》。

图 2-39 舌尖上的中国/节目宣传广告/
张发财(原名陈芳铭)/中国/2012

　　表现中国文化的图形有很多,如青花瓷、京剧脸谱、剪纸窗花等,但为什么不将腊肉与其他物体同构,而选择与这幅山水画同构呢? 主要是因为两者外形上的共同点。腊肉是带皮的五花肉,肉的纹理刚好与山水画中山峦的沟壑非常相似,而白色脂肪恰好与奔流在山涧的河水非常相似。同构之后的新图形不仅把纪录片所要体现的中心思想表达完整了,还颇具哲学意味——中国哲学体现的是兼收并蓄,正如山水画的清雅和腊肉的肥腻非但不敌对,反而在形的突变中达到了和谐统一。

　　(2) 义与义的同构。有很多物体虽然外形毫不相关,但存在着某种感觉或者知觉上的共通点,比如索尼将"耳机"和"莫扎特"联系起来,一个是物品,一个是音乐家,两者在外形和属性上完全不同,但耳机具有听音乐的功能,而莫扎特是著名音乐家,因此二者之间存在意义上的共通点,"耳机"和"莫扎特"都是我们所熟悉的事物,在观众的视觉经验中会有关于它们形象的描述,当看到它们二者同时出现在画面中,人的知觉会迅速将它们各自形态中所对应的含义进行匹配(图2-40),体现出索尼耳机的专业音质。根据格式塔心理学相关理论,两种不同的形态(或部分)相互结合成一个整体,其整体会大于部分之和,整体意义也会发生嬗变。因此,我们在观察这个同构形时,大脑会根据以往的经验或先天的知觉规律,赋予图形全新的意义。如《舌尖上的中国Ⅱ》的宣传广告中将"中国结"与"面条"进行了同构,从外形上看二者关联不大,但在中国文化体系中,中国结作为一种精神符号已在中国文化中约定俗成,也是一种美好愿望的表征。当它与面条同构时,这一图形的意义就转嫁到面条上,丰富了面条的图形意义——老百姓饭桌上的这碗面,串起了幸福,串起了向往,也串起了浓浓的美食情结(图2-41)。

2. 置换图形

　　置换图形是指在保持现有图形基本特征的前提下,利用彼此之间外形的相似性和意义的相异性,将原有图形的局部与另一个图形进行"偷梁换柱"式的嫁接。虽然图形的整体结构不变,

图 2-40 你好，莫扎特/SONY 耳机平面广告/
Cheil Worldwide/韩国/2012

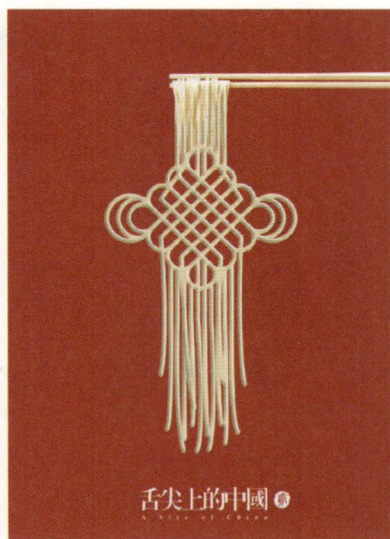

图 2-41 舌尖上的中国 Ⅱ/平面广告/
赵咏/中国/2012

却将图形相异的符号意义"张冠李戴"地进行了转移，使新图形产生更丰富的内涵。在实际运用中，很多人分不清同构图形与置换图形的区别，虽然二者在最终的表现形式上差别不大，但在创意原理上，同构图形是以寻找物象之间的"相似性"为触发点，强调的是物象与物象之间内涵的"相融"；而置换图形则是以外形相似物象之间意义的"相异性"为触发点，强调的是物象与物象之间内涵的"延伸"，产生新的指向。

如来自瑞士的手表品牌斯沃琪（Swatch），其品牌定位是时尚的、运动的、艺术的、激情的。品牌名中的"S"不仅代表它的产地瑞士，而且有"Second-watch"即第二块表之意。20世纪70年代，高档消费市场萎缩，平价实用的美国、日本品牌异军突起，一向定位于高品质、高档次、高价位的瑞士制表业受到极大冲击。为了应对危机，斯沃琪将零部件化繁为简，表壳、表带使用便宜的人工合成材料，内置一枚瑞士产的精确石英机芯，防水防震且走时精准，并积极与艺术家合作，将手表变成"画布"，既降低了成本，又保持了原有的瑞士"血统"，价廉物美又时髦。

斯沃琪的广告不断向人们传递一种全新的观念：手表不再只是昂贵的奢侈品或单纯的计时工具，而是"戴在手腕上的时装"。人们可以像拥有时装一样，同时拥有多块手表，成为搭配不同风格衣服的潮流物件。斯沃琪的广告并没有像其他品牌手表一样直接展示产品，而是将颜料瓶里流淌出来的颜料形态置换成手表的形态，每一管颜料上都标注了艺术家名字及代表作，将手表作为"计时工具"的内涵延伸到"艺术"层面，赋予了产品全新的寓意，跳出了简单的功能定位，从消费者的情感利益点入手，使之成为一种品位、审美、情感和个性的象征（图 2-42）。

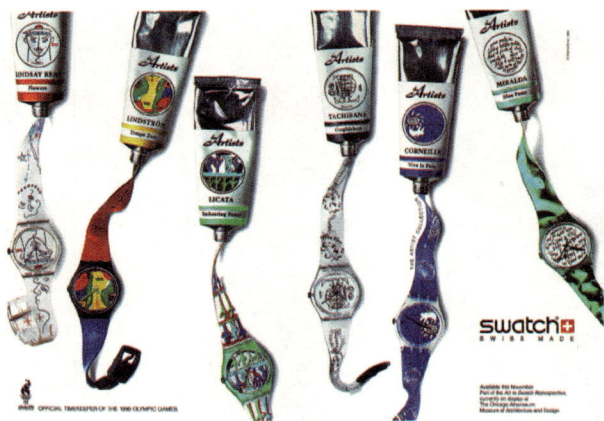

图 2-42　艺术家/手表平面广告/斯沃琪（Swatch）/瑞士/2012

3. 异影图形

客观物体在光的作用下，投影会呈现与物体一样的形态，但在广告创意中，设计师常常将客观实体的影子通过艺术化处理，使其产生变化，呈现出与实体造型不同的对应物，这种处理方法为异影图形。广告中的异影图形必须满足两个关键点：第一，异影图形的造型不能与被投影物相差太远，否则很难让观众产生联想；第二，异影图形并不仅仅是形态的变化，而是通过影子穿透事物表象，向观者传达隐藏在实体背后的深刻寓意。异影图形通常用来表现事物的两面性，实体体现当下的"存在"，异影则代表心中的"幻象"。

2016 年第八届全国大学生广告艺术大赛中，公益命题"中国梦，我的梦"平面类广告一等奖运用了异影图形（图 2-43 至图 2-45）。三张广告的实体物选用了戴着红领巾的小小少年，而投射在墙上的影子分别是军人、芭蕾舞者与医生。少年梦即中国梦，少年强则中国强，投射的影子既表现出少年们对自己未来的畅想，更体现了少年自觉肩负起实现伟大中国梦的使命与担当。

图 2-43　少年强，则中国强·军人篇/平面广告/朱暮然/中国/2016

4. 正负图形

中国古代很早就存在正负图形——太极图，它起源于人类利用圭表对太阳日影的观测，从中心点即圆心做半径，黑色部分长度表示日影长度。远古时代，我们的祖先就是据此来确定节气的，并以此产生了阴阳观念。[1] 太极图当中的"阴阳鱼"互为正负，它是一种你中

---

[1]　张其成：《阴阳鱼太极图源流考——兼与郭彧先生商榷》，《周易研究》1997 年第 1 期。

图 2-44 少年强，则中国强·
舞者篇/平面广告/
朱暮然/中国/2016

图 2-45 少年强，则中国强·
医生篇/平面广告/
朱暮然/中国/2016

有我、我中有你、对立统一的图形建构方式（图 2-46）。最早对这一视觉现象加以研究的人是丹麦著名心理学家埃德加·鲁宾（Edgar John Rubin），1915 年鲁宾创造了著名的"鲁宾之杯"，向我们呈现了视觉中图与底的有趣现象（图 2-47）。鲁宾对于图底关系的探讨属于传统的胡塞尔现象学（Husserl's Phenomenology）①，但国际上却常常将鲁宾的观点纳入格式塔心理学（Gestalt Psychology）理论。

图 2-46 中国古代的正负
图形——太极图

图 2-47 鲁宾之杯/正负图形/
埃德加·鲁宾/丹麦/1915

① 胡塞尔现象学由德国哲学家 E. 胡塞尔倡导的一种哲学流派。胡塞尔现象学是在德国心理学家 F. 布伦塔诺意动心理哲学的影响下创立的。布伦塔诺认为心理行为的意识与该行为对象的意识是同一现象，胡塞尔则认为两者有区别，意识经验的内容既不是主体也不是客体，而是与两者相关的意动结构。

在《鲁宾之杯》中,不同视点会导致图形意义的变化,当观者的视点停留在中间白色的杯子时,中间的杯子就具备了"图"的视知觉属性,而两侧黑色人脸则自动退后成为"底";当观者的视点停留在两侧黑色人脸上时,两侧人脸就具备了"图"的视知觉属性,而中间的白色杯子则自动退后成为"底",它表现了一种双重的图形意象。由于视点转移,画面关系不断发生变化,观众不断打破关于图底属性的原有认知,从而体验到一场特殊而愉快的视觉魔术,广告创意中的正负形(Negative Space)正是由图底关系(Figure-ground)发展而来的。

广告中正负图形的建构需注意三个关键点:第一个是"势均力敌"。正负图形中的"图"与"底"并不是从属关系,二者应具备几乎同等的比例或意义。它们之所以能够达到你中有我、我中有你的状态,是因为彼此之间势均力敌,并与对方保持着一种平衡关系,任何一方都不能过于突出,各自朝着不同的方向发力,形成合力为零的模式。我们以瑞典"绝对"牌伏特加酒广告为例。"伏特加"源于俄文的"生命之水"一词,据说诞生于15世纪晚期克里姆林宫楚多夫修道院,再加上俄罗斯地处极寒地区,当地人有喝烈酒驱寒的习惯,所以在人们印象中只有俄国制造的伏特加才是正宗的。而"绝对"牌伏特加酒产自人口仅有一万人的瑞典南部小镇Ahus,它成为全世界第二大顶级伏特加酒品牌,其广告宣传功不可没。"绝对"牌伏特加酒在广告中另辟蹊径,冲破一般酒广告只渲染产品本身的传统表现形式,充分挖掘和利用社会、生活、娱乐等各种图形元素,与它特有的酒瓶造型结合,同时配以经典广告词,即以"Absolut"开头,加上一个单词或一个词组,让受众形成"万事万物皆可伏特加"的思维惯性。在"绝对"牌伏特加城市系列广告中,运用了大量正负形,将世界知名城市中最为人熟知的事物与酒瓶形成正负形,同时画面中正形和负形的面积比例非常接近,酒瓶与其他元素的作用力此消彼长,一个图形包含了双重意象(图2-48至图2-51)。

图2-48 绝对曼谷/"绝对伏特加"平面广告/李岱艾广告公司(TBWA)/美国/1988

图2-49 绝对阿斯彭/"绝对伏特加"平面广告/李岱艾广告公司(TBWA)/美国/1988

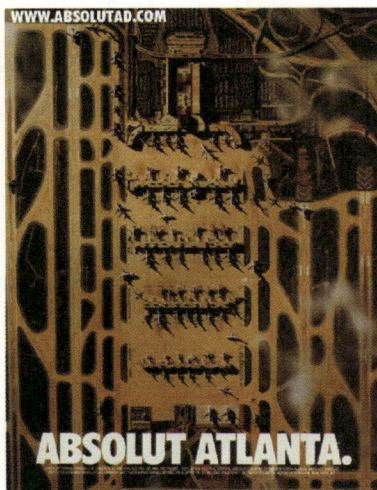

图 2-50　绝对亚特兰大/"绝对伏特加"平面广告/
李岱艾广告公司（TBWA）/美国/1988

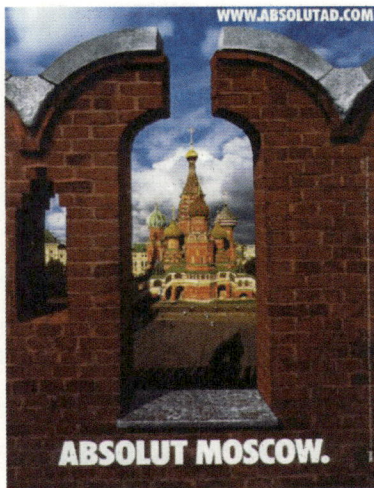

图 2-51　绝对莫斯科/"绝对伏特加"平面广告/
李岱艾广告公司（TBWA）/美国/1988

　　第二个是"边线共用"。我们以在第二届靳埭强设计基金奖中获未来设计师大奖的作品《圆》为例（图 2-52）。在"一个中国"选题中，设计师使用了正负形体现大陆和台湾的关系，及"一个中国"原则。海报上有一个断掉的玉镯，设计者将碎掉部分的边缘线处理成台湾岛的形状，边线的共用将正形与负形各自包含的寓意融合：台湾还没有回到祖国的怀抱，这始终是个缺憾。台湾是中国领土不可分割的一部分，实现民族伟大复兴的"中国梦"是两岸共同追求的目标，只有两岸统一了，玉镯才会圆满，中国梦才能圆满。

　　第三个是"眼见为虚"。人类的视觉习惯总会自动导向"实空间"，而物象中隐藏的"虚空间"常常会忽略，而恰恰是这一空间蕴涵了无穷意义。要创作出精彩的正负形，必须"逼迫"自己的眼睛主动寻找"虚空间"，并强化处理"虚空间"，让其成为视觉焦点。如 2014 年许鞍华执导的电影《黄金时代》的美国版宣传广告，为了体现以萧红为主线的文学青年追求理想的故事，

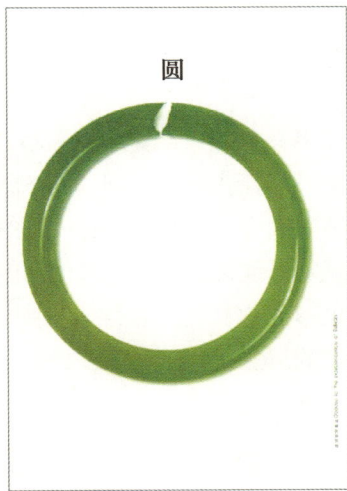

图 2-52　圆/第二届靳埭强
设计基金奖获奖作品/贺师洋/
中国/1999

将萧红的人物剪影与金色钢笔进行了正负形处理（图 2-53）。萧红是一个作家，而钢笔是作家战斗的武器，它象征着主角及那个时代所有追求理想的作家们。然而代表"作家或写作"的图形有很多，比如毛笔、墨水等，为什么不把萧红的形象跟它们合成正负形，却独用钢笔呢？首先，毛笔虽然外形细长适合与人物结合，但它缺乏钢笔中缝那独有的"虚空间"（除非毛笔分叉）；其次，钢

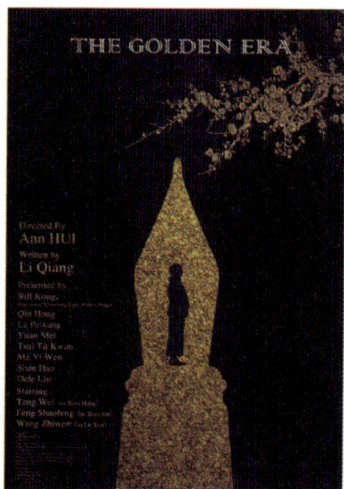

图 2-53　黄金时代（美国版）/
电影宣传广告/黄海/中国/2014

笔在图形意义上比毛笔更符合"人设"，因为五四新文化运动提倡以白话文代替文言文，以"钢笔文化"代替"毛笔文化"。所以，女主角萧红的剪影茕茕孑立于笔尖之中，既是对其寂寥人生的隐喻，又昭示了这个黄金时代的"萧红们"，将生命的歌谣与自由的呐喊寄存在文字里。画面被处理成金色，象征着黄金时代，一隅的蜡梅寓意着进步青年们坚忍的意志，他们在时代的枷锁与磨难中不屈不挠地战斗着，用黄金般珍贵的文字唤醒着民众麻木的灵魂。

5. 渐变图形

渐变图形是打破事物应有或原有的变化规律，把一种物形向另一种物形逐渐地、有秩序地、自然地转变，由此让原物形向新物形的概念延伸，引导受众思考不同物形之间发生渐变的原因和关联，将广告信息蕴含在二者之间的递进和连接过程中。荷兰版画大师莫里茨·柯内里斯·埃舍尔（Maurits Cornelis Escher）非常善于运用渐变图形，在他的代表作《天与水Ⅰ》中，画面由黑白两种色调构成，包含着四种图形——黑色的水、黑色的鸟、白色的天空、白色的鱼（图 2-54）。其中，作为"底"的天空和水是抽象形，作为"图"的鸟和鱼是具象形。水中具象的鱼逐渐向上平移，渐变为抽象的天空；空中具象的鸟逐渐向下平移，渐变为抽象的水。仔细观察可以发现，画面中所有横向的图形完全一样，而纵向的图形发生渐变，契合中产生变化，变化中不失统一。飞鸟和鱼原本生活在完全不同的空间，但因为渐变图形结合在天与水的空间中，实现了从具象到抽象、抽象到具象的有机循环。埃舍尔的另一幅作品《昼与夜》，将画面下方的抽象形"田地"，逐步渐变为画面上方的具象形"飞鸟"，且通过中心对称式构图，将飞入白天的黑鸟与飞入黑夜的白鸟彼此镶嵌，白天与黑夜的河流、村庄、城堡、田野互为镜像，暗示着万事万物"逝者如斯夫，不舍昼夜"的更替循环（图 2-55）。

渐变图形的创作过程基本如下：先确定渐变起点与终点的图形元素，假设起点图形为"甲"，终点图形为"乙"，这两个图形至关重要，起点图形包含的是广告信息的"前因"，而终点图形包含的是广告信息的"结果"。广告中的渐变图形就是通过"甲""乙"之间形态的转变关系来传递由此而生的意义。然后设计"甲"与"乙"的中间图形"丙"。"丙"是渐变的中间环节，造型介于"甲"和"乙"二者之间，正所谓"妙在似与不似之间"，它非此非彼，亦此亦彼，兼具"甲"和"乙"的特征。再用同样的方法分别创出"甲"与"丙"之间的形象"丁"，"丙"与"乙"之间的形象"戊"（图 2-56）。以此类推，从起点"甲"到终点"乙"的渐变图形数量根据实际情况而定，关键是要找到不同图形之间的共性，采用增加细节、删减细节、整体分裂或分体聚合的方式进行微调，让渐变更加自然（图 2-57 至图 2-59）。

图 2-54　天与水 I/木刻版画/
埃舍尔/荷兰/1938

图 2-55　昼与夜/木刻版画/埃舍尔/荷兰/1938

图 2-56　渐变图形的创作流程

图 2-57　渐变图形——增加细节/刘晓婷/学生作品/2018

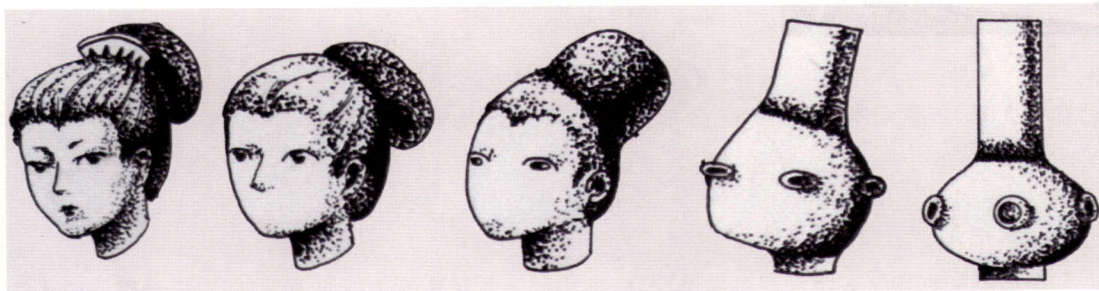

图 2-58　渐变图形——删减细节/吕佳琪/学生作品/2019

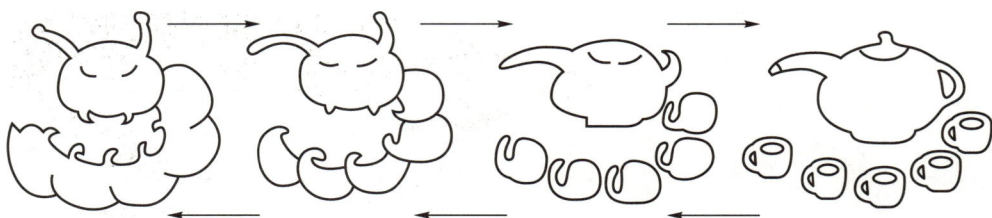

图 2-59　渐变图形——整体分裂/分体聚合/吕佳琪/学生作品/2019

不断增长的经济和人口对森林造成的破坏已成为 21 世纪最严峻的问题之一,为了让人们意识到树木对维持生态平衡、保证人类和动物生存繁衍的重要性,日本知名设计师 U.G. 佐藤运用渐变图形,将生长在海边的椰子树(起点图形)通过增加细节的方法渐变为海豚(终点图形),体现海岸树木生态系统对海洋生物的保护(图 2-60);图 2-61 这幅作品同时运用了渐变和正负形两种手法,将树木(起点图形)通过删减细节的方法渐变为飞鸟(终点图形),不断提醒人们这个残酷的现实:大量生物随着森林的消失而不断减少,犹如飞走的鸟儿一去不复返,自然将去向何方? 人类该何去何从?

图 2-60　树是有生命的/
公益广告/U.G. 佐藤/日本/1993

图 2-61　自然将去向何方/
公益广告/U.G. 佐藤/日本/1993

6. 矛盾空间

矛盾空间利用了人类视点的转换交替,在构形上故意违背透视原理,形成在三维空间中无法存在,但在二维平面内貌似合理的视觉效果。矛盾空间图形会随着视线改变显现出模棱两可的形体关系,凭人们视觉习惯的填补和延展,形成空间上的错位意象。矛盾空间构建了二维与三维世界的幻想之桥，在广告中建立了一种新的规则与秩序，那是一种看似合情合理，却又无法在现实世界存在的荒诞。人们在现实世界受到的空间制约被打破，当他们在广告图形中竭力寻找矛盾所在时，视知觉的肆无忌惮催生着心灵的信马由缰，对广告内容的无限联想一触即发。在广告创意中，矛盾空间有四种构形方式：

　　(1) 共用面/线。将两个不同视点的立体形，通过某一个共同的面/线联结在一起，远处空间的视点被拉近，而近处空间的视点被推远，两种空间知觉并存于同一平面上，两个视点因合二为一产生似是而非的效果（图 2-62）。如奥迪（Audi）A6 型轿车系列广告将 90° 垂直的大桥立面与公路平面合二为一，成为一个共用面，护栏担负着共用线的功能。在现实世界中，汽车是不可能在立面上行驶的，然而"共用面/线"让两个处在不同视点上的空间形成反转，立面空间变成了平面空间，打破了固有的视觉逻辑，体现了奥迪 A6 型轿车性能的强大，以及任何路况都能如履平地的优良品质（图 2-63）。

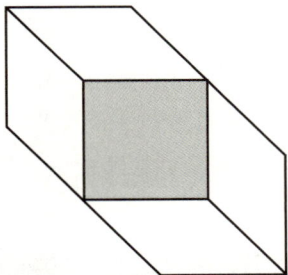

图 2-62　矛盾空间构形方式——共用面/线
注：共用面/线的立体形不局限于立方体

图 2-63　处处皆路·平地篇/奥迪 A6 平面广告/
灵狮广告/英国/2014

　　(2) 歧义连接。利用直线、曲线、折线在二维平面中空间方向的不定性，跳出现实空间中构成各立体形的线条规范，将原属于不同立体形的线条进行连接，让原图形产生非明确性解读，约定俗成的现实空间变为充满歧义的玄妙空间，在视觉上极易激起人们的探究欲望，在内容上有效扩展了广告的信息内涵（图 2-64）。奥迪 A6 型轿车系列广告的另外一幅，将圆柱体与长方体进行连接，通过三维空间透视中视点与灭点的变动，将矗立的无法穿越的柱子与畅通的道路空间形成"视觉歧义"，体现了奥迪 A6 无论什么样的道路都能轻松穿越的卓越性能（图 2-65）。

　　(3) 彭罗斯三角形/彭罗斯阶梯。彭罗斯三角形（Penrose Triangle）最早是由瑞典艺术家奥斯卡·罗伊特斯瓦德（Oscar Reutersvard）在 1934 年创造的，到了 20 世纪 50 年代由数学家罗杰·彭罗斯（Roger Penrose）大力推广（图 2-66）。彭罗斯三角形由三个截面为正方形的长方体共同组合而成，但两长方体之间的夹角似乎又是直角，导致其无法存在于在三维现实空间中，只能存在

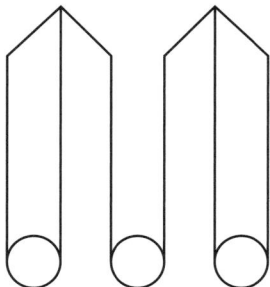

图 2-64 矛盾空间构形方式——歧义连接
注:歧义连接的立体形不局限于圆柱体和长方体

图 2-65 处处皆路•穿越篇/奥迪 A6 平面广告/
灵狮广告/英国/2014

于一些特定的欧氏三维流形中。除此之外,还有四边形、多边形等多种变形,所以它们又被称为"不可能图形"。当如此多变的图形运用在广告创意中时,观众轻易地就被带入真假难辨的奇幻世界,在无限循环中思考着人生的维度。如悬疑剧《白夜追凶》的宣传广告,"白夜"两个字根据彭罗斯三角形进行了设计(图 2-67)。在现实生活中,人类的视觉范围是不可能同时看到这两种视角的,但在二维平面广告中,却能利用人的视错觉让两个视点来回交替。两人行走的方向引导着观众的视觉路径,当观众的视点落在某一个人上时,视角就会随着这一视觉中心发生改变,看

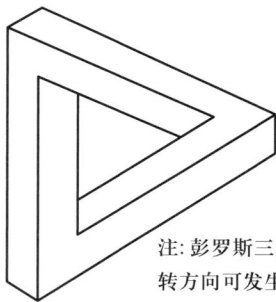

注:彭罗斯三角形的旋转方向可发生改变。

图 2-66 矛盾空间构形方式——彭罗斯三角形

图 2-67 白夜追凶/电视剧宣传广告/
凤仪传媒、五元文化传媒/中国/2017

似悖论的画面由此而变得合理。故事的两位主人公是拥有血缘关系的双胞胎兄弟，但一个是刑侦支队队长，另一个是凶杀案犯罪嫌疑人。每当夜幕降临时兄弟俩就互换身份，过着对方的人生。画面中两人站在不同的视点位置，按照彭罗斯原理，起点亦是终点，终点又是起点，两个人在各自的矛盾空间里无限循环，谁也走不到尽头。海报用这种方式暗示着他们的人生轨迹，以及对正与邪、黑与白、善与恶边界的思考。

罗杰·彭罗斯在此基础上又设计了它的变式——彭罗斯阶梯(Penrose Stairs)，4条90°拐角的方形截面楼梯四角相连，形成既不上升也不下降的封闭图式。当人们在上面行走时，会一直无限循环地向上行进，这在三维世界中是不可能完成的(图2-68)。在庆祝中华人民共和国成立70周年海报中，设计师将数字"70"与组成智慧城市的各元素叠化成彭罗斯阶梯，不断循环向上的阶梯象征着因物联网科技串联带动的城市，打造着良性循环的生态产业圈(图2-69)。

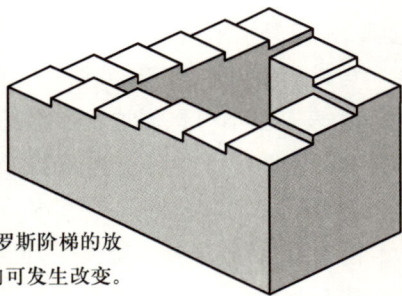

注：彭罗斯阶梯的放置方向可发生改变。

图2-68　矛盾空间构形方式——彭罗斯阶梯

图2-69　感知中国，物联世界/平面广告/毕经猛/中国/2019

(4) 莫比乌斯环。1858年，德国数学家莫比乌斯(Möbius)和约翰·李斯丁(Johhan Listing)发现：把一根纸条扭转180°后，两头再粘接起来可以得到一个无限循环、没有尽头的环状模型。普通纸环具有正反两个面，而它却只有一个曲面和一个边界(图2-70)。如果铅笔不离纸地连续画线，就会发现线条转了一圈又回到起点，这个模型就是象征着无限"∞"的莫比乌斯环。在第20届富川国际奇幻电影节企划海报中，设计师将数字"20"设计成红蓝相间的莫比乌斯环，并加入泳池、跳水板、网球等夏日元素，暗示了电影节举办的时间。莫比乌斯环的正面亦是反面，分别代表着现实世界与电影世界；画面中的男女分布在莫比乌斯环上，象征着电影艺术打破了真实与幻想的边界，希望观众能够从中获得无限的体验，让两个世界在电影里互通相融(图2-71)。

图 2-70　矛盾空间构形方式——莫比乌斯环

图 2-71　20 岁的 BIFAN/平面广告/
韩国电影振兴委员会/韩国/2016

（二）平面广告的文字创意

信息传播是广告最基本的功能要素,从符号学角度来看,图形和文字都属于平面广告传播信息的符号系统。与广告图形相比,文字自带的叙事性本可以直接传达广告信息,然而,随着信息全球化与媒介多元化的发展,文字符号的表意已不再是传统纸媒时代的"有一说一",其常规表意可能会因为受众主体的不确定性而产生"语义差"。直接陈述商品的广告文字可能会因为语义理解的差异,而导致传播效果的差异。德国著名哲学家马丁·海德格尔就在《世界图像时代》中作出如下描述:"从本质的角度来看,'世界图像'并非指一幅关于'世界的图像',而是指把世界看成是一幅图像。"这一论断陈述了图像在社会生活中不断扩张的事实,亦指明了现代广告设计的发展趋势——在不影响文字可读性的前提下,让其脱胎于纯粹的文本符号,吸收图形符号的表意特征,二者合理搭配,共同建构多元文化语境中的视觉"符号场"。

在具体操作上,即通过对字形、表层字义及内涵寓意的提炼,运用变形、增减细节或添加装饰等手法对文字进行解构与重构,让文字的内在意象拥有更具功能性、更有氛围感的图像化外观,引导受众充分领会不同情境下广告作品的"言外之意",实现对广告信息精准有效地认知和解读。主要包括以下三种处理手法:

1. "形象化"文字创意

"形象化"是指在标准字体基础上摆脱原字形束缚,根据文字本身的含义及笔画间架结构,局部或整体变化成与文字内容相关的具象图形,这种处理手法可增加广告信息识别的直观性和趣味性。需要注意的是,广告中的"形象化"文字创意不同于单纯字体设计,不是只关注字体本身即可，还必须考虑到产品风格、主题氛围、品牌定位、企业文化等。所以，文字形象必须与广告主题具有相容性，视觉形象服务于信息传递，才能使受众更好地融入广告塑造的情境。如"@STUDIO"文创中心设立的"五感工坊"宣传广告，以人们日常生活中必备的"柴、米、油、盐、酱、醋、茶"七个字为设计要素，每个字的部分笔画被"形象化"为米粒、油盒、盐袋、酱油盒、醋盒与三角茶包，讲述着人类五感与这七大生活所需品的牵绊（图 2-72）。文字以极简又小清新的点线面构形，将生活之美暗藏在柴米油盐酱醋茶的琐碎中，与文创中心的艺术气息匹配，增强了广告画面的氛围营造和美学意境——生活始于平凡、归于平凡。广东美术馆主办的"笔墨纸砚——格式与想象"展览海报中，也使用了"形象化"文字作为创意主体，处理手法与前者有异曲同工之妙（图 2-73）。

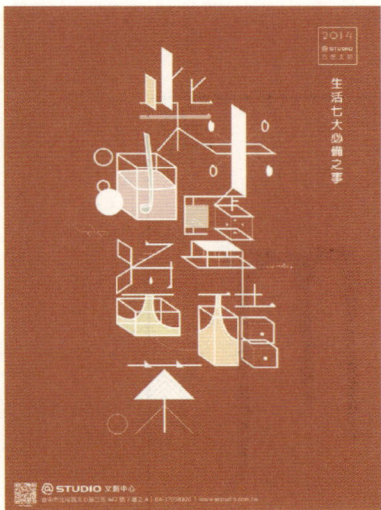

图 2-72　五感工坊/平面广告/
@STUDIO 文创中心/中国台湾/2014

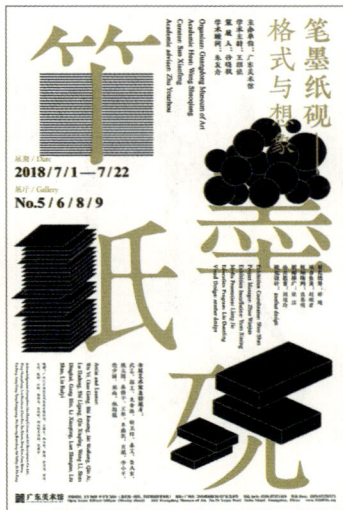

图 2-73　笔墨纸砚——格式与想象/
展览海报/广东美术馆/中国/2018

2. "意象化"文字创意

　　"意"就是意念，"象"就是物象，意象化文字注重的不仅仅是字形上的外部特征，还要强调典型特征和寓意提示。平面广告中的意象化文字创意，即在字体构形原则上，将商品信息、广告诉求、消费者心理、大众审美、知识经验等"意"投射到"象"（字体造型）上，即把包含了这些"意"的图形/文字与原有字体拼接融合。平面广告中的文字本身就带有叙事性，在经由"意象化"创意后，原有字形单一的叙事内容会根据不同受众的联想和解读得到延伸，达到"言有尽而意无穷"的艺术效果。

　　（1）图字置换，指用图形替代文字原有笔画，将图形携带的"意"（符号意义）通过"象"（图形）的置换转嫁到文字上。广告文字在传播过程中被受众所感知与接受的意义，可能只是文字承载的部分意义,而非全部意义。尤其在语言文字不通的情况下,受众更是难以领会。进行图字置换后的"意象化"文字和图形之间存在一定的逻辑联系,促使受众启动联想机制,调出大脑中存储的某图形信息,产生相应的感知或情感,借由图形辅助解读文字传达的信息。在 2008 年由"视觉中国"发起的"我们在一起——全球华人设计师抗震救灾公益广告征集活动"中,许多优秀作品都用到了"意象化"文字创意。汉字凝聚着华夏民族千百年的智慧,是建立文化自信、推进文化繁荣的不竭源泉。为了避免不同文化体系的人对汉字的一知半解,设计师运用图字置换的方法,将具有普遍意义的图形与汉字相结合,让受众与设计者都能从同一角度去解读"象",充分领会广告传达的"意"。如将"手"的图形置换到汉字"川"上。川既代表四川,也代表汶川;紧握的手代表携手互助,共同支援汶川(图 2-74);或者将"蜡烛"图形与"川"字置换,在绝大部分文化语境下,蜡烛象征光明和希望,是具有广泛认可度的灾后祈福物,是一种善意的集体表达(图 2-75)。

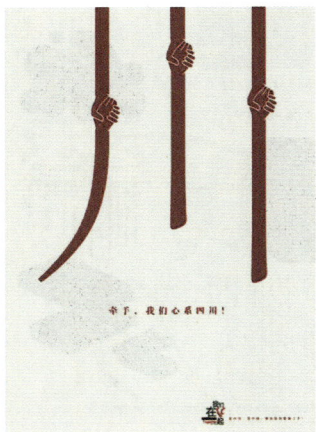

图 2-74 携手互助,心系四川/
平面广告/刘翠林/中国/2008

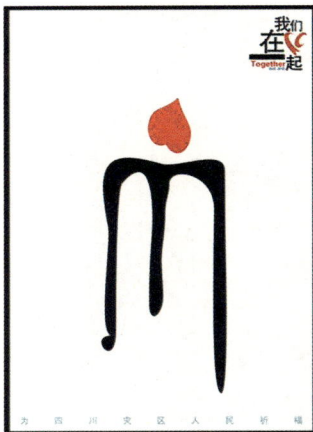

图 2-75 祈祷/平面广告/
佚名/中国/2008

(2)字字同构,指在不影响识别的前提下,根据原始字形结构特征,确定适合与其他文字共用的偏旁、部首或笔画,共同构成新的字形。除了同一语言体系的文字同构外,也可以将不同语言体系的文字进行同构,或将文字与标点符号或阿拉伯数字同构,借由"象"的叠加组合传达更多层次的"意"。如"我们在一起——全球华人设计师抗震救灾公益广告征集活动"中,有的作品就是将汉字与英文字母混搭,把汉字"川"与英文"China"(中国)的"i"和"n"同构。除此之外还加入了图字置换,字体与紧握的双手结合在一起,字母"i"又与川菜必备的朝天椒同构,通过中西元素组合实现跨文化传播,真正体现了一方有难、八方支援、爱无国界、共渡难关(图 2-76)。无独有偶,在 2019 年新中国成立 70 周年之际,以"祖国,您好!"为主题的海报征集活动中,许多作品选择了汉字与非汉字元素(英文、数字)同构的方式,在现代设计语境中充分发掘汉字之美,充分体现中华文化的海纳百川（图 2-77 至图 2-79）。

图 2-76　大爱无疆/平面广告/毛秋惠/中国/2008

图 2-77　喜庆中国/平面广告/
陈慧娟/中国/2019

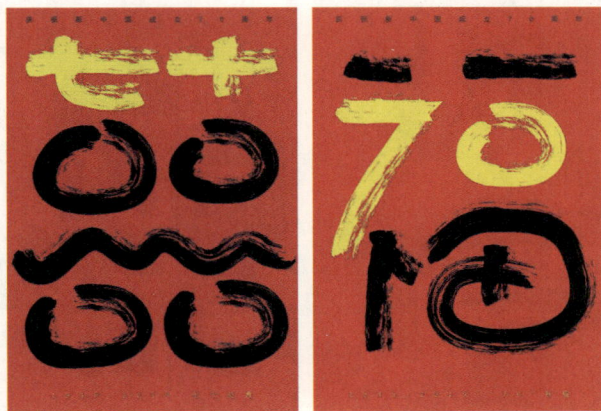

图 2-78　七十囍福/平面广告/陈昕/中国/2019

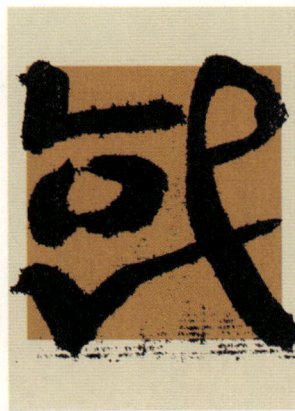

图 2-79　爱 & 国/平面广告/
郝君军/中国/2019

　　（3）"装饰化"文字创意，"装饰化"是指通过修饰和增加纹样对笔画造型进行夸张变形、角度旋转、立体透视、光影叠加等，或在文字主体或背景上添加肌理纹样，配合画面整体风格让广告更具内涵。在进行文字装饰化设计时，既要遵循美学理念，又要符合易读性原则。首先是确保整个外形框架的均衡性，其次要注意装饰元素与文字的协调性，最后是把握装饰风格与广告内容的融合性。如美式快餐"汉堡王"在德国发布的系列广告，将德语"Geschmack ist King"（品位为王）的每个字母夸张变形，"包裹"在一起做成卷饼或汉堡形态，并加上了投影装饰，让画面更具空间感，也让文字内容更好辨认；卷饼内部"塞满"了色彩清新、代表不同食材的单词，体现馅料丰富、健康饮食的概念（图 2-80）。在英国艺术家 Chris LaBrooy 为品客薯片设计的广告中，运用 C4D 技术将芝士、奶油、番茄的肌理附着在字体表面,模拟出食物质感,将抽象字义感官化,更好地描摹出产品意蕴特征(图 2-81)。

图 2-80　汉堡王——品位为王/平面广告/Grabarz & Partne/德国/2010

图 2-81　品客薯片——美味流动/平面广告/Chris Labrooy/英国/2015

(三)平面广告的色彩表现

康定斯基在《论艺术里的精神》中写道:"一般说来,颜色会直接对精神产生影响。色彩宛如琴键,眼睛好比音锤,心灵仿佛绷着许多根弦的竖琴……色彩拥有如交响乐一般的旋律与震撼效果,让人为之震颤并直达心灵深处。"[①] 在平面广告中,图形创意、文字排版与色彩表现是最基本的视觉设计要素,受众在阅读广告的过程中,最为直接的视觉反应就是色彩,对于广告中商品的第一印象往往也来源于此。广告中色彩的主要功能是为广告内容服务,加强产品的识别度与差异

---

① ［俄］瓦西里·康定斯基:《论艺术里的精神》,吕澎译,上海人民美术出版社 2020 年版,第 36 页。

化，以区别于竞争对手；突出品牌形象与文化内涵，以唤起目标受众情感共鸣；提升信息传达的适读性与拓展性，以确保传受双方高质量沟通。其具体创意原则与技巧如下：

1. 识别性原则

在信息超载的现代社会，传播的基本要求是引起受众注意，使视觉刺激达到受众阈限，以增强广告的识别性。通常情况下，我们可通过色相、明度、纯度与面积的对比增强反差，如红与绿、黑与白、黄与紫等互补色的运用，背景色与物体色的深浅对比，大面积色与小面积色的比例差异等，形成强烈的视觉冲击力；我们还可通过同类色、类似色、对比色、中间色的调和增强协调感，让广告画面既充满变化又不会杂乱无章，提高视觉效果的整体舒适度。

2. 导向性原则

无论是商业广告还是公益广告，都要借助一定的主题内容以达到广告目标，而色彩作为呈现广告内容的手段，是对图形意义的补充，对广告信息的传达具有一定导向性，指导消费者对广告对象作出进一步认知和判断：

（1）产品功能导向。因为色相、明度、纯度的差别，每一种颜色都有各自的特性，不同的色彩搭配可有效呈现产品的质感、量感和使用感，让受众对产品的品质、性能、功效等属性有着更为直观准确的了解。在柯蒂斯（Curtis）调味茶广告中，直接使用不同口味茶包中食材的固有色，让观众一眼就能明确产品功能属性。如"清新莫吉托"口味因为含有青柠与薄荷叶，整体以黄绿色为主色调，采用同类色搭配，聚焦广告主体。同时，加强明暗度对比提升画面清晰感，视觉效果清新明快又和谐统一（图 2-82）。而"奶油榛子仁"口味茶包因含有可可脂，故使用褐色系作为主色调，具有一定"重量感"的中性暖色更能体现醇厚绵密的口感（图 2-83）。

图 2-82　柯蒂斯——清新莫吉托/
平面广告/Catzwolf/泰国/2015

图 2-83　柯蒂斯——奶油榛子仁/
平面广告/Catzwolf/泰国/2015

（2）品牌定位导向。全球权威色彩机构潘通（Pantone）发布的《色彩对于营销的影响》研究报告指出，人们对于品牌的快速印象有 90% 来自色彩。色彩对品牌在受众心中建立认知、确定位置具有导向性，一定要通过特定色彩确保品牌可见性和差异化。许多知名品牌都是以自己的专属颜色为大众熟知，如蒂芙尼蓝、爱马仕橙、可口可乐红等。在漫长的历史进程中，许多颜色被赋予了约定俗成的象征意义，用以诠释图形的精神内涵。将这些象征意义通过色彩移植到商品中，广告受众根据个人经验理解和接受色彩所传递的象征意义，建立自我认知与品牌的意义关联。所以蒂芙尼选用了一种介于蓝和绿之间的颜色 "Robin Egg Blue"，意为 "知更鸟蛋蓝"（图2-84）。在西方，知更鸟象征着幸福美满，人们在看到这种颜色时，自然而然地建立起对该品牌的形象认知——这一抹幸福蓝，是人生重要时刻来临时的见证。而麦当劳的广告常使用橙色与红色，因为橙色是高饱和度、高明度的暖色调，常常被用来象征光明、丰收与希望；而红色代表热情与活力，与橙色组合能够有效刺激大脑产生食欲，人们看到这种配色时，立刻就能明确麦当劳的品牌定位（图2-85）。

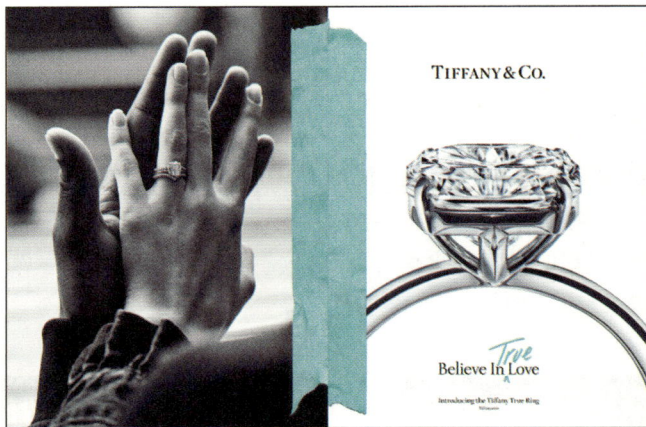

图 2-84　Tiffany True（相信爱）/平面广告/
Cass Bird/美国/2019

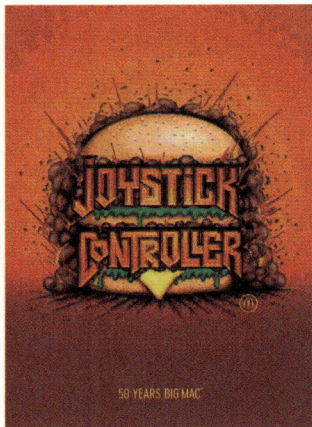

图 2-85　麦当劳巨无霸50周年/
平面广告/腾迈（TWBA）/美国/2018

（3）目标受众导向。广告聚焦的最终是人，"从理想的效果来说，广告的目标，是实现人的一切冲动、愿望和努力的程序化的和谐……任何受欢迎的广告都是公众经验生动有力的戏剧化表现"[1]。不同性别、年龄、地区、文化背景及教育程度的受众，对色彩的理解、感受与偏好存在着普遍差异，如男性喜欢明亮、对比鲜明的颜色；而女性更偏好柔和的色调；蓝色在不同性别及各个年龄层次中受欢迎程度最高，黄色在人们童年时期最受欢迎。随着年龄的增长，人们会更青睐于更短波长的颜色（蓝色、绿色、紫罗兰色），而不再喜欢较长波长的颜色（红色、橙色、黄色）。因此，在确定广告

---

① ［加］马歇尔·麦克卢汉：《理解媒介：论人的延伸》，何道宽译，商务印书馆 2000 年版，第 282—284 页。

色彩时，首先应对目标受众进行色彩偏好分析，并根据不同阶段的广告策略、潮流指标及市场推广情况，及时获取不同时期目标受众的色彩偏好变化，与时俱进地推出迎合消费者需求的色彩方案。如乐高积木的广告，因为其目标受众是有 2~12 岁儿童的家庭，所以使用了儿童喜爱的黄色系作为主色调，将积木与孩子们喜爱的食物结合，传达了"您孩子的想象力就像食物一样重要"的主题思想（图 2-86）。

图 2-86 乐高积木想象力与食物/平面广告/上海尚略广告/中国/2018

3. 联觉性原则

色彩是一种具有联想力的符号，广告中不同色彩的使用和搭配，会让消费者在接触产品之前产生联想性知觉反应，形成对产品质量及使用感的初识印象。每一种颜色都有自己特定的属性，可让人产生感觉、嗅觉、味觉、情绪等联想。如高饱和度暖色容易激发兴奋与食欲；低明度中性色彩让人感到稳定与安全；蓝色系给人辽阔、深远和宁静感，黄绿色系让人感到酸脆新鲜，等等。所以，在广告中要善用颜色与受众交流，有计划地利用联觉性原则"干扰"消费者心智，触发他们产生特定情绪，进入广告所营造的氛围之中。

如在一则戒烟广告中，运用低明度黑色背景营造出阴森气氛，停尸床上的四只脚让画面显得更加触目惊心。一双大脚和一双小脚让人不由自主地联想到大人和孩子，两个人都盖着白布、挂着尸体牌，大脚的牌子上写着"吸烟者"（Smoker），小脚的牌子上写着"被动吸烟者"（Passive smoker）。黑色常用来代表悲哀、不幸和绝望，较之其他颜色更容易引起观众的负面联想，加深对广告宣传主题的共鸣（图 2-87）。而在哈瓦那（Havaianas）人字拖广告中，设计师毫不吝惜地使用五彩缤纷的高饱和色和自然图案，充分调动受众对度假、沙滩、阳光等热带风情的美好想象（图 2-88）。

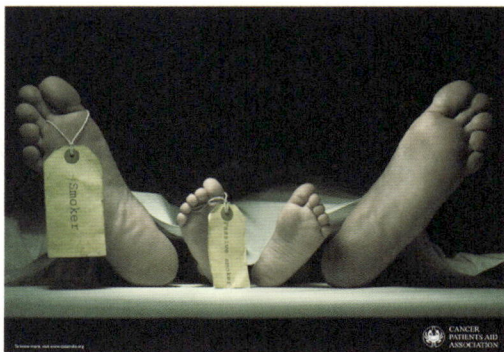

图 2-87　吸烟者和被动吸烟者/平面广告/
BBDO Singapore/新加坡/2010

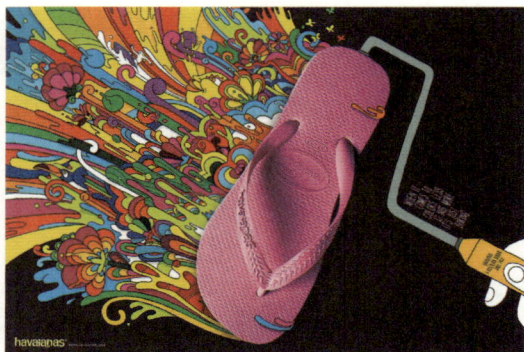

图 2-88　哈瓦那人字拖鞋·刷新/平面广告/
AlmapBBDO/巴西/2010

▶▶ 二、训练项目

训练主题一：舌尖上的家乡——创意图形及色彩在平面广告中的综合应用

训练要求：

1. 查阅中华传统文化及地方美食文化发展历史相关文献。
2. 考察家乡历史及名胜古迹，找到与美食之间的结合点，并绘制出家乡美食考察手账。
3. 设计 3 张"舌尖上的家乡"设计草图，需给出思维发散导图及设计说明。

图 2-89　UCC 咖啡馆/平面广告/
正负形创意/福田繁雄/日本/1984

4. 3 张草图中选取一张，尝试不同色彩搭配方案，确定最优方案，形成正稿。

5. A3 尺寸速写本作为设计草图本，绘制本门课程所有草图。本次设计正稿尺寸为 A4，表现手法不限，工具不限。

（一）大师案例：福田繁雄系列广告招贴、"舌尖上的中国Ⅱ"系列平面广告

日本设计师福田繁雄（Shigeo Fukuda）非常善于运用正负形表现自己的设计理念，1984 年他在为 UCC 咖啡馆设计的广告海报中，细致地捕捉到人们搅拌咖啡时的瞬间，运用放射状图底反转，将咖啡液的漩涡与众多拿着咖啡杯的手融合，并作螺旋状重复并置。如同轻轻搅动咖啡时，糖、奶与咖啡在美丽的漩涡里溶解，咖啡与人达到一种物我合一、你中有我、我中有你的状态，体现出 UCC 咖啡馆能迅速拉近人与人之间距离的广告主题（图 2-89）。

在 1975 年为"日本京王百货"设计的广告中，福田繁雄巧妙地将穿高跟鞋的女性的腿与西装革履的男性的腿互为正负，上下颠倒重复并置，跳出了百货公司广告宣传的惯常套路。"腿"本身并不具有严格的客观意义，在正负形建构过程中，男人的腿和女人的腿都从其固有含义里抽离了出来，回到其社会意义之中，成了描述性的现象：即用"腿"的符号来描述该百货公司的主要受众人群——衣着端庄的绅士与淑女们，从形和义上制造趣味性的画面效果，令人印象深刻（图 2-90）。

"舌尖上的中国Ⅱ"海报设计大赛主题围绕《舌尖上的中国》节目内容宗旨进行"创意美食"广告招贴征集，设计核心紧密围绕有新意、有创意、有视觉冲击力、有品牌标识性、与大赛主题相契合，活动吸引了众多活跃于国内外设计、创意领域的设计师参与，涌现出许多优秀作品（图 2-91 至图 2-93）。如一等奖作品《演義》就使用了置换图形，将操纵皮影戏的棍子与皮影分别置换成筷子、包子、粽子和饺子。皮影戏是跳动在棍子上的艺术，是中国最传统的表演方式，而中国饮食则是跳动在筷子上的艺术，筷子与棍子的谋和，共同演绎新的篇章。

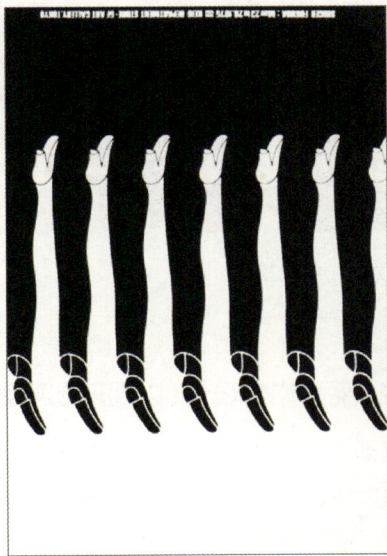

图 2-90　日本京王百货/平面广告/
正负形创意/福田繁雄/日本/1975

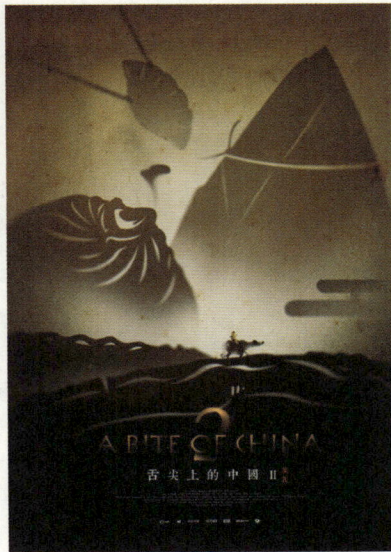

图 2-91　演義/平面广告/
李思/中国/2013

图 2-92 东南西北/平面广告/同构创意/沙锋/中国/2013

图 2-93 春夏秋冬/平面广告/置换创意/陈昊/中国/2013

（二）学生案例："舌尖上的家乡"平面广告设计（以图形创意为主）

《舌尖上的家乡·重庆》运用了图形创意中的"同构法"，千厮门大桥与重庆鸳鸯火锅的隔断同构，辣汤代表渝中区，灯火璀璨的洪崖洞犹如汤头中翻滚的红油；清汤代表江北区，鳞次栉比的高楼大厦彰显着时尚与品质。解放碑、双子塔、朝天门、长江大桥等地标建筑也穿插其中，独特的美食文化跃然纸上。作为川菜灵魂的红辣椒，除了在形态上与锅底的火焰同构，更是在意义上将"激情燃烧的岁月"和重庆红色文化重构，体现出美食之外的历史沉淀与革命底色（图 2-94）。《舌尖上的家乡·鼓浪屿》将特色美食沙爹（茶）面与海浪置换，鼓浪屿的地标景点隐藏在"面条"中，与面条中的配菜进行了置换（图 2-95）。

《舌尖上的家乡·黄州》选取了湖北十大经典名菜"黄州东坡肉"，因为东坡肉相传为北宋词人苏轼创制，于是将砚台和墨块与盛肉的盘子和东坡肉进行了置换，将美食图形与美食文化包含的符号意义"张冠李戴"地进行了转移，产生新的意义指向（图 2-96）。《舌尖上的家乡·武当山》则将武当山与特色美食碱水素面进行了同构，素面里的青菜与菌菇和山上的植物同构，"面条山顶"上一座道观，让设计主题更加鲜明（图2-97）。

图2-94　舌尖上的家乡·重庆/平面广告/
同构创意/邢尧尧/广告学专业/2019

图2-95　舌尖上的家乡·鼓浪屿/平面广告/
置换创意/刘琼花/广告学专业/2017

图2-96　舌尖上的家乡·黄州/平面广告/
置换创意/汪万鹏/广告学专业/2017

图2-97　舌尖上的家乡·武当山/平面广告/
同构创意/张浩轩/广告学专业/2017

（三）训练步骤

1. 设计主题研讨 + 前期调研(市场环境、目标受众、品牌形象及传播策略)

(1) 查阅与地方美食文化发展相关的文献。

(2) 考察家乡名胜古迹,找到与美食的结合点,并绘制出家乡美食手账(图 2-98)。

图 2-98   舌尖上的家乡/美食手账/刘琼花、邢尧尧、张浩轩/广告学专业学生作业/2017—2019

2. 圆桌会议 + 头脑风暴 + 概念提取 + 思维发散导图(图 2-99)

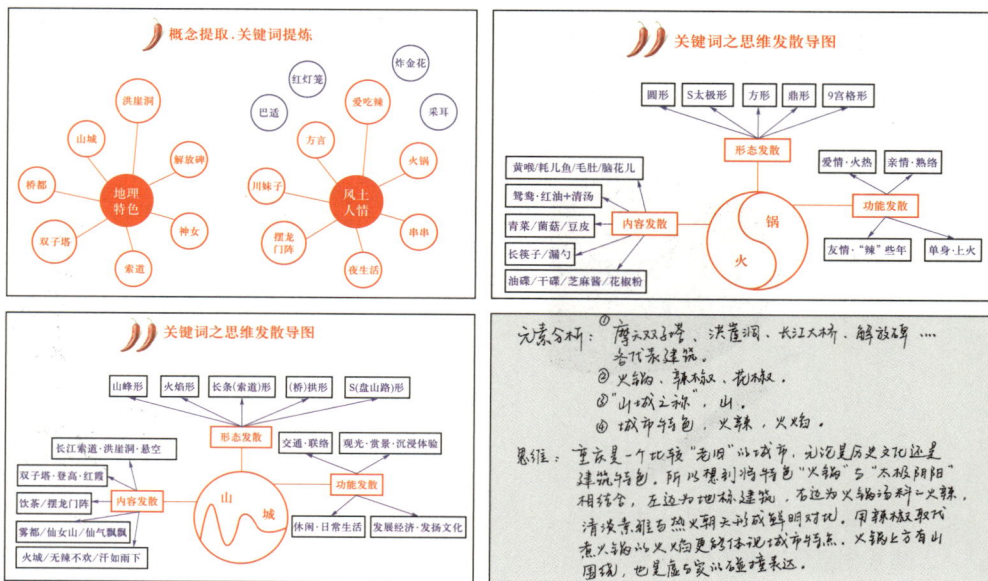

图 2-99   舌尖上的家乡·重庆/概念提取 + 思维发散导图/邢尧尧/广告学专业学生作业/2019

3. 创意草图 + 方案定稿 + 设计说明（不同色彩方案及风格）（图 2-100）

图 2-100　舌尖上的家乡·重庆/创意草图/置换、同构、正负形/邢尧尧/广告学专业学生作业/2019

4. 现场比稿 + 综合评估 + 修改完善（图 2-101）

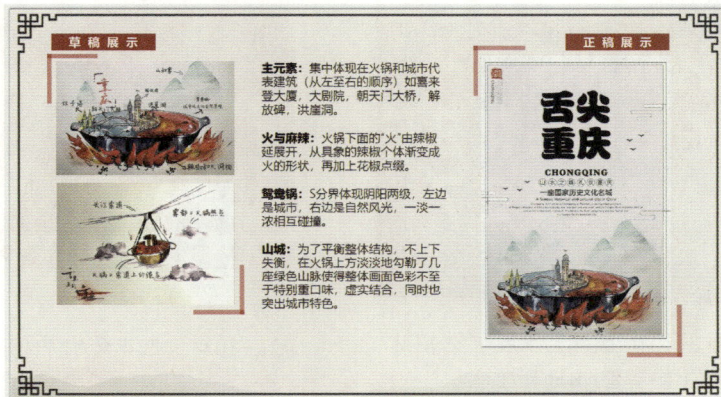

图 2-101　舌尖上的家乡·重庆/现场比稿 PPT 节选/邢尧尧/广告学专业学生作业/2019

训练主题二：舌尖上的家乡——创意文字及色彩在平面广告中的综合应用

训练要求：

1. 查阅中国汉字的起源、发展及记录载体的相关文献。

2. 考察家乡地标建筑及风土人情，并设计"你心中最具代表性的 XX 地方美食"调查问卷，了解本地人和外地人对你家乡美食的既定印象，为下一步的设计主元素提供参考。

3. 以字体创意为主元素，做出 3 张设计草图，需给出思维发散导图及设计说明。

4. 3 张草图中选取一张，尝试不同色彩搭配方案，确定最优方案，形成正稿。

5. A3 尺寸速写本作为设计草图本，绘制本门课程所有草图。本次设计正稿尺寸为 A4，表现手法不限，工具不限。

（一）大师案例：赫伯特·拜耶、五十岚威畅的文字创意招贴

赫伯特·拜耶是包豪斯黄金时代的代表人物之一，他的作品涉及字体、摄影、广告等领域。赫伯特·拜耶力求从"野性思维"中抽象出完全"非具象"的形象，通过多元化形态表现，使纯粹的"艺术"成为一种相对平等的沟通语言，自由、自主、健康地服务于人民大众。他以字体为主的广告招贴多采用几何结构和无边饰字体，配色简洁且充满理性，具有强烈的现代感（图 2-102、图 2-103）。

图 2-102　欧洲艺术展/广告招贴/
赫伯特·拜耶/奥地利/1927

图 2-103　DWB 年会/广告招贴/赫伯特·拜耶/奥地利/1929

五十岚威畅（Takenobu Igarashi）是日本现代设计大师，早期受赫伯特·拜耶启发，以阿拉伯数字和英文字母作为主要设计元素，并将建筑学中的空间、体块、扭度、力学等理论融入文字，让字形变化不再局限于二维平面上，而是扩展到三维空间中，赋予文字以雕塑之美（图 2-104 至图 2-106）。除此之外，他还巧妙运用镜像原理，以镜面为中轴将字母一分为二，镜外实像与镜中虚像共同"完形"成字母的整体，并将镜子置于自然环境中，字母、自然、观众、实像、虚像通过镜面反射融为一体，让作品更具交互感与沉浸感（图 2-107）。

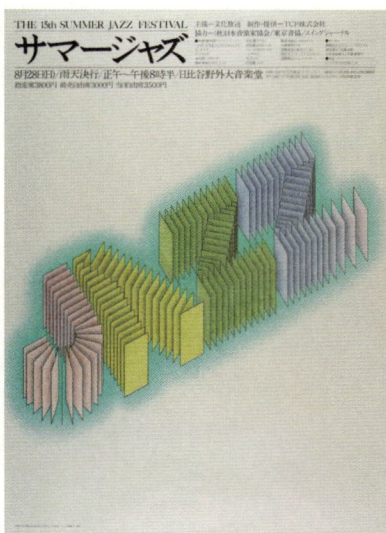

图 2-104 第 15 届夏日爵士音乐会/
广告招贴/五十岚威畅/日本/1980

图 2-105 第 17 届夏日爵士音乐会/
广告招贴/五十岚威畅/日本/1984

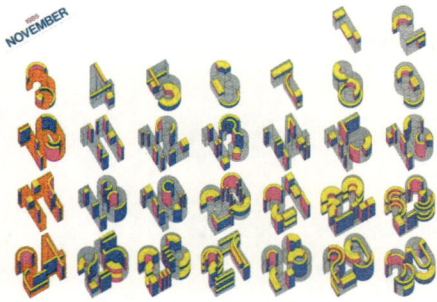

图 2-106 纽约现代艺术博物馆·11 月号/
广告年历/五十岚威畅/日本/1985

图 2-107 镜像 A/沉浸式广告/
五十岚威畅/日本/1984

（二）学生案例："舌尖上的家乡"平面广告设计（以文字创意为主）

《舌尖上的家乡·武汉》广告招贴以"武汉"作为设计主元素，在标准字体基础上摆脱原字形束缚，在不影响识别性的前提下，根据文字本身的含义及笔画间架结构，笔画"形象化"为武汉最具代表性的小吃如热干面、炸面窝、鸭脖子、烧卖、鲜鱼糊汤粉、糯米包油条等，以及武汉各个知名小吃街如粮道街、万松园、户部巷的标志性建筑等。在配色上以明艳的暖色为主，彰显武汉人爽朗火爆的个性特征（图 2-108）。《舌尖上的家乡·宜昌》则将宜昌的"宜"字，与当地特色美食红油小面，以及举世闻名的三峡大坝进行了图字置换，最为精妙的是将"宜"字的中间两横幻化为跳跃的鱼儿，让画面更显灵动，面条散发出的热气犹如氤氲的水雾，再现了大坝泄洪时的壮观景象。配色以素雅的明灰调为主，以美食为媒介，展现出这座宜人、宜居、宜业、宜旅之城的秀雅灵动（图 2-109）。

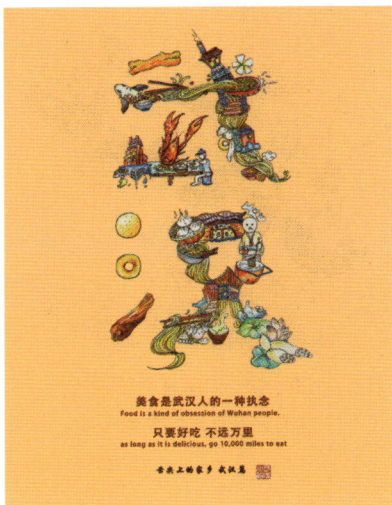

图 2-108　舌尖上的家乡·武汉/
文字创意广告/吴悠/
数字媒体艺术专业学生作业/2019

图 2-109　舌尖上的家乡·宜昌/
文字创意广告/李灵慧/
数字媒体艺术专业学生作业/2019

（三）训练步骤

1. 设计主题研讨 + 前期调研（市场环境、目标受众、品牌形象及传播策略）

（1）查阅汉字的起源、发展及载体的相关文献。

（2）考察湖北地标建筑及风土人情，并设计"你心中最具代表性的湖北美食"调查问卷，了解本地人和外地人对湖北美食的既定印象，为下一步的设计主元素做参考（图 2-110）。

图 2-110　你心中最具代表性的湖北美食/手机调查问卷/吴悠/数字媒体艺术专业学生作业/2019

2. 圆桌会议 + 头脑风暴 + 概念提取 + 思维发散导图（图 2-111）

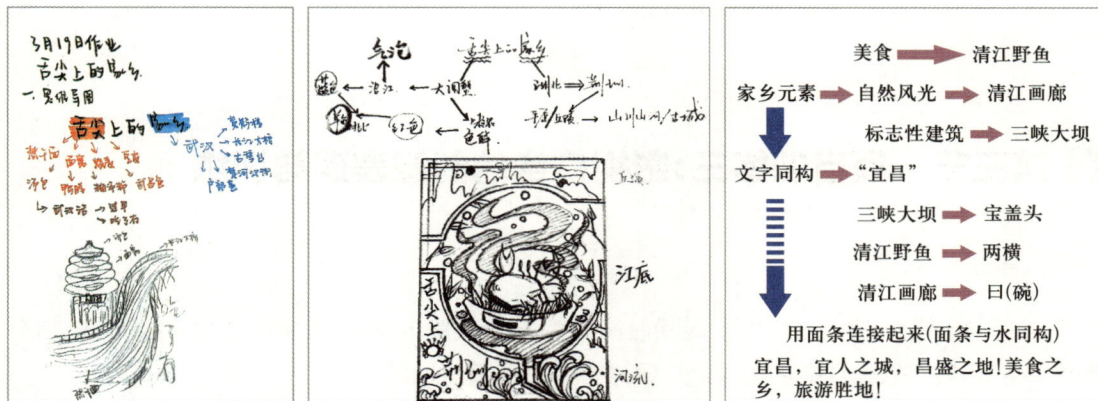

图 2-111　概念提取 + 思维发散导图/吴悠、李灵慧/数字媒体艺术专业学生作业/2019

3. 创意草图 + 方案定稿 + 设计说明（不同色彩方案及风格）（图 2-112）

4. 现场比稿 + 综合评估 + 修改完善（图 2-113）

图 2-112　字体创意草图/吴悠/数字媒体艺术专业学生作业/2019

图 2-113　现场比稿 PPT 节选/吴悠/数字媒体艺术专业学生作业/2019

第三节　项目训练三:影视广告的创意表现与训练

训练目的

1. 了解影视广告的创作流程,包括前期策划、分镜头脚本撰写、故事板绘制、拍摄筹备、后期制作等环节,在实践过程中巩固理论知识、发现问题并解决问题。

2. 熟悉影视广告创作各阶段的任务分工和职责分工,掌握影视广告的基本理论和制作技能,培养学生实践能力及合作能力。

3. 了解移动互联时代的影视广告在创意表现、拍摄手法、叙事风格等方面的变化,以及与其他广告形式的有效整合。

4. 学会在创作中有机地融入家国情怀、民族文化、人文精神等,注重影视广告创作中核心价值观的引领。

重点难点

重点:影视广告的风格设定、镜头组织和视觉表现。

难点:影视广告的创意构思、叙事方式和表现策略。

▶ 一、知识点

影视广告是集图像、字幕、广告语、音乐及音响于一体的广告表现形式,由于集合了视觉和听觉两方面的传播优势,生动形象地展示创意主题,穿透率强且到达率高,所以能够跨越文化和语言鸿沟,突破文字阅读障碍,在短时间内最大化影响受众。影视广告的英文简写为"CF",即"Commercial Film",直译为"商业影片"。在传统媒介时代,它的含义是指使用电影胶片拍摄的广告片,包括电影广告和电视广告。随着新兴媒介和数字技术的发展,影视广告不再局限于用胶片拍摄,使用现代数码设备和数字化编辑,更加高效、高清,也更方便存储;所涵盖的内容更加全面,如网络视频、网络微电影、车载移动视频、LED 大屏幕视频等。

(一)影视广告的风格设定

影视广告不是视觉元素和听觉元素的简单堆砌,而是通过场景风格、造型风格、动作风格等表现风格的设定,与影片内在结构相互作用,让所有元素彼此关联,完成创意传达、叙事表述和情感展现。影视广告的拍摄风格有很多,但必须明确的是,风格设定依托于品牌个性,品牌个性决定创意表达的方式。

1. 理性说服 VS 感性诱导

理性说服风格的广告片在内容和形式上比较规整和写实,不会有过于夸张的造型、语言或动作设置,场景也倾向于生活化。一般会借助片中人物的独白、对话或旁白,平实地陈述产品的性能、外观、质量,价格等,或呈现一些论证、对比数据凸显产品的优势。

感性诱导风格的广告片在内容处理上更为艺术化,不会有过于直接生硬的产品植入和数据罗列,而是运用修辞性语言和氛围感场景渲染情绪,用说故事的方式表达产品与人的关系,将现实和超现实、具象与抽象、自然和非自然糅合在一起。片中的空间环境设计具有抒情性、表意性和叙事性,即使是实景环境,也要配合片中人物的情感及情绪变化进行处理,把消费者引入物我交融的情境中,淡化广告的直接功利性,使消费者不知不觉地接受商品信息并产生情感共鸣。

如华为 P40 手机《影像因感性而感动》广告片,与其说是一支商业广告,不如说是华为与女性用户的一次情感沟通(图 2-114)。相对于偏理性的男性消费群体,女性消费者更容易因为情绪共鸣而冲动消费,且女性消费者地位不断提高,不再满足于长久以来被固化的"弱者"形象,希望得到更多关注、理解和尊重。所以,该广告将镜头对准母亲、妻子、女儿等不同身份的女性,在

影像因感性而感动

图 2-114　影像因感性而感动/TVC 广告/丁雨晨（导演）/中国/2020

剧情中巧妙融入华为 P40 手机的拍照功能。在强大产品力的基础上，展现了女性在面对爱情、家庭、职业、梦想时柔软又坚强的一面，展现了新时代女性的态度，更为华为手机积累了技术层面以外的、更深层次的品牌资产。

2. 幽默风趣 VS 恐怖刺激

幽默风趣风格的广告片常使用非逻辑叙事语言和解构主义手法，把复杂的人性、生活中的美好与丑陋用轻松的方式展现。在题材选择和内容编排上，此类广告片通常会聚焦社会现实和大众心理，在此基础上糅合幽默元素，消减广告的功利性。广告中人物的举止行为和语言风格以荒诞夸张为主，由此制造出不可思议的情节冲突，营造搞笑气氛，缓解商品信息带给观众的紧张感，让观众在轻松一笑中领悟到广告的"言外之意"。

如"饿了么"外卖平台推出的中高端定位品牌——饿了么星选，借着 2018 年最大的"锦鲤"梗，打造了一个靠吃外卖实现人生逆袭的打工版"锦鲤"形象——李智（励志），他是颜值普通、能力普通、出身普通的"三普"小白领，每天都会在"饿了么星选"上点外卖，通过吃外卖，他的薪资翻倍、职场开挂、颜值暴增、桃花旺盛，最后成了人生赢家（图 2-115）。如此荒谬的剧情却屡被刷屏，不少观众看后表示"赶紧上'饿了么星选'点份外卖压压惊"。"饿了么星选"的目标消费群是年轻白领，他们过着朝九晚五的生活，阶层跨越的焦虑、升职加薪的压力、婚姻爱情的阻力，让他们没有精力也没有耐心去听任何说教，轻松幽默的"爽文"式广告，更能让他们舒压解乏。生活已如此艰难，何不会心一笑。

恐怖刺激风格的广告片在内容编排上，常取材自现实发生的恐怖事件或景象，或采用纪实性手法直接展示；或通过暗示、联想、夸张、威胁等方法，将人们熟悉的事物呈现出另类的、陌生的、令人不适的形式，引发受众的恐惧情绪和危机意识，促使人们寻找安全保障和解决的方法，即广

饿了么星选好运餐

图 2-115　饿了么星选好运餐/TVC 广告/意类广告/中国/2019

告中提供的建议。

3. 平铺直叙 VS 设置悬念

平铺直叙风格的广告片通常会用一个简单的长镜头，或是一组固定镜头直接描述商品信息，它不会有眼花缭乱的镜头切换，节奏也比较平稳自然。在内容编排上，一般为娓娓道来的日常生活中的片段，通过情节的发展自然而然地引出消费者的需求和商品特性。

悬念式风格的广告片通常会以镜头的捕捉和切换制造问题，激发观众的好奇心，让他们产生一探究竟的想法。悬念式广告片要么在内容编排上声东击西，制造出其不意的效果；要么在语言表达上欲擒故纵，留下耐人寻味的线索。如此一来，原来呈无序状态的顾客心理，因为悬念而高度集中。探究答案的过程延长了观众对广告的感受时间。当剧情发展到一触即发的程度时，商品充当决定剧情走向的"按钮"，最后一语道破，让人恍然大悟，不知不觉中加深了对商品的印象。

如"网易严选"在 2020 年春节前夕拍摄的广告，以《今日说法》的方式铺陈剧情："故事就发生在这个神秘的严家村，2019 年 12 月 29 日，记者收到了严家村丁老汉的电话，入门三年的城里女婿，竟然离奇失踪……"影片开头充满悬疑的基调便吊足了观众的胃口。广告片通过剧情的递进，设置一个又一个谜团，每一个谜团都隐藏着一个卖点，比如"女婿送的刀不是德国整钢，用着不得劲""女婿送的白酒太难喝，悄悄倒掉了""女婿送的腰果太难吃，偷偷喂了猪"（图 2-116）。随着"包袱"一个接一个地被抖开，结局让人大跌眼镜！女婿失踪的原因是觉得岳父嫌弃自己，负气出走；而岳父表示一切都是误会，的确是商品质量太差。谜底揭开之时，也是网易严选广告信息植入之时——"难道你不知道网易严选 App 吗？最高 30 天无忧退换货，解决以上所有问题和顾虑。"

网易严选广告

图 2-116 说法天下·消失的女婿/TVC 广告/网易严选/中国/2020

(二)影视广告的镜头组织

在影视广告创意中,蒙太奇作为一种镜头组织方式,贯穿于构思、脚本、拍摄到后期制作的全过程。"蒙太奇"是法文"Montage"的音译,原本是建筑学上的用语,意为装配、安装。将其引申到影视艺术领域,特指影视作品创作过程中的剪辑组合。按照广告情节发展的因果关系,我们将不同的镜头进行剪辑组合,形成不同场景和段落。因为镜头组织顺序不同,逻辑关系就会产生变化,传达的意义也就大不相同,由此产生不同的视觉效果和审美感受。

1. 叙事蒙太奇

叙事蒙太奇是以叙述事件发展和剧情走向为目的,将镜头按逻辑顺序或时间顺序组织在一起。因为每个分镜头中都包含各自的内容,类似于"单词",所有镜头连接在一起后,"单词"就组成了一段段"句子",推动着整个情节发展。叙事蒙太奇有四种表现形式:

(1)连贯式叙事:将一个事件从头到尾、脉络清晰地展现出来。如在篮球鞋广告中,展现运动员从赛前准备、奔跑、起跳到扣篮的全过程,特写扣篮瞬间运动员所穿鞋子的品牌 LOGO。

(2)平行式叙事:将两个或多个看似无关联的情节或事件并列表现、分头叙事,最后统一到同一个主题中。这些情节或事件可以是不同时空,或同时异地发生的,但由于其内在关联性,在镜头剪辑时会将它们平行描述,以体现象征意义。如在白酒广告中,将古代名士对酒当歌的场景,与现代人聚会小酌的场景并列表现,体现该品牌白酒源远流长的历史。

(3)交替式叙事:将在同一时间、不同空间发生的情节或事件,迅速而频繁地交替剪辑在一起,它们之间具有密切的因果关系,相互推进,最终汇合到一起。如在巧克力广告中,主角是一对因误会而分手的情侣。他们虽在不同城市独自生活,但总会不约而同地在同一时间做同样的事情。尤其是每次想到对方时总忍不住吃巧克力的镜头会在片中反复交替展现,由此体现该品牌巧克力如爱情一样让人欲罢不能。

需要注意的是，平行式叙事和交替式叙事很容易搞混，它们最大的区别是：前者在时间线上可以同时也可以不同时，而后者必须同时；前者的单个情节线索具有独立性，开始几乎没有联系，但最后会统一到一个结构中，而后者的单个情节线索是密切关联的。

（4）复现式叙事：将之前出现过的组成各个场景的元素（人物、景物、动作、物件、语言、文字、音乐、音响等），在关键节点反复出现。如在感冒药广告中，主人公一生病，就会重现小时候妈妈喂她吃药的场景，由此体现该品牌感冒药安全、温暖又贴心的特点，就像母亲的爱一直陪伴左右。

2. 表意蒙太奇

表意蒙太奇不是为了叙述情节，而是为了表达剧中人物的思想情绪或心理活动，烘托气氛以增强画面感染力。因此，在镜头组织上不会完全遵循事件发展的常规顺序，而是让不同镜头相互连接或叠加，使得不同镜头里内容相互对照、彼此冲击，形成新的意象，创造比单个镜头（内容）更为丰富的内涵。表意蒙太奇有三种表现形式：

（1）隐喻式表意：通过镜头并列或交替，让镜头内容形成类比，以凸显不同事物之间的相似特征，激发观众由此及彼的联想，表达更富层次感的内蕴。如化妆品广告中将鲜花绽放镜头，与女性涂抹化妆品的脸部特写镜头并列，会让观众产生该化妆品能使女性皮肤娇嫩如花的联想。

（2）对比式表意：通过镜头内容编排或运镜形式（镜头长度、速度、幅度）的对比，凸显不同事物之间的反差特征，引导观众对事物的反向联想。如环保广告中将人类开心地大啖鲨鱼翅的镜头，与沙滩上被割了鳍的鲨鱼痛苦挣扎的镜头叠加对比，会让观众联想到猎杀者、买卖者和食用者的残忍。

（3）象征式表意：通常会先运用一组镜头完成基本叙事，然后切入象征情绪、情感的空镜头。这种表意方式与隐喻式表意非常相似，又有些许差别。象征式表意是以物示意，以具象化的镜头表示抽象的内容，具有多义性和不确定性；而隐喻式表意是以物喻物，以具象化镜头与内容相互对照。如反网络暴力的广告，在当事人陈述被网络暴力的事实之后，切入黑色多米诺骨牌一个接一个倒下的镜头，由此象征看似微不足道的一句恶言，会在网络上会迅速发酵，产生一系列连锁反应，当恶意达到一定量级之后，必然成为压倒当事人的最后一根稻草。

（三）影视广告的视觉表现

影视广告是视觉艺术和听觉艺术结合的广告形式，其中影视广告的视觉部分——广告图像——是增强广告表现力、冲击力和感染力的重要因素。它不仅要遵循静态画面在构图、色彩和影调方面的美学原理，又要与运镜、声音和字幕相协调。

1. 视觉表现的构图

构图是指广告画面中各个组成部分之间的位置关系，通过把点、线、面、形状、纹理和颜色等视觉元素在屏幕空间中合理编排,强调并突出广告主题,让广告中出现的产品表现得比现实生活中更美观、更有冲击力、更具艺术效果。主要包括两种构图形式:

(1) 封闭式构图。通常把广告主体摆放在视觉中心或趣味中心,无论是景色、人物还是物体,所有的视觉元素必须编排在规定框架结构内,尤其注重画面的完整与均衡。

(2) 开放式构图。这种构图方式不局限于规定的可视框架内,强调画外空间的存在和延伸。广告主体不一定处于黄金分割的中心位置,而是有意识地将画面内元素与画面外元素之间建立关系,引导观众展开联想。

2. 视觉表现的色彩

影视广告中的色彩不仅能够美化和装饰广告画面,直接或间接地传递广告信息,而且能够对观众进行心理暗示,引起共鸣,激发其购买欲望。在色彩整体基调的选择上,必须符合产品属性、品牌定位或企业视觉形象规范。因为影视广告是主观时空和客观时空的融合再现,所以广告中的色彩也是具有动态性的,会随着剧情推移和时空变化而作出一系列改变,比如通过不同年代流行色彩的交替变化,建立观众对时光流转的主观感知。除此之外,我们还会通过色彩的面积、位置、方向等方面的规律性变化,为影视广告增添节奏感和韵律感。

3. 视觉表现的影调

影视广告的影调是指通过光线明暗、强弱、投射方向的变化,以确定主题基调、塑造人物性格、营造气氛或表达情绪。根据影调高低划分,大体可分为高调、低调和中间调:高调给人明朗轻盈之感,适合展现美好快乐的主题基调;低调给人压抑沉重之感,适合展现悲伤迷茫的主题基调;中间调层次丰富柔和,适合展现精致富有质感的主题基调。若根据影调反差划分,大体可分为硬调、软调和中间调:硬调明暗反差大,对比突出,适合表现大气硬朗的主题;软调明暗反差小,对比和谐,适合表现朦胧柔幻的主题。

因为影视广告的构成要素比较复杂,为了让广告信息更加清晰化,视觉和听觉要素搭配和谐,广告主题和创意表现准确对应,我们会在拍摄前对照广告脚本绘制故事板,将文字无法展现的内容诉诸视觉,便于让客户和拍摄人员更完整地了解广告内容。故事板大多采用绘画形式,可使用简单的速写式单色线条勾勒,或使用水彩、油画棒在线稿上着色,也可以用照片拼贴或幻灯片代替。

▶▶ 二、训练项目

训练主题一:同一广告主题的不同影视风格设定——美丽乡村

训练要求:

1. 查阅我国美丽乡村建设十大模式、主要内容和典型案例的文献资料,明确美丽乡村主题的创意核心。

2. 组建拍摄团队，选择所在县市附近乡村进行实地调研，确定广告目标，完成前期策划。

3. 小组各成员在"理性说服 VS 感性诱导、幽默风趣 VS 恐惧刺激、平铺直叙 VS 设置悬念"等风格中进行选择，分别创作至少 3 种风格的创意脚本，进行内部比稿，选出 1 个脚本。

4. 将选出的脚本进行二次创作，从视觉、听觉、色彩、构图等方面着手修改，使之更好看、更耐看，并根据脚本绘制故事板。

（一）大师案例："戛纳国际创意节"获奖影视广告选登

戛纳国际创意节（Cannes Lions International Festival of Creativity）原名为"戛纳国际广告节"，1954 年由电影广告媒体代理商发起，希望电影广告能像电影一样被关注。戛纳国际创意节是全球创意、广告、营销和传播行业殿堂级盛会，于每年 6 月下旬举行，有"创意界奥斯卡"之称。参赛作品共分为 16 个类别，分别是：品牌内容和娱乐类、创意效果类、互动类、设计类、直销类、影视广告制作类、影视类、平面类、媒体类、移动类、户外类、促销和活动类、公关类、广播类、整合类以及创新类。

斩获 2019 年戛纳国际创意节影视类"金狮奖"的 Lacta 5STAR 巧克力广告，颠覆了该品类广告常用的爱情主题，在影视风格上既不温馨也不浪漫，而是创作了一出"星战"大片（图 2-117）。原本和平安逸的巧克力世界，因为饼干球的侵袭遭到了严重破坏，巧克力城的居民们纷纷拿起武器对抗，保护自己的家园。对比其他巧克力广告中尽显甜美诱人的画面，取而代之的是巧克力士兵被肢解和爆浆的特写，但因为全片采用动画风格表现，不会让人感到血腥和不适。相反，每一帧画面都高度还原了真实的食物质感，连饼干上的微小颗粒都清晰可见，让人身临其境地感受到巧克力的丝滑、糖浆的香甜和饼干的酥脆。

Chocolate World

图 2-117 *Chocolate World*/Wieden+Kennedy/巴西/2019

2018 年戛纳国际创意节,苹果公司(Apple Inc.)广告片 *Welcome Home* 斩获"娱乐音乐狮"(图 2-118)。影片讲述了拖着疲惫身体下班回家的女主,通过 iPhone 手机的 Siri 唤醒 HomePod,播放自己喜爱的音乐。随着旋律响起,女主跳着夸张的舞蹈进入另一个维度的世界,与广告开头潮湿阴霾的雨天、拥挤焦躁的人群、低沉阴郁的情绪形成强烈对比,巧妙地将"音乐打开世界"的广告信息推入观众脑中。广告呈现超现实主义风格和迷幻气息,用音乐将观众带入画面,运用夸张舞蹈融入剧情叙事,大面积色彩横条作为背景向画面外延伸,让原本逼仄的空间不断扩张变幻。导演斯派克·琼斯(Spike Jonze)巧妙地在墙壁上放置了一面镜子,让原本的真实空间里又多出了一个虚拟的"镜像"空间,使人仿佛置身于"星际穿越"系列里的五维时空。

Welcome Home

图 2-118　*Welcome Home* "娱乐音乐狮"全场大奖/TBWA、MEDIA ARTS LAB LOS ANGELES/美国/2018

(二)学生案例:"美丽乡村"主题影视广告(选择不同风格及表现手法)

《疫后新村》影视广告展现了新型冠状病毒肺炎疫情后,乡村在美丽庭院、彩绘、乡村农园、公共健康卫生厕所改造、中央厨房六个方面的变化,共 45 个分镜头,以动画形式进行视觉呈现,让更多的人发现乡村文旅的价值和意义。广告风格以平铺直叙和感性诱导为主,节奏平稳自然。在内容编排上,以回乡探亲的小女孩的视角切入,将乡村日常生活片段逐一展现,将疫情后人们对公共卫生健康的认识、对田园生活的向往、乡村文旅的变化与新气象巧妙融入,片中的空间环境设计具有抒情性、表意性和叙事性(图 2-119)。

《田埂上的守望者·榔头哥》以纪实手法讲述了陡岗镇新合村致富带头人"榔头哥"(程新军)在退伍以后开办家庭农场,带动本村贫困户脱贫,带动周边农户发展优质稻产业,从而推动新合村乡村振兴战略实施的故事。这则广告片风格以理性说服为主,以感性诱导为辅,没有夸张的造型、语言或动作设置,在内容和形式上规整写实,淡化了广告的直接功利性,借助片中人物的独白、对谈或旁白,让观众在不知不觉中接受广告信息并产生情感共鸣(图 2-120)。

图 2-119 疫后新村/影视广告/王子涵、杨文婷、常思雨/数字媒体艺术专业学生作业/2020

田埂上的守望者·榔头哥

图 2-120 田埂上的守望者·榔头哥/影视广告/杨浩、李鑫、杨文婷、李惠芳、常思雨/
广告学、数字媒体艺术专业学生作业/2019

（三）训练步骤

1. 设计主题研讨 + 前期调研 + 组建团队

（1）查阅我国美丽乡村建设十大模式、主要内容和典型案例的文献资料，明确美丽乡村主题的创意核心（图 2-121）。

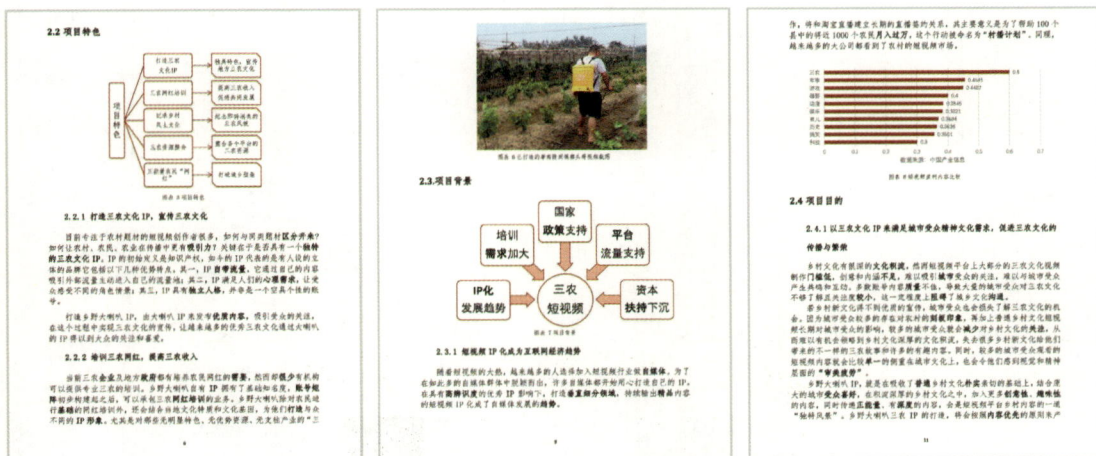

图 2-121　文献查阅、撰写项目策划书

（2）组建拍摄团队，选择所在县市附近乡村进行实地调研，确定广告目标，完成前期策划（图 2-122）。

图 2-122　乡村实地调研、搜集素材、确定广告目标

2. 头脑风暴 + 分镜头脚本撰写

小组各成员在"理性说服 VS 感性诱导、幽默风趣 VS 恐怖刺激、平铺直叙 VS 设置悬念"等风格中进行选择，分别创作至少 3 种风格的创意脚本，进行内部比稿选出 1 个。

3. 故事板绘制

将选出的脚本进行二次创作，从视觉、听觉、色彩、构图等方面着手修改，使之更好看、更耐看，并根据脚本绘制出故事板（图 2-123）。

图 2-123　疫后新村/影视广告分镜脚本/故事板、场景色稿/
王子涵、杨文婷、常思雨/数字媒体艺术专业学生作业/2020

4. 拍摄筹备工作 + 拍摄任务分配

5. 拍摄 + 配音 + 后期制作

6. 作品展示 + 现场评估

训练主题二：不同蒙太奇手法在影视广告中的应用

训练要求：

1. 2021 年是中国共产党建党 100 周年，查阅从 1921 年 7 月 23 日中国共产党第一次代表大会召开至今的文献资料，对中国共产党的伟大历程和辉煌成就进行回顾，将每个重要阶段的重大事件及代表人物，不同领域的优秀共产党员代表分类整理。

2. 组建拍摄团队，进行任务分工和职责分工。选择所在地区进行实地调研，寻找在党和国家重要历史瞬间的参与者、开拓者和奉献者代表及典型事例，确定广告目标，完成前期策划。

3. 选择不同蒙太奇手法(叙事蒙太奇、表现蒙太奇、理性蒙太奇)绘制故事板，进行内部比稿，确认拍摄所用故事板。并尝试使用不同的视觉表现形式，拍摄作品小样。

4. 制订拍摄计划，安排场地、置景、演员等，完成拍摄并进行后期制作。

5. 准备作品汇报 PPT，需完整地呈现创意方案、拍摄过程及成品。进行作品汇报及评分，采用小组自评＋学生互评＋教师评价，投票选出人气前三的作品。

6. 撰写 600 字的作品修改报告，分析存在的核心问题点，列出改进方案(图文并茂)。

(一) 大师案例："亚太广告节"获奖影视广告选登、Matthieu Berenguer 的分镜故事板

亚太广告节(ADFEST)创立于 1998 年，是亚太地区一年一度的广告盛事，参与代表来自亚太数十个国家和地区，旨在促进亚太地区广告业界的交流与共同发展，激发亚太地区专业广告人创意。颁发奖项主要分为 18 个类别：电子商务类、媒介类、平面类、新导演与影片制作类、创新类、本土文化类、直效类、户外类、效果类、整合类、设计类、平面制作类、品牌体验与互动类、音频类、电影类、品牌娱乐类、互动类、移动类。

斩获"2019 年亚太广告节"影片制作莲花奖—全场大奖 & 电影莲花奖—金奖的作品，是泰国曼谷 GREYnJ United 公司选送的 *Friendshit*(图 2-124)。广告主是泰国开泰银行，目的是推广银行新开发的应用 App "K PLUS"，这个 App 可以转账、看资讯、缴纳电费，更重要的是可以社交。广告一如既往地贯彻了泰式广告的无厘头风格，讲述了一个"社恐"少女 Hui，转学到曼谷读书，努力结交新朋友的故事。

图 2-124　*Friendshit*/影片制作莲花奖—全场大奖 & 电影莲花奖—金奖/GREYnJ United(曼谷)/泰国/2019

剧情从好友在开走的大巴后喊道"Find something interesting to talk about"(找点有趣的事情与人谈论)开始变得"魔性"起来。广告运用了叙事蒙太奇手法中的"平行式叙事"和"复现式叙事"，先是一组进入新学校的 Hui 主动找同学"尬聊"却收获了沉默与愕然的镜头，然后对应一组 Hui 回忆起好友边追赶大巴，边告诉她交友秘诀的镜头(图 2-125)。

图 2-125 *Friendshit*/影片制作莲花奖——全场大奖 & 电影莲花奖——金奖/
GREYnJ United(曼谷)/泰国/2019

　　这样的镜头组合反复多次,每一次聊天失败后,Hui 都会回忆起好友告诉自己的一个秘诀(复现式叙事蒙太奇),并根据每个秘诀,按照自己的方式切入话题,但无奈每一次的话题都晦涩难懂,让人瞠目结舌、无言以对。这些情节线索并列表现、分别叙事,看似毫无关联,但最后全部统一到"如何交到新朋友"的主题中。一次又一次失败后,在 Hui 几近抓狂、掩面而泣时,脑海里浮现出好友告诉她的终极秘诀——打开"K PLUS"。一切突然发生了转变。原先沉默以对的同学立刻笑容满面,拿出手机点开"K PLUS"关注了她。接下来的 Hui 就像"开挂"一样,通过 App 里的各种功能(转账、缴费、分期购物……)与新环境里不同的人都交上了朋友,还遇到了心动男孩(图 2-126)。最后是经典泰式神反转,她"抛弃"了原来的好友,由此点题"Friendshit"(此处是"Friendship"的造梗)。

　　广告打破了受众对理财类产品理性冰冷的既定印象,把一款功能性 App 变成了打破沉默、赶走社恐的话题源,让不善交际却又必须迎合主流社会的人极有共鸣,赋予了产品鲜活的生命力与情感体验力。

　　而在 KENZO 香水广告《让世界更美》(*Pour un monde plus beau*)中,则运用了表意蒙太奇手法中的"隐喻式表意"。法国克诺影视公司(KO Média France)联合专业分镜大师马修·贝格尼(Matthieu Berenguer),为了契合"Flower By KENZO"这款香水在透明瓶身内藏着一枝红色罂

Friendshit

图 2-126　*Friendshit*/影片制作莲花奖—全场大奖 & 电影莲花奖—金奖/
GREYnJ United(曼谷)/泰国/2019

粟花的巧思,将身着红裙的女主角在水中曼舞的镜头,与罂粟花从含苞待放,到初绽光辉,再到傲然怒放的镜头并列,以凸显不同花期与不同年龄阶段女性的相似性(图 2-127、图 2-128)。殷红

图 2-127 Flower By KENZO·让世界更美/影视广告分镜故事板/Matthieu Berenguer/法国/2015

Flower By KENZO·让世界更美

图 2-128 Flower By KENZO·让世界更美/影视广告(节选)/Matthieu Berenguer/法国/2015

的罂粟花与女主摇曳的身姿交相辉映,带着诱人的魅惑,暗喻每个年龄阶段的女性,都能以最美的姿态,展现极致魅力,这是 KENZO 对女性"花样年华"最好的解读。

(二)学生案例:"建党百年"主题影视广告(运用不同蒙太奇手法)

《理想照耀中国·英雄》采用交替式叙事蒙太奇手法,一开始将在同一时间、不同空间关于英雄的情节交替剪辑在一起,而不同事件之间具有密切因果关系,相互推进最终汇合到一起。在影片的几个关键节点部分,父亲的日记中关于"英雄"的解读反复出现,运用了复现式叙事蒙太奇手法(图 2-129)。《奋斗百年路,启航新征程》则运用了连贯式叙事蒙太奇手法,将建党百年来的历史大事件逐一展现,体现了中国共产党始终与时代同步伐、与人民共命运,努力迈进新征程、奋进新时代(图 2-130)。

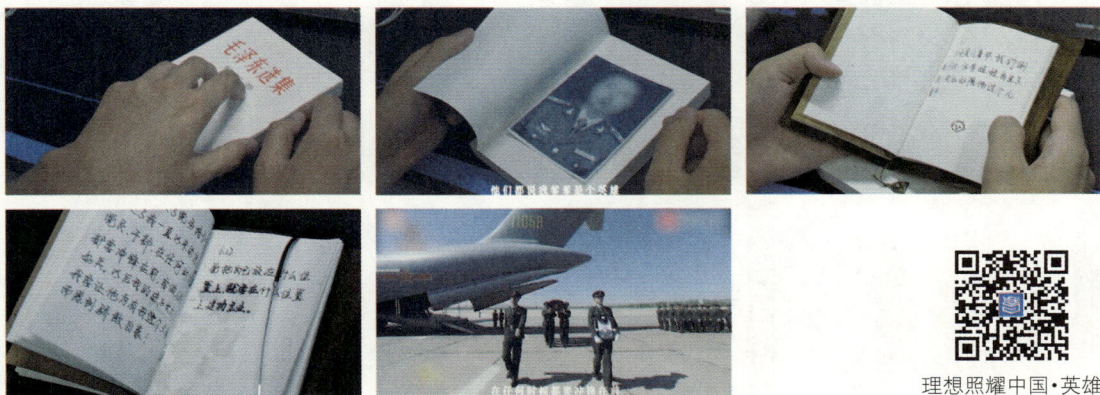

理想照耀中国·英雄

图 2-129　理想照耀中国·英雄/影视广告/
常馨元、谭金欣、张铭帜、赵晓龙、吴卓然/网络与新媒体专业学生作业/指导老师:陈昕/2021

奋斗百年路,启航新征程

图 2-130　奋斗百年路,启航新征程/影视广告/
肖子恒、李磊/网络与新媒体专业学生作业/指导老师:陈昕/2021

(三) 训练步骤

1. 设计主题研讨 + 前期调研 + 组建团队

(1) 查阅文献资料,对中国共产党的伟大历程和辉煌成就进行回顾,将每个重要阶段的重大事件及代表人物、不同领域的优秀共产党员代表进行分类整理。

(2) 组建拍摄团队,进行任务分工和职责分工。选择所在地区进行实地调研,寻找本地区在党和国家重要历史瞬间的参与者、开拓者和奉献者代表及典型事例,确定广告目标,完成前期策划(图 2-131)。

图 2-131 实地调研、人物访谈、确定广告目标

2. 头脑风暴 + 分镜头脚本撰写 + 故事板绘制

撰写脚本,并选择不同蒙太奇手法绘制故事板,进行内部比稿,确认拍摄所用故事板,并尝试使用不同的视觉表现形式拍摄作品小样(图 2-132)。

3. 拍摄筹备工作 + 拍摄任务分配 + 拍摄 + 配音 + 后期制作

制订拍摄计划,安排场地、置景、演员等,完成拍摄并进行后期制作。

4. 作品展示 + 现场评估

准备作品汇报 PPT,需完整地呈现创意方案、拍摄过程及成品。进行作品汇报及评分,采用小组自评 + 学生互评 + 教师评价的形式,票选出人气前三的作品。撰写 600 字的作品修改报告,分析存在的核心问题点,列出图文并茂的改进方案(图 2-133)。

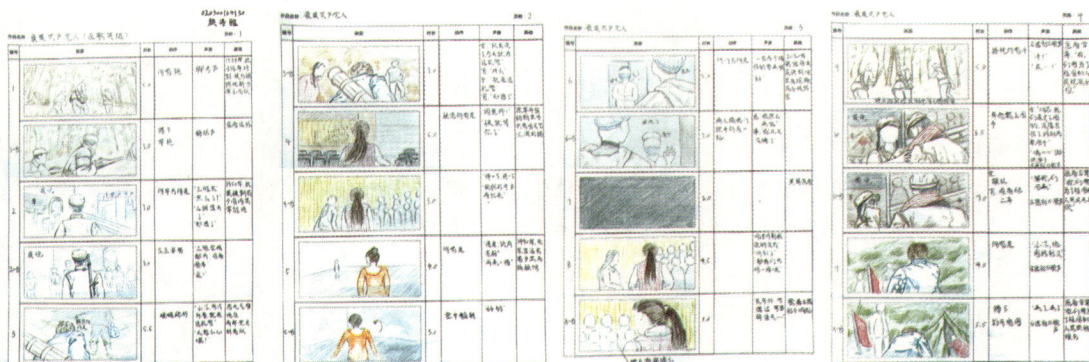

图 2-132　最美共产党人/影视广告分镜故事板/颜诗雅/数字媒体艺术专业学生作业/指导老师：王鹏/2021

图 2-133　作品汇报、方案 PK、手机扫码投票

■ 第四节　项目训练四：新媒体广告的创意表现与训练

训练目的

1. 了解新媒体广告创意的特点、类别和表现形式。

2. 了解新媒体广告的创意原则、创意流程及技术实现工具。

3. 了解新媒体广告在创意思路、创意表现、传播策略和技术实现等方面的变化，掌握不同类别新媒体广告的创意技巧和传播策略。

4. 熟悉新媒体广告创作各阶段的任务分工和职责分工，掌握新媒体技术及创意实现工具的使用，培养学生的团队合作意识及创新实践能力。

重点难点

重点：新媒体广告的创意策略、互动形式和技术实现；广告创意和数字技术的结合方式。

难点：新媒体广告创意中沉浸感和交互性的融合统一。

▶▶ 一、知识点

新媒体又称为数字化新媒体，它是一个相对于传统媒体而言、不断变化发展的概念，主要包括数字影视媒体、触摸式媒体、数字化传统媒体等。新媒体广告是指以数字传输为基础、实现信息即时互动、终端显现为网络链接的多媒体视频，有利于广告主与目标受众进行信息沟通的品牌传播行为与形态。新媒体广告经历了三个发展阶段：传统意义上的网络广告、富媒体广告和数字媒体交互广告。

（一）新媒体广告的创意原则

1. 创意内容轻量化和质感化

随着移动终端技术不断变革，人们的注意力变得愈发"碎片化"了。为了抓住用户"碎片化"时间，在内容长度上必须短小精悍，尽可能在最短时间里快速展现产品优点（或品牌记忆点）；为了吸引用户"碎片化"注意力，以人格化或 IP 化设定、趣味化创意表现（H5 小游戏、原创小视频、条漫、表情包）、VR 和 AR 技术融入等方式塑造内容的质感，提高内容辨识度，让用户主动、全面地了解产品信息。

2. 创意形式互动化和沉浸化

将广告创意进行技术化处理，如虚拟现实、全息投影、体感交互等技术，在互动场景中植入品牌标识和产品信息，同时邀请用户成为广告创意中触发情节的一分子，既创造了很好的传播效果，也让我们碎片化的时间变得更加丰富多彩。在身临其境的场景中，更能激发起消费者的主动性——主动搜寻广告信息、主动传播广告信息、主动参与广告信息的生成过程，得到心理上的愉悦与满足，更深层次地获取品牌文化、产品信息和情感连接。

3. 创意投放精准化和融合化

利用大数据技术深入了解和分析用户需求、用户行为及浏览偏好，对目标消费群体精准化定位，对用户偏好精细化分析，实现广告创意精准化投放。融合化是指将投放作为连接点，连接用户、内容和技术，这种适度融合既能保持内容的相对独立性，又能塑造品牌或产品的可识别性，使得广告效果和用户价值最大化。

（二）新媒体广告创意的表现形式

1. 广告信息直接呈现式

以提升产品认知度和市场渗透率为目的，将带有产品或品牌信息的图文内容，直接投放在综合门户网站、垂直类专业网站或手机终端上。如通过网页图文/视频弹出、图片对联、视频超链接、视频贴片、播放器桌面或角标、手机 App 启动页、应用首页公告、应用功能页插屏、信息流等方式呈现。这一类广告在创意表现形式上追求极简，突出文字标注及链接，图形或视频展示不会过于复杂，以直接展现产品形态为主。

2. 广告信息巧妙植入式

以打造爆款效应、聚焦注意力和提升影响力为目的，将产品/品牌信息植入网络视频/交互视频、网络游戏、手机互动小游戏中，通过道具、场景、台词、理念、文化等形式，与剧情合二为一，以娱乐化的方式悄无痕迹地与受众进行品牌沟通，一般采用多种植入形式配合的方式，形成多维化创意内容触点。这一类广告在创意形式上更注重内容传播而非产品推广，根据不同用户的需求，通过新颖化排版、刷屏级文案、互动化玩法、IP 化标签来强化广告信息的辨识度。

（三）新媒体广告创意的技术实现

1. AI 人工智能技术

首先，AI 的大数据算法可帮助广告主快速分析、决策用户所需，最大程度精确用户画像，对创意元素进行分发、管理，筛选出最能触达目标用户心智的创意素材，辅助创意人员做出创意决策，同时可根据创意效果 ROI 对算法模型不断优化，产出更具个性化、人性化、精准化的创意内容；其次，基于人工智能深度学习框架，运用图像识别、语音识别、声纹识别、人脸跟踪、语音合成和主动推荐等多项核心技术，将受众放在传播的核心位置，传播其所想，传播其所需，让不同用户在消费其内容产品时，都能"邂逅"心仪的广告，愿意主动点击、分享、转发，实现受众的广覆盖性、强认知感、高信任度，大大提升品牌声誉。如百度开发的记忆眼镜产品案例片 *Know You Again*，用充满温情的镜头，讲述了三位患有阿尔茨海默病的老人，如何通过 AI 眼镜的帮助重新融入家庭，拥有正常的老年生活的故事（图 2-134）。片中展示了百度记忆眼镜人脸识别、语音识别、声纹识别等人工智能技术，以及亲人识别、日常信息提示、导航回家等人性化功能，广告创意与产品完全融为一体，让用户在体验中发现品牌价值。该广告荣获"2017 釜山国际广告节"创新类银奖和互动类铜奖两项大奖，并且成为中国在"2017 戛纳国际创意节"上唯一入选"创意狮"的作品。

2. VR 和 AR 技术

VR(Virtual Reality) 即虚拟现实技术，通过计算机模拟虚拟环境给人以环境沉浸感。AR(Augmented Reality) 即增强现实技术，通过计算机技术将虚拟信息和真实场景无缝叠加增加沉浸感。VR 和 AR 技术从根本上改变了广告的内容属性，消费者可以作为个体进入广告剧情，获取不同角色，拥有不同选择，用户在参与广告的同时也完成了一次立体的产品体验。如"奥利奥"为了推广新出的纸杯蛋糕口味限量版饼干，在社交媒体上发布了 360° 全景体验广告，在视频中展示了奥利奥的神奇仓库，观看者"穿过"用巧克力和奶油组成的小山、河流、水车，进入蓝色仓

图 2-134 *Know You Again*/百度 AI 记忆眼镜广告/百度、F5 上海、本邦科技/中国/2017

库后,就能看到梦幻流水线上这款新品饼干的制作过程。除此之外,奥利奥还把线上 VR 体验搬到了线下。在纽约西街设置了一个现实版的"Oreo Wonder Vault",仓库库门是奥利奥形状的,并被漆成了奥利奥蓝,路过的人们能观看 VR 全景短片,看完后打开库门,短片中的饼干就会经由传送带送到消费者面前,让消费者得到视觉、听觉、嗅觉、触觉和味觉的全方位体验,大大提升了品牌话题度(图 2-135)。

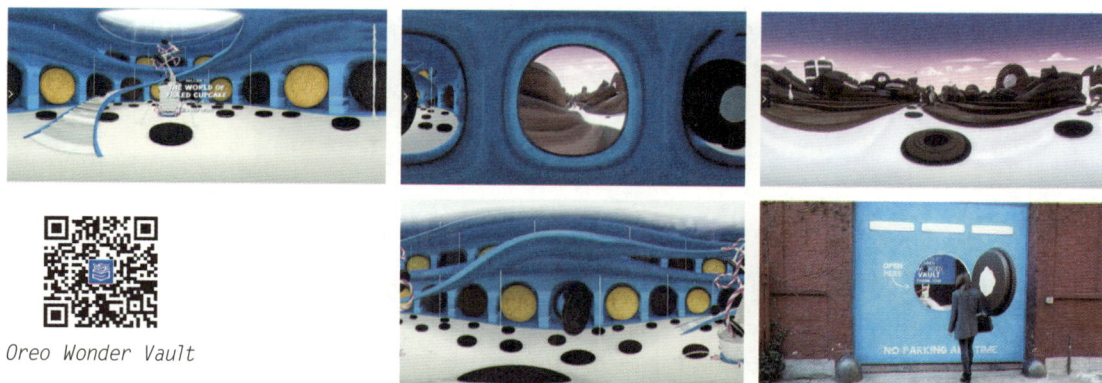

图 2-135 *Oreo Wonder Vault*/VR 全景视频广告及线下体验店/凯络媒体(Carat)/美国/2016

3. LBS 技术

LBS(Location Based Services)是指运用定位技术来获取设备当前所在的位置,通过移动互联网向定位设备提供信息资源和基础服务。LBS 广告特别适用于有线下门店的品牌,它可以自动检索用户当前所在位置,向用户推送附近正在或即将举行的活动,将消费者引导到门店消费。LBS 往往会与社交平台绑定,通过发布创意活动,号召消费者参与活动、完成签到、获得奖励,并通过分享形成口碑效应,让用户主动成为品牌传播因子。如"康师傅"绿茶与"百度地图"App 联手推出的"绿动健康走"活动,结合年轻人步行导航需求,在百度地图中将绿茶产品通过动画形式,放置在起点和终点,通过步行导航实时记录、积攒步行里程兑换"茶多分",赢得道路命名权,赢取运动手环及 Apple Watch;同时在百度地图内置明星代言人语音导航,陪用户一起健康走。这种以技术驱动营销的创意方式,既可以深入传达品牌诉求,建立健康运动与绿茶的关联度;同时还可以刺激用户主动参与,快速形成转化效果,因而在 2015 年金投赏[①]上一举斩获金奖(图 2-136)。

图 2-136　绿动健康走/VR 全景视频广告及线下体验店/北京昂然时代广告/中国/2015

4. H5 技术应用

H5 全称为 HTML5,指第五代计算机网页编程语言。H5 具有超强的兼容性、强大的存储性以及图文、音频、视频等多媒体的融合性。基于移动社交媒体平台的 H5 广告具有互动性,其创意形式也颇为多样,有最基本的图文视听互动,有趣味小游戏互动,还有集触感、重力、跨屏、3D、VR、AR 于一体的多重技术混合互动。H5 是目前比较容易产出爆款的广告形式,在技术层面,能给用户带来视、听、触等感官层面上的综合体验,在内容层面,能快速地聚焦受众情感;在用户层面,因操作比较简

---

① 金投赏(ROI Awards)指"金投赏商业创意奖",由贺欣浩于 2008 年在上海创立。金投赏目前是大中华区规模最大的创意奖,同时也是全球第一个商业创意奖。金投赏与其他创意奖的最大区别是以 ROI(投资回报率)为评审标准,是大中华区首个专注于用市场量化创意的奖项。

单,能更好地激发用户参与,在参与中加深用户对广告核心诉求的记忆。如"金典"旗下超高端乳品"娟姗",为体现娟姗奶牛作为特供英国皇室奶源的纯正血统,"金典娟姗"与"大英博物馆"联名,将文化 IP 注入品牌内涵,推出了一款《天赐娟姗,英伦典藏》H5 互动广告。广告以环形视角呈现震撼的裸眼 3D 效果,整支 H5 不仅讲述了大英博物馆中藏品的历史背景、体现了"娟姗牛"在英伦文化中的地位,而且精准契合了目标受众"新中产阶级"追求品质和情怀的消费偏好(图 2-137)。

图 2-137 天赐娟姗,英伦典藏/H5 互动广告/金典、大英博物馆、网易哒哒/中国/2019

▶ 二、训练项目

训练主题:新媒体广告创意内容设计及技术实现

训练要求:

1. 任选一个公益类主题,搜集关于该主题已发布的、刷屏级的新媒体广告(至少 3 种不同的媒介形态),分析其创意思路、创意亮点、交互特点及用户心理,撰写简单的调研报告。

2. 组建项目团队,确定人员职能(文案策划人员、插画设计人员、交互技术人员、销售/推广人员),明确项目背景,建立项目文档,列出工作时间进度表。

3. 以调研报告为参考,为所选主题撰写新媒体广告创意方案。方案内容应包括:目标用户分析、创意内容设计、创意表现形式、创意技术实现、创意推广渠道,创意落地效果分析。其中,创意内容及表现形式设计不少于3种,且需明确指出,交互式体验和沉浸式体验在广告中统一的具体思路。

4. 整体框架及设计流程图绘制。小组各成员分别提供不同的静态视觉草图或 Axure 线框草图,内部筛选出最佳方案。

5. 进行动态交互设计,检查流畅度及易操作度,完善细节。

6. 小组课堂展示,现场进行用户测评,分析广告效果,找到不足并改进。

(一) 经典案例:戛纳国际创意节互动类获奖广告选登

截至 2018 年 4 月,国际权威医学杂志《柳叶刀》发布了一项研究成果,首次明确我国约有 1 亿人患有慢性阻塞性肺病,其中近 90% 的患者从未得到明确诊断,为了鼓励潜在患病者进行早期检查,传统医药品牌"葛兰素史克"(GSK CH)联合肺科医生和中国吹墨艺术家,设计了一款微信小程序"呼吸之树"(图 2-138)。通过吹进手机麦克风的空气量产生声波,利用声波高度形成一张喷墨效果的树木图。呼气力度大时树会变大,呼气力度小时树会变小,最后会生成一份肺活量评分报告,如果数值小于 70% 会建议测试者做专业检查,鼓励更多人提高自我检测意识,用户还可以分享自己的吹墨画(带有二维码)邀请其他人测试。借助新媒体技术,广告将现代科技与传统艺术巧妙结合,把冰冷的科学数据化为温情的用户服务,为用户提供简单有效的健康检测工具,制造品牌与消费者的共情时刻,建立起与消费者长效稳固的关系。该作品获得 2019 戛纳国际创意节"制药狮"大奖。

仅次于汉堡王和麦当劳的美国第三大快餐连锁品牌 WENDY'S,与全球知名第三人称射击游戏 Fortnite 联名,利用该游戏推出的全新模式"The Food Fight"进行品牌宣传(图 2-139)。区别于其他品牌只是在游戏中简单出现,WENDY'S 在游戏中创建了一个名叫 Wendy 的红头巾女孩,游戏故事与品牌核心卖点巧妙融合:女孩发现牛肉被放进了冰柜冷藏,这个行为是不可饶恕的,因为这是 WENDY'S 快餐的禁忌,WENDY'S 从来不用不新鲜的冷藏牛肉做食材,全部都是当天送来的鲜牛肉。如果你选择了 Wendy 这个角色,那么你的目标就不是击败其他玩家,而是消灭所有冷藏牛肉的冰柜。这种有趣且有记忆点的互动形式,模糊了品牌与玩家的界限,在社交媒体上受到广泛关注。该作品获得 2019 戛纳国际创意节"社交与影响力狮"全场大奖。

呼吸之树

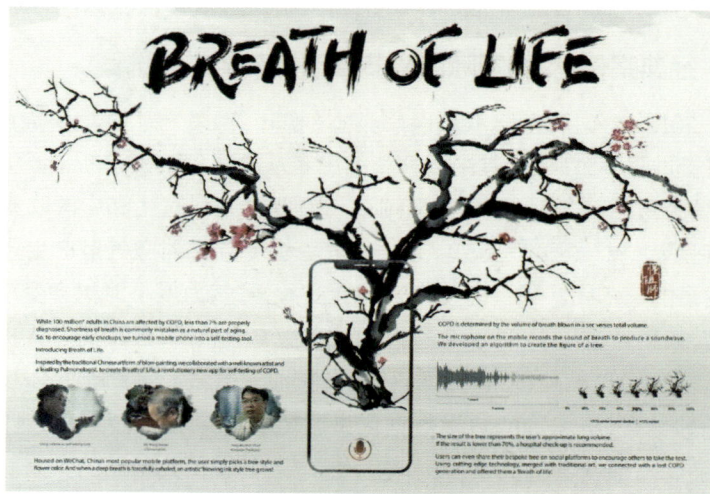

图 2-138　呼吸之树/微信小程序广告/Wendy Chan（McCann Health Shanghai）/中国/2019

Keeping Fortnite Fresh

图 2-139　Keeping Fortnite Fresh/游戏植入广告/VMLY&R KANSAS CITY/美国/2019

（二）学生案例：公益类主题、商业类主题互动广告（设计不同创意内容和技术方案）

《100年里，与你相遇》是一则以"建党百年"为主题的公益类互动广告，采用了H5小游戏的形式，不仅能给受众带来视、听、触等感官层面上的体验，还可以从情感层面带来内心满足感。这则H5以怀旧日记的形式串联起建党百年里的重要事件与代表人物，受众通过选择的方式来推进剧情，选择不同的物件所呈现的剧情走向不同，对应的"相遇"轨迹也会发生变化，游戏的最后可"领取你的专属故事"，并自动生成"专属故事卡"，用户可以选择分享到朋友圈。该广告通过互动游戏与社交媒体组合的方式，获得在各大社交媒体圈"刷屏"的广告效果（图2-140）。

《云南白药牙膏·新时代优质偶像团助力计划》作为商业主题的互动广告，通过创意文案与游戏交互的方式将商品信息"润物细无声"地融入其中，让受众聚焦于内容，增加广告的沉浸感和参与感。广告将四种味道的奶茶牙膏，拟人化成四位即将参加"新时代优质偶像训练营"的"素

注：以下展示的是"抓周"页选择了"放大镜"后的层级内容。

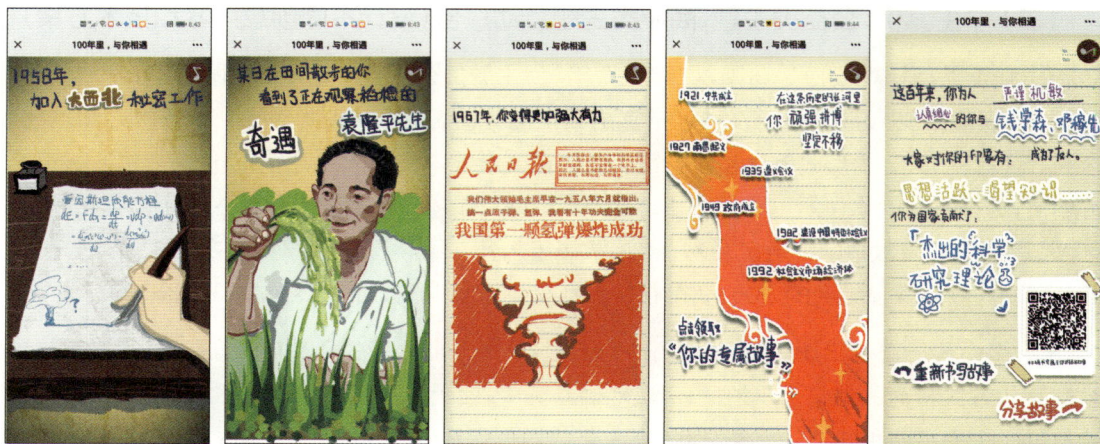

图 2-140　100 年里，与你相遇/公益类主题—H5 互动广告（节选）/杨梦圆、毕捷/数字媒体艺术专业学生作业/2021

人"练习生。用户可通过 H5 小游戏为"素人"取艺名、选外表、加内在，并为它们匹配相应的"味道"特质，还可使用"助力卡"为其添加 Buff，最终用户将自己精心打造的"治愈系牙膏天团"转发至朋友圈，让它们成团出道。这种互动广告形式让商品和用户建立起高黏性的情感认同，与"Z 世代"[①]年轻人热衷社交分享、崇尚颜值即正义、重视趣味体验感的消费偏好深度连接，充分体现云南白药奶茶牙膏有颜、有料、有趣的形象，击破年轻圈层，实现品牌、产品形象的年轻化升级（图 2-141）。

① "z 世代"是指 1995 年至 2009 年出生的一代人，他们一出生就与网络信息时代无缝对接，伴随着移动互联网、智能通信设备、手游、动漫成长起来，他们既是数字时代的消费者，也是数字内容的制造者。

注：以下展示的是"STEP 2"页其中一种"外表＋内在＋特质"搭配的层级内容

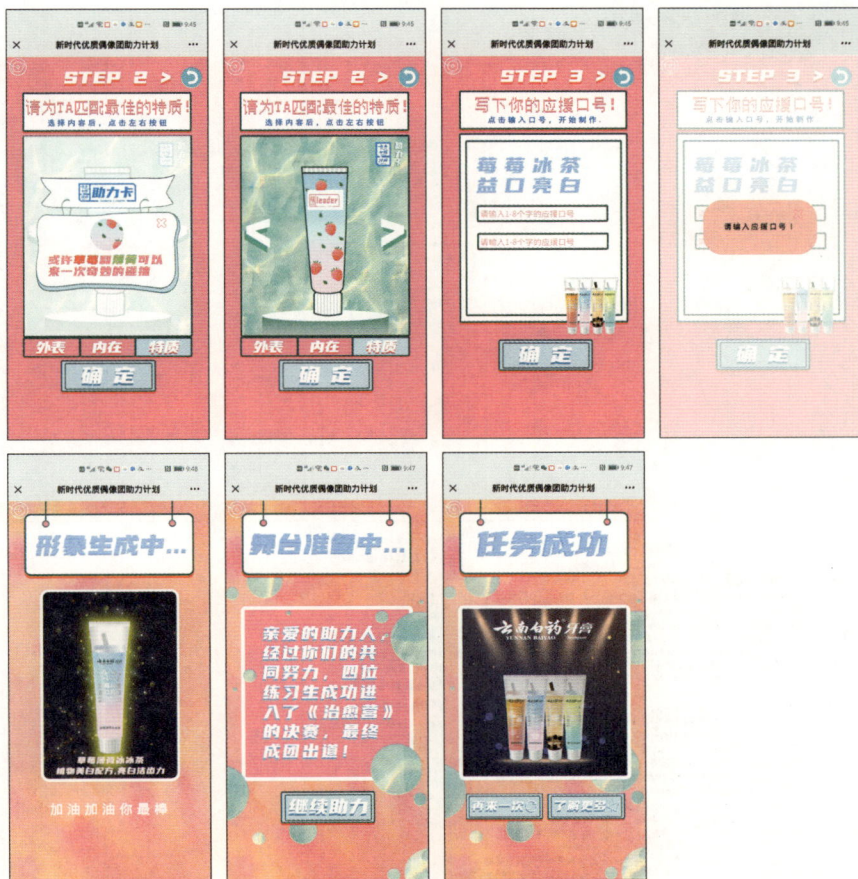

图 2-141 云南白药牙膏·新时代优质偶像团助力计划/商业类主题 —H5 互动广告（节选）/
戴堂丽、周雨琪、李奋扬/数字媒体艺术专业学生作业/2021

（三）训练步骤

1. 设计主题分析、需求分析、用户场景模拟

（1）设计主题分析：无论是公益类还是商业类互动广告，首先要明确广告表现的主题思想，即广告要向大家说明的问题。主要包括创作背景、角色分类、内容梗概和实现方式。

（2）需求分析：设定主题确定之后，对目标用户进行调查与分析，尽可能地还原用户全貌。主要包括目标用户描述、用户场景描述、用户行为偏好、用户体验目标等，然后梳理出目标用户的核心需求点（图 2-142）。

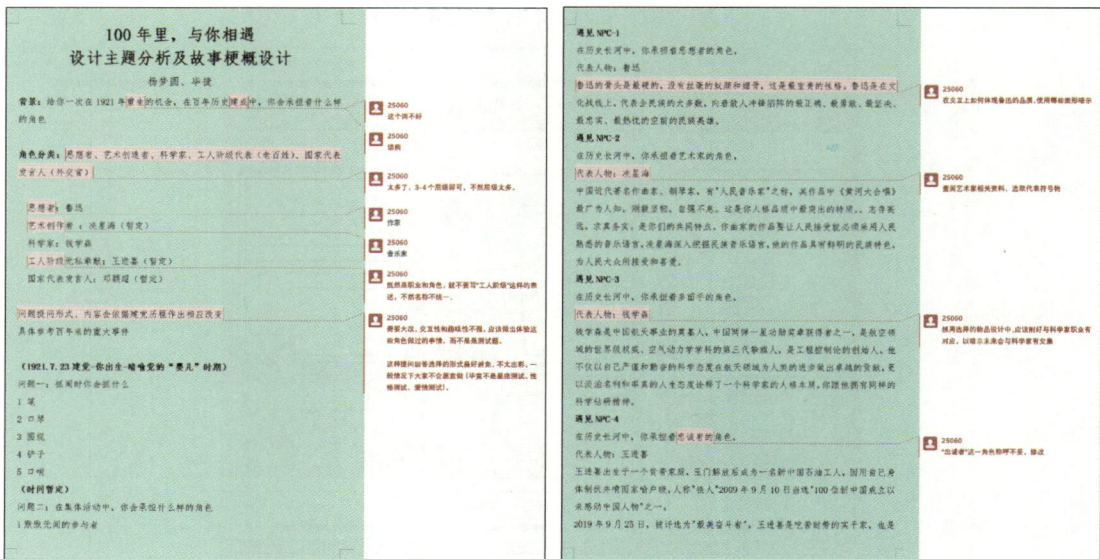

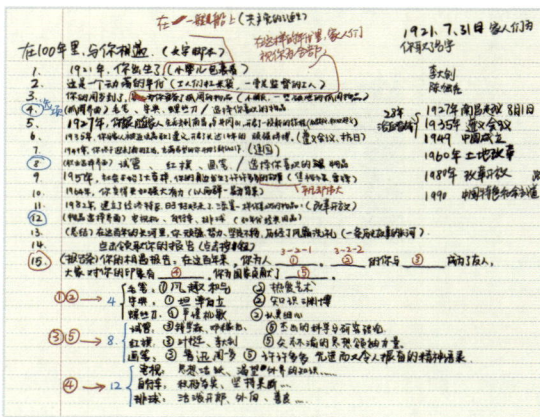

图 2-142　设计主题分析 + 需求分析(公益类)/杨梦圆、毕捷/数字媒体艺术专业学生作业/2021

2. 设计流程图 +Axure 线框图

(1) 通过图表化形式,展示广告信息和功能逻辑,如 H5 每个页面的信息架构、导航、页面结构、触发方式等。

(2) 通过图形化形式,阐述产品在页面的信息,以黑白灰为主,以确保信息的规整易读。一般包括页面标题、页面内容、交互逻辑、操作流程及反馈、元素状态、字符限制、主流程线等。

3. 静态界面设计 + 动态交互设计

4. 设计展示 + 使用评测 + 细节跟进(图 2-143、图 2-144)

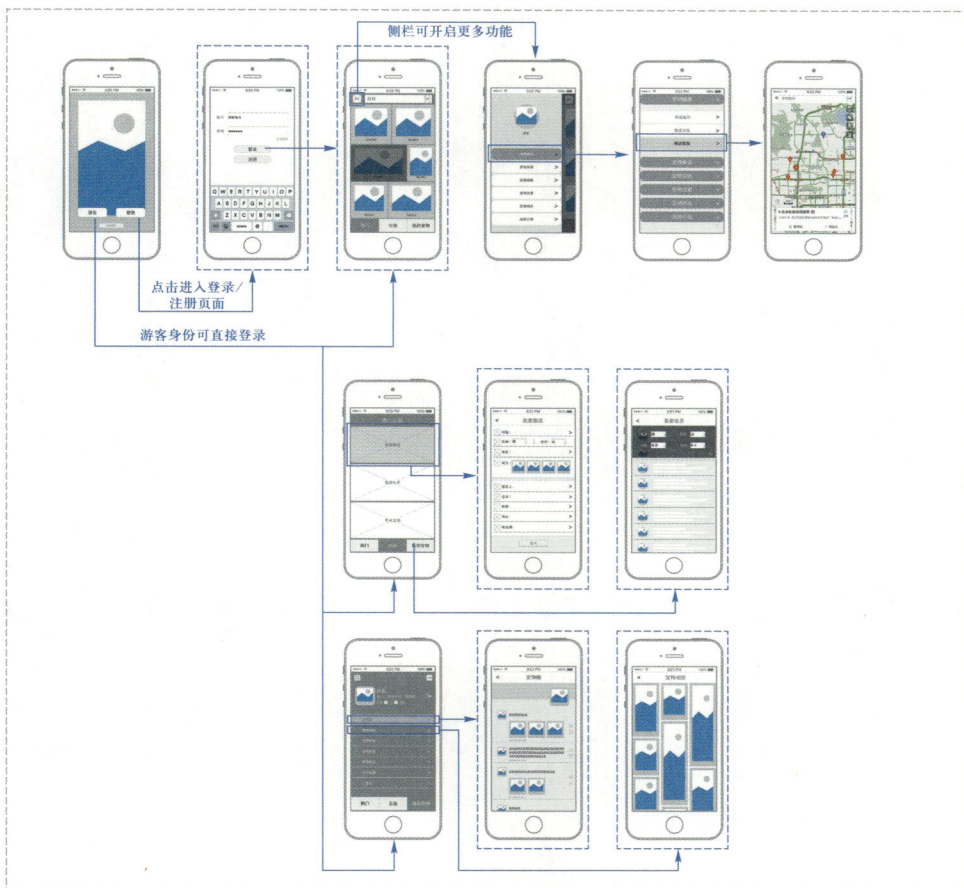

图 2-143　设计流程图 +Axure 线框图（公益类、商业类）/
杨梦圆、戴堂丽、任鑫艺/数字媒体艺术专业学生作业/2021

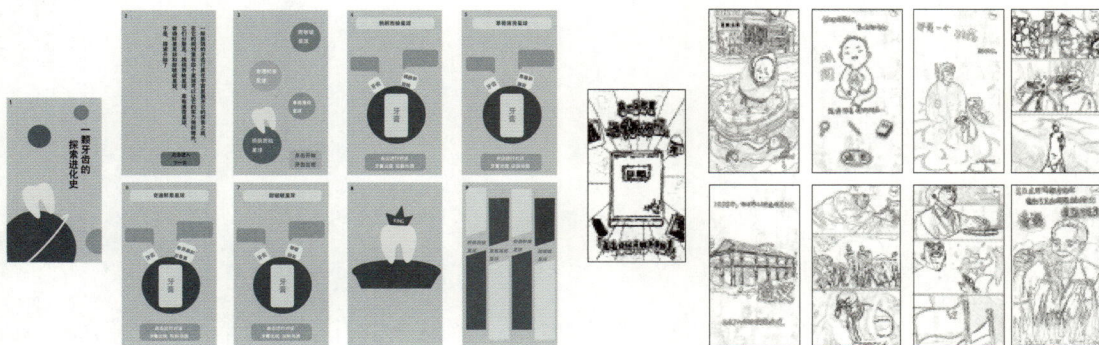

图 2-144　静态页面设计（公益类、商业类）/任鑫艺、杨梦圆、毕捷/数字媒体艺术专业学生作业/2021

第三章

创意广告鉴赏与分析

第一节 中国创意广告——物我融情，天人合一

中国广告以中华优秀传统文化为根基，强调真、善、美的价值，注重人与自然的和谐，用中国话讲中国故事，有效沟通"物"与"我"，缓解消费社会人的身份焦虑；与此同时，努力将中国精神、中国贡献、中国价值观融入其中，向国际社会传播中国文化，塑造中国企业和产品的良好形象。

一、靳埭强广告作品：水墨意蕴中的文化融合

靳埭强（Kan Tian-Kueng），著名华人设计师、靳埭强设计奖创办人、"靳刘高设计（KL&K DESIGN）"公司 ① 合伙人及创意总监，世界和平设计师百杰之一。他的作品曾在亚洲广告奖、美国CA传达艺术奖、洛杉矶国际艺术创作展等高级别赛事中斩获数百个奖项，并被德国、法国、日本等多个国家和地区的美术馆收藏。因其在设计上的卓越成就，被授予香港特首铜紫荆勋章、香港十大杰出青年、香港艺术家年奖等荣誉。靳埭强以一管之笔，衔古接今，融贯东西，于水墨挥运间观照世界，笔走留痕处尽显中华气韵。

"靳式"水墨风格的形成与发展分为三个时期：第一个时期是1974—1979年的"波普水墨"时期。此时的作品大多用几何造型、规整构图及浓郁的波普色彩与水墨融合，用东方的形，表现西方的魂。这一时期被靳埭强称为"全盘西化"的追随时期，当时的平面设计界受西方设计理念影响很深，在这种大环境下，他开始不断反思设计的个性化、文化意向及身份识别（图3-1）。

图3-1 波普水墨/广告招贴/靳埭强/中国/1974—1979

第二个时期是1980—1997年的"回归寻根"时期。此时的他不再局限于表层化的水墨形式，开始对中国本土文化作更深层次的探索，力图让中华文化之精妙融入设计形式，使其作品东方形式之美与东方神韵完美结合。这一时期的理念转变，是民族意识对设计观念的驱动与强化，是现

---

① 前身为"靳与刘设计顾问"，2013年正式更名为"靳刘高设计"，由靳埭强、刘小康及高少康合伙经营。

代审美对传统美学的传承与发展，是东方哲学与西方哲学的凝思与对话。此时期的代表作品有"台湾印象海报展"的"汉字"系列，作者把传统文房四宝的"笔、墨、纸、砚"，分别与书法绘写的汉字"山、水、风、云"进行了同构。抽象水墨与具象器物虚实相生，折射出笔架高山、静如止（纸）水、沿（砚）海台风、云墨丹心的自然意象。中华传统美学元素的运用，又将自然意象提升到"物我统一"的人文高度（图 3-2）。

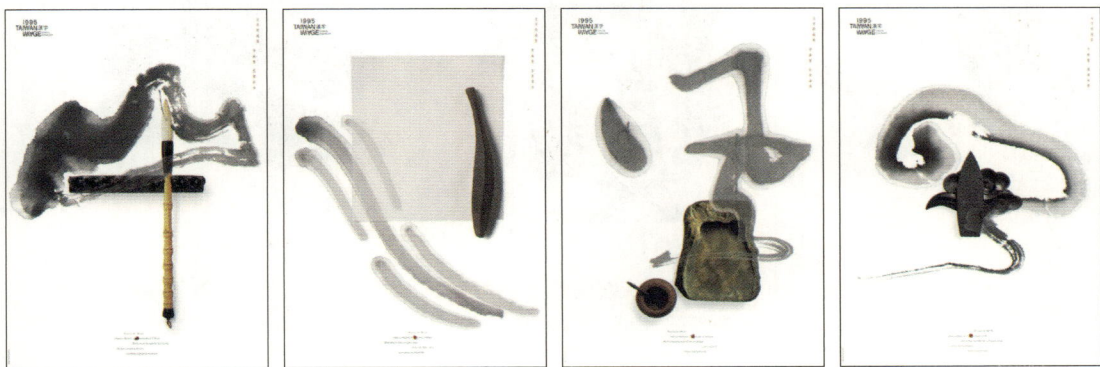

图 3-2　"台湾印象海报展·汉字"系列广告招贴/靳埭强/中国/1995

第三个时期是 1998—2019 年的"文字水墨"时期。靳埭强将文字符号与绘画融为一体，字中有画，山水成字，创造出文字山水画新意象。此时期的代表作品有"北京奥运——运动·阳光·健康"系列海报，独具中国特色的雕花木尺，充当了跑步、跨栏、举重、跳水、射箭等运动项目的设备，水墨运动的轨迹幻化为奥运健儿的矫健身姿，二者同构为"北""京""文"等汉字，顺理成章地表现出 2008 年奥运会所在地。中国传统文化的意蕴与精妙、西方现代设计中的点、线、面构成，在寥寥数笔中意尽形全（图 3-3）。除汉字以外，靳埭强还尝试将外文或地标元素与水墨融合，如《风无定》中以镜像韩文"风"表现东、西、南、北四个方位的风向（图 3-4）。《庆祝巴黎》将埃菲尔铁塔与中国佛塔融合，

图 3-3　"北京奥运——运动·阳光·健康"系列广告招贴/靳埭强/中国/2008

并以书法写出巴黎的单词"Paris",动静结合,以虚拟实(图 3-5)。《共生》则将雪山与"共"字以水墨同构,叠加瑞士国旗"十"符号,以气贯长虹的灵韵笔触,体现出"天人合一"的东方哲学(图 3-6)。

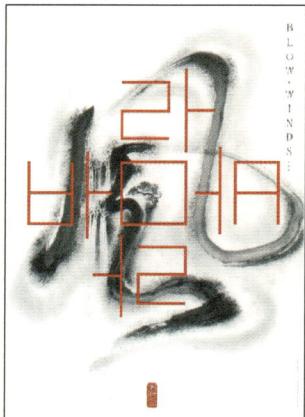

图 3-4 风无定/广告招贴/靳埭强/中国/2017

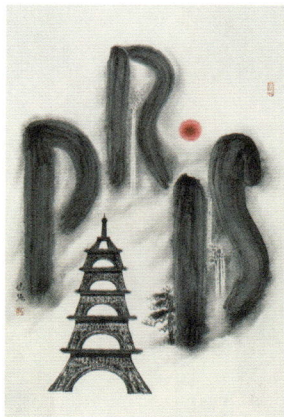

图 3-5 庆祝巴黎/广告招贴/靳埭强/中国/2014

图 3-6 共生/广告招贴/靳埭强/中国/2018

▶▶ 二、莫康孙广告作品:科学为起点,艺术为落点

莫康孙(Tomaz Mok),20 世纪 80 年代中国广告的拓荒先锋,引领中国广告转型升级的创新者代表,"中国广告四大教父"之一,戛纳、克里奥和纽约广告节常任评委,并获得如戛纳、克里奥、纽约广告节、伦敦广告节、龙玺华文奖、时报华文奖等高级别广告奖项。2002 年出版《老莫煲汤——莫康孙说广告》,为新一代广告人的成长输送营养。莫康孙从业 46 年,曾担任麦肯光明广告有限公司董事长、麦肯亚太区副总裁、中国广告协会教育委员会荣誉顾问。2015 年入选"中国广告名人堂",2017 年从麦肯荣退后,正式加入利欧数字并成立创意热店"MATCH·马马也",继续在广告界发光发热。

在麦肯期间,莫康孙带领的团队打造出多个深入人心的"爆款"广告,他秉承着广告是"对人的理解"这一创作理念,以科学合理的数据调研分析人、解读人,以此为起点展开联想;并运用生动的文字、新颖的画面、独特的音乐等艺术元素,把平凡生活提升至新的境界。如 2013 年中央电视台春节联欢晚会公益广告"回家篇"四部曲(包括视频和平面),广告创作初期进行了大量调研,最后筛选出四组具有代表性的人物:《回家篇·迟来的新衣》是骑行摩托车 1 300 多公里,从广东回贵州的进城务工夫妇;《回家篇·家乡的滋味》是经过 8 次换乘历时 35 小时,从非洲尼日利亚回中国东北的工程师;《回家篇·过门的忐忑》是经过 10 小时车程又转乘渔船,从重庆回福建见父母的小夫妻;《回家篇·63 年后的团圆》是阔别祖国 60 余年,首次跨越海峡与手足团聚的老人,他们的回家之路既平凡又特殊。

广告以"回家过年"这一全新视角聚焦进城务工人员、留守儿童、空巢老人及春运这些社会热点，重新诠释了"家文化"对于当代中国人的意义，向全社会传递爱国爱家、乐观进取、互帮互助的正能量。"回家篇"系列动用了2 000名群众演员，从南到北、从国内到国外，跨越中国广州、贵州、福建、黑龙江、上海、台湾，以及非洲等地，用艺术化的镜头记录最具烟火气的人间百态，将中国人对故乡的眷念演绎成一部爱的史诗（图3-7至图3-10）。

回家篇·
迟来的新衣

图3-7　回家篇·迟来的新衣/平面广告及视频广告/
莫康孙（麦肯光明）/中国/2013

回家篇·
家乡的滋味

图3-8　回家篇·家乡的滋味/平面广告及视频广告/
莫康孙（麦肯光明）/中国/2013

回家篇·
过门的忐忑

图3-9　回家篇·过门的忐忑/平面广告及视频广告/
莫康孙（麦肯光明）/中国/2013

回家篇·
63 年后的
团圆

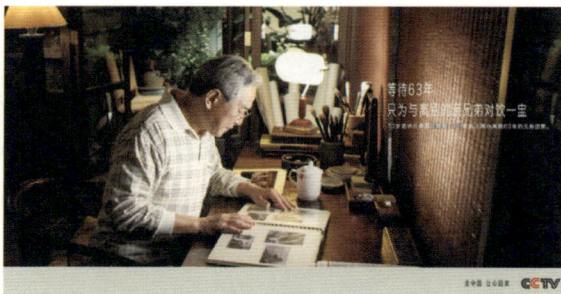

图 3-10　回家篇·63 年后的团圆/平面广告及视频广告/
莫康孙(麦肯光明)/中国/2013

三、许舜英广告作品：意识形态广告中的民族美学

　　许舜英,华文广告界最具话题性的创意人之一,台湾意识形态广告公司创始人,现任奥美时尚(Ogilvy Fashion&Lifestyle)首席创意官。在她执掌意识形态广告期间,以极具先锋意识和后现代意象的独特风格,缔造了无数个行业传奇,并斩获时报广告金像奖、亚太广告奖、龙玺创意奖等多个重量级奖项。她的作品既融入中国传统美学,又通过现代语言消解约定俗成的叙事逻辑,将看似不相关的事物联系在一起,激发消费者对商品的无限联想;她冷冽地洞察着消费者的内心,从不按图索骥地展现商品属性,而是营造出契合消费者心愿的购物情境,获取他们的共鸣;她让品牌为消费者背书,全面融入日常生活情境,不动声色地将品牌理念、审美和价值观传达给消费者,培养着他们的"美学自觉"。

　　在许舜英的代表作"台湾中兴百货"系列广告招贴中,为应对外来百货公司的强势竞争,她运用差异化行销思维,不再谈论商品的物质意义,不再把百货公司定位为单纯的购物场所,而是打造成中国创意文化的弘扬者和生活美学顾问,一举将中兴百货的销售额提升了 22 倍,20 年间连续创下全台湾百货公司坪效最高纪录。许舜英的广告中运用大量中华传统元素,把购物欲望美化为现代生活方式,把消费文化转化为本土流行文化。如在中兴百货《孔子篇》的广告招贴中,通过孔子对冬季服装搭配规范的见解"缁衣羔裘,素衣麑裘,黄衣狐裘"[1],对比现代人对服装搭

---

[1]　出自《论语》,原文为:君子不以绀缅饰,红紫不以为亵服。当暑,袗绤绤,必表而出之。缁衣羔裘,素衣麑裘,黄衣狐裘。白话文意思为:君子不用青中红或黑中透红的布做镶边,红色和紫色不用来做平常家居的便服。暑天,穿细葛布或粗葛布做的单衣,一定是套在外面。(冬天)黑色的衣配羔羊皮袍,白色的衣配小鹿皮袍,黄色的衣配狐皮袍。

配的见解"听过 mix&match① 吗？让我带你去中兴百货周年庆见识见识吧"，以全新的角度来解读流行、诠释商品、引导消费。在"台湾中兴百货·妖艳过年篇"中，将中国传统纹样、国画、戏曲头饰、西方宫廷礼服与现代服饰混搭，传统典雅与现代时尚在历史文脉中碰撞，衣服俨然被抽象为一种符号，一种给予刻板生活方式以重击的符号，一种表征着人类生活复杂多元、不断变化的符号（图 3-11、图 3-12）。

图 3-11　台湾中兴百货·孔子篇/
广告招贴/许舜英/中国/2005

图 3-12　台湾中兴百货·妖艳过年篇/广告招贴/许舜英/中国/2005

---

① mix&match 意为"混搭"，是一种将传统上因颜色、质地、风格、穿衣季节、文化背景等不同、本不应组合在一起的元素混合搭配、不拘一格的穿衣风格。

第二节　日本创意广告——双轨前进，兼收并蓄

日本广告风格与其文化发展轨迹不无关系，日本历史上出现过三次吸收外来文化的高潮：第一次是大化革新，谓之"唐化"，无论是思想、文字、建筑、艺术还是风俗习惯，都受中华文明影响颇深。在全面吸纳中国唐代文化元素之后，再进行本土化改造，最终形成自己的大和文化；第二次是明治维新，谓之"欧化"，从军事、技术、政治体制到生活习惯全面学习西方；第三次是第二次世界大战之后，日本政治、经济和意识形态等方面被美国改造，小心谨慎地吸纳着美国文化。因此，传统文化与现代潮流双轨并行、和风与洋风兼收并蓄、二次元与现实和谐共生，是日本广告创意的三大显著特点。

一、田中一光广告作品：传统元素中的现代构成

田中一光（ikko Tanaka），日本"国宝级"设计师，在世界平面设计界也有相当地位。曾获得华沙国际美术展览会银奖、讲谈社出版文化奖、ADC金奖、日本文化设计大奖、日本紫绶褒章等多项国内外奖项，并荣登"纽约艺术导师俱乐部"殿堂。田中一光非常善于寻找东西方设计美学的契合点，将西方构成表现主义和日本传统元素融合，对第二次世界大战后日本乃至全球设计界都产生了深远影响。田中一光像一名文化使者，一方面，他将日本传统文化融入现代设计，让全世界了解并认同日本的设计；另一方面，他又将现代设计概念引入日本，为第二次世界大战后的日本设计行业树立了新的审美范式。他一手策划和打造的"无印良品（MUJI）"就是最好的例子，以"展现产品本质、去繁就简、合适就好、无品牌"为创意核心，使该品牌迅速占领本土市场并成功走向国际（图3-13、图3-14）。

图3-13　爱无需修饰/广告招贴/
田中一光/日本/1981

图3-14　自然、当然、无印/广告招贴/
田中一光/日本/1983

在以"脸"作为主元素的设计中，田中一光巧妙地将日本传统文化符号"歌舞伎""浮世绘""能面"①等，糅合包豪斯构成主义表现形式，借助点、线与几何色块的协调组合，运用网格系统平衡不同类别视觉元素的秩序，制造出严谨又妙趣横生的画面效果（图 3-15 至图 3-18）。

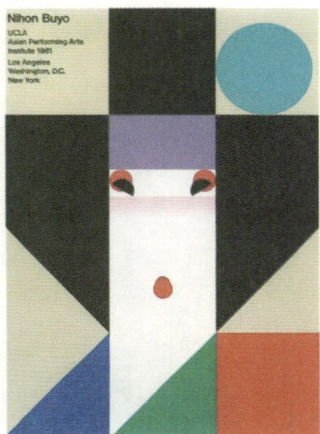

图 3-15　日本舞蹈/广告招贴/田中一光/日本/1981

图 3-16　Print 杂志/广告招贴/田中一光/日本/1984

图 3-17　写乐②两百年/广告招贴/田中一光/日本/1995

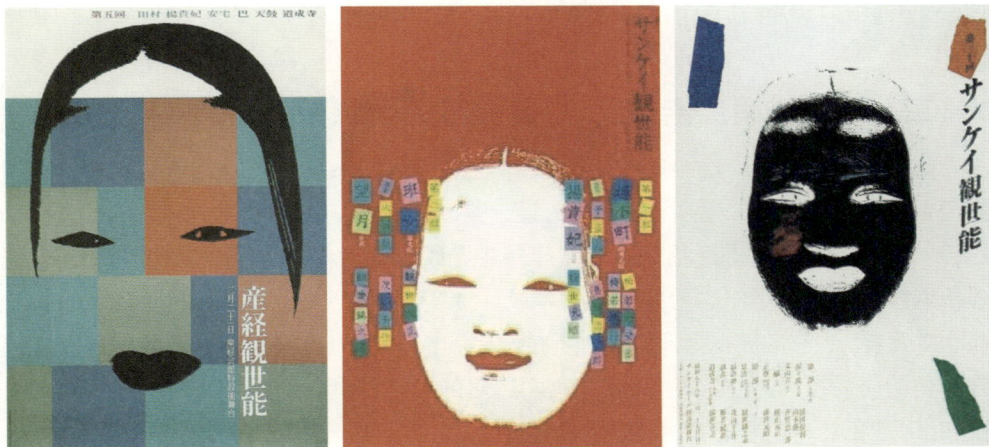

图 3-18　"产经观世能③"系列广告招贴/田中一光/日本/1958、1981、1983

---

① "能面"是日本传统戏剧艺术"能"剧所使用面具，多使用桧木雕刻，再上色彩而成，称为"打脸"，佩戴面具被称为"挂脸"。

② 写乐是日本江户时代的浮世绘大师，广告招贴中的眼睛和眉毛取自写乐原作的笔画。

③ "观世能"是指能剧大师观阿弥创立的"观世"流派，"产经"是冠名商"日本产业经济新闻社"的缩写。

　　田中一光设计的札幌冬季奥运会广告招贴，曾获"波兰国际海报双年展"特别奖。构图灵感来自日本装饰艺术流派中的琳派①，使用该派别的"溜込"技法，雪山群呈错落曲线状排列，以墨色浓淡盈瘦来表现视觉动势，与红日、雪花及五环符号交相辉映，举重若轻地给予空间平和坚实之感（图 3-19）。田中一光还偏爱通过色彩明度、纯度及清晰度的层次变化进行空间造型，引导观众进入作品"不可言传只可意会"的内在情绪（图 3-20）。

图 3-19　札幌冬季奥运会/
广告招贴/田中一光/日本/1968

图 3-20　*Music Today*/广告招贴/
田中一光/日本/1985

▶▶ 二、龟仓雄策广告作品：高度凝练的量感和张力

　　龟仓雄策（Yusaku Kamekura），日本现代广告奠基人之一，日本当代设计开山鼻祖，一生获奖无数。包括东京 ADC 金奖、每日产业设计奖、COGRADA 最高奖、拉赫蒂招贴广告双年展大奖，1960—1992 年在华沙国际招贴广告双年展中陆续斩获金奖、银奖和特别奖，1982 年被日本政府授予紫绶褒章。为了纪念他并推动日本设计继续前进，日本平面设计师协会以他的名义设立了龟仓雄策奖，这个奖被视为日本设计界的"奥斯卡"。作为第二次世界大战后日本在世界舞台崭露头角的门面担当，龟仓雄策将日式美学追求的自然和谐、至简至素，融入国际简约主义的严谨秩序，用高度凝练的形式表达丰富的内涵。

　　龟仓雄策为 1964 年东京奥运会设计的会徽及系列广告招贴，让世界看到了日本创意的力量。第一张招贴直接用会徽作为主图，将日本国旗的太阳图案放在最醒目的位置，这种具有显著日本特征的视觉符号辨识性强又便于记忆。金色的奥运五环与粗体"TOKYO 1964"交相辉映，托

---

① "琳派"是兴起于日本十七八世纪的装饰艺术流派，特色是使用金银箔作背景、大胆构图、反复使用型纸图案、"溜込"技法等。

起红色的太阳，象征着第二次世界大战后经济逐渐复苏的日本。第二张和第三张招贴运用了新型摄影技术，将人类体育竞技精神生动定格，是世界上最先使用照片的大型广告。除此之外，所有官方正式文件、证书以及纪念品全部统一视觉符号，这种极具量感的强势宣传，让世界感受到日本蓄势待发的张力（图 3-21）。

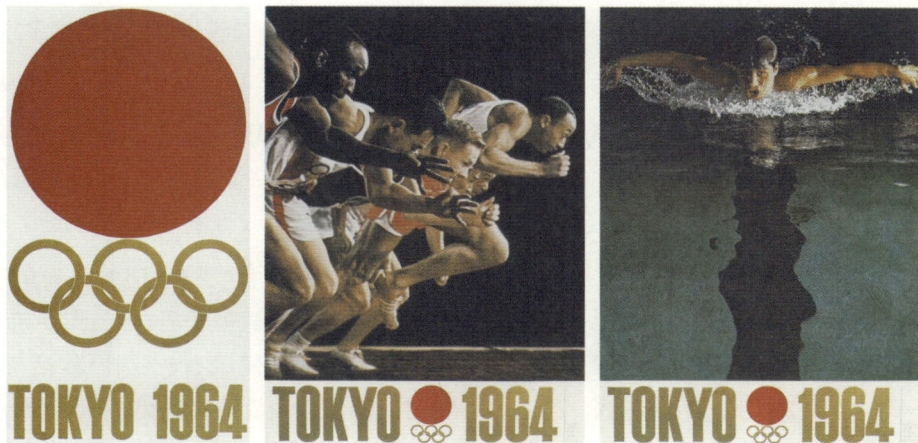

图 3-21 1964 年东京奥运会/系列广告招贴/龟仓雄策/日本/1961、1962、1963

龟仓雄策喜好使用日本家徽纹饰和传统色彩作为创意元素，如浮世绘中的红色、黑色、白色和金色，并积极探索现代几何图形的结构规律，通过发射骨格构成，创造出新型的"光效应"视觉符号（图 3-22、图 3-23）。

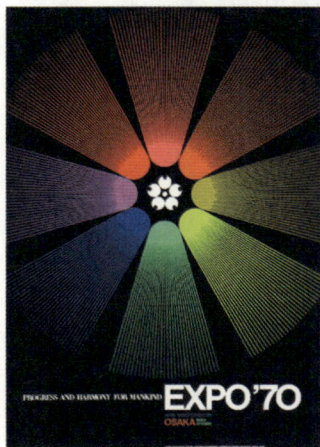

图 3-22 大阪万国博览会/
广告招贴/龟仓雄策/日本/1970

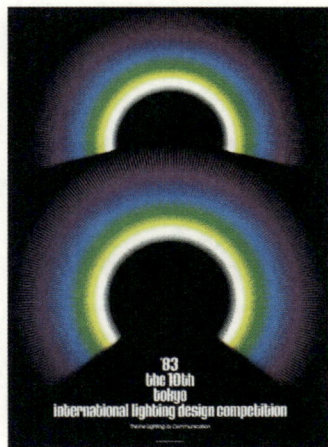

图 3-23 第十届东京国际照明
设计竞赛/广告招贴/
龟仓雄策/日本/1983

▶▶ 三、佐藤晃一广告作品：光与色的诗意栖居

佐藤晃一（Koichi Sato），日本设计界的"色彩魔法师"，是第二次世界大战后日本商业化设计热潮中最具文化内涵的新一代平面设计师。佐藤晃一早年任职于著名化妆品公司"资生堂"广告宣传部，后成为一名独立设计师。1982年至1987年任东京艺术大学设计专业客座讲师，现任多摩美术大学教授，国际平面设计联盟（AGI）会员。曾获得东京ADC最高奖、华沙海报双年展艺术家协会奖、华沙海报双年展铜奖、布鲁诺国际平面设计双年展特别奖、德国交流设计展最高奖等多项国内外奖项。

因精通于日本俳句（haiku）①，又醉心于禅宗文化研究，佐藤晃一的作品无不带着含蓄隽永的诗意、渗透着宁静深幽的禅意。他善于运用明与暗、动与静、传统与现代、和式与西式的对比，体现辩证统一的禅宗思想；更擅长在形体、色彩与光线三者中把握平衡，让平平无奇的物饱含诗情画意：或轻歌妙舞，富纤巧之意；或旷达自然，富风雅之寂；或雅俗并置，富诙谐之趣。

《新音乐媒体，新魔法媒体》广告招贴是佐藤晃一的成名之作，他充分利用了胶版印刷更富层次的色阶表现，无色系的背景、器皿、鱼与有色系的水面看似矛盾，却因为使用了喷笔进行羽化处理，和谐地交融在一起。黑白灰中的一抹幽蓝，平静中隐藏着一丝神秘，恰与作品主题"新音乐""新魔法"不谋而合（图3-24）。《日本海报·苏黎世设计博物馆》中准确阐释了德国包豪斯和国际主义风格工整凝练的秩序，却未被技术理性的冰冷所挟裹，而是一种感性的、富有节奏感的秩序，显露出内在的张力与别样的日式风情（图3-25）。

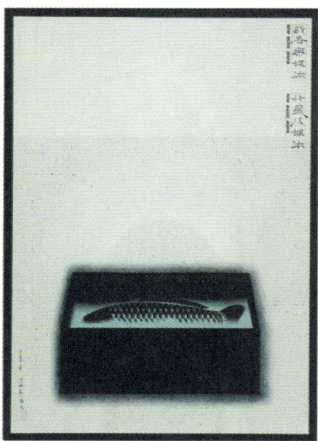

图3-24 新音乐媒体，新魔法媒体/广告招贴/佐藤晃一/日本/1974

图3-25 日本海报·苏黎世设计博物馆/广告招贴/佐藤晃一/日本/1993

---

① 俳句，日本的一种古典短诗，起源于中国古代汉诗绝句。由"五—七—五"，共十七字音组成；以三句十七音为一首，首句五音，次句七音，末句五音。在用词或句意上会规定用某一季节的"季语"。

在《世界设计博览会》和《现代海报·纽约现代艺术博物馆》广告招贴中，佐藤晃一表现出绚烂之极归于虚无的日式禅宗美学，招贴均使用互补色渐变过渡，加上现代感极强的排版，这种矛盾统一的关系，象征着日本民族狂放又收敛的性格（图 3-26、图 3-27）。

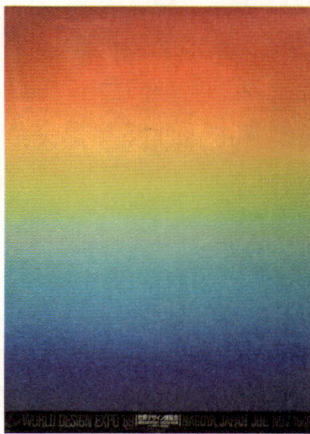

图 3-26　世界设计博览会/
广告招贴/佐藤晃一/日本/1989

图 3-27　现代海报·纽约现代
艺术博物馆/广告招贴/
佐藤晃一/日本/1988

第三节　韩国创意广告——推陈出新，动静结合

韩国是东亚广告大国之一，近十年来其广告业产值的世界排名一直保持在第 10 名左右，并被政府视作"市场经济的贸易之花"。值得一提的是，韩国的广告产业 80% 都隶属于三星、现代、LG、SK 四大财团，被称为"In-house"模式。20 世纪 60 年代中期至 70 年代初期，韩国广告以具象绘画为主，多直接展现商品内容和促销信息，在创意理论上沿袭美国，在表现手法上模仿日本，还未形成具有本国特色的广告风格。20 世纪 70 年代末期至 80 年代中期，在韩国政府保护本土产业免受外国竞争侵扰，帮助其发展壮大的背景下，隶属于财阀集团的本土广告公司迅猛发展，并逐渐与国际接轨，广告的社会化和专业化程度越来越高，不断推陈出新，既保持财团背景的端庄，又加入外来文化的活力。

为体现企业（财团）的人文关怀，并彰显其对社会发展的推动作用，韩国会推出大量将产品技术与民生问题相结合的公益广告。或娓娓道来，宁静温馨；或语气昂扬，发人深省；或喧闹夸张，笑中带泪。除此之外，受"外貌至上主义"社会风气的影响，韩国 70% 的商业广告以当红艺人为主角,通过唯美动人的情节、富有质感的画面和俊男美女的演绎,将产品特性与韩国的社会风俗、审美偏好及情感触点相结合。

▶▶ 一、李济锡：玩转环境的魔法师

李济锡(Lee Jes-ki),被誉为"韩国广告天才",毕业于地方大学,因就业不顺赴美,进入纽约视觉艺术学院广告专业深造,凭借过人天赋及绝佳创意,仅用两年时间他便崭露头角,在各大国际广告节上席卷 30 多个奖项。之后他毅然回韩国并于 2009 年成立了"李济锡广告研究所",以创作发布公益广告为主要业务。2013 年,韩国 KBS 电视台专门以他为蓝本拍摄了一部韩剧《广告天才李泰白》,并在全国热播。李济锡被称为"韩国公益广告第一人"。

李济锡非常善于利用现场环境,打破固有观念,在产品特性和信息载体间找到结合点,将平平无奇的物件改造成妙趣横生、触动受众心灵的"魔物"。如为某假发品牌设计的户外广告中,为体现"量身定做,手工制发"的诉求点,李济锡设计了一组"魔性"十足、可以 DIY 发型的海报,投放在地铁站、大型商场、办公大楼等人流密集的场所。画面上是一位秃顶的中年大叔,背景是可撕下粘贴的黑色细条型"便利贴",路人可根据自己的想法,为大叔"设计"发型。通过互动体验击穿因信息过载而形成的壁垒,激发消费者二次传播(图 3-28)。

图 3-28　量身定做,手工制发/户外广告/李济锡/韩国/2010

　　在为非营利团体"全球和平联盟"做的反战宣传广告中,李济锡充分利用户外常见的立柱造型,普通的战争纪实摄影经由载体变化产生出人意料的效果——照片围绕柱子一圈后,原本指向对方的武器最终指向自己(图 3-29)。在提醒民众勿乱打报警电话的公益广告中,李济锡形象地将电话听筒置换成警察的脚,告诫人们无效报警会占用有限的警力资源,犹如抓住紧急出警的警察的脚,影响真正需要帮助的人(图 3-30)。

图 3-29 *WHAT GOES AROUND,COMES AROUD*/户外公益广告/李济锡/韩国/2008

图 3-30 请勿乱拨 112 报警电话/户外公益广告/
李济锡/韩国/2009

▶▶ 二、安尚秀:"韩字"中的文化再造

　　安尚秀(Ahn Sang-soo),被誉为"开启韩字新纪元"的设计大师,曾担任国际平面设计协会副主席、韩国弘益大学艺术与设计学院教授、中国中央美术学院客座教授。1985 年创造了"安

尚秀体",并不断推进韩文字的现代化与国际化。他不断挖掘韩字与不同领域融合的可能性,打造以韩字为基点的文化创意体系,并获得许多奖项:如德国莱比锡古登堡奖、国际平面设计师组织联合会教育奖、DFA亚洲设计终身成就奖等。2012年安尚秀创办了独立设计学校"PaTI(Paju Typography Institute)",注重培养学生全方位的思考和实践能力,并设置各种研讨会和工作坊,被称为韩国的"包豪斯"学院。

在代表作"韩字创制·周年纪念"系列广告招贴中,安尚秀大胆拆解字体结构,突破传统书写方框,转化为几何造型,让韩字设计不再局限于单一的美学概念,而是与自然风光、城市街道和居民住宅融为一体,成为开启多元文化通道、联结物质与精神桥梁的"符码"(图3-31)。

图3-31   韩字创制·周年纪念/广告招贴/安尚秀/韩国/2003、2004、2005

安尚秀将东方哲学中"和而不同"的思想融入创意,让受众从文字演变中窥见浩瀚历史,探索文字背后的文化内涵。在作品 *From Alpha To Hiut* 中,安尚秀将罗马字母表的第一个字母"a"(Alpha),与韩字最后一个表音字母"ㅎ"(Hiut),通过一条类似电话线的图形连接在一起,体现韩国文化与西方文化的交流——既要保持独立的民族意识,又要努力与世界接轨,不同文化通过白纸黑字和谐共鸣(图3-32)。他将有机生命注入无生命字符中,让文字"活"了起来。如为韩国SK电信和金芝河诗集宣传所做的广告中,韩字兼具了美学与沟通的双重特性,展现人类沟通语汇中隐含的符号意象(图3-33至图3-34)。

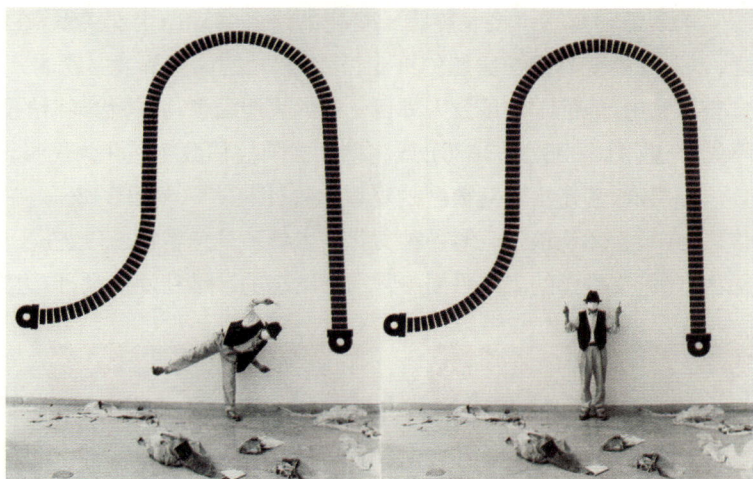

图 3-32 *From Alpha To Hiut*/墙体广告/安尚秀/韩国/2011

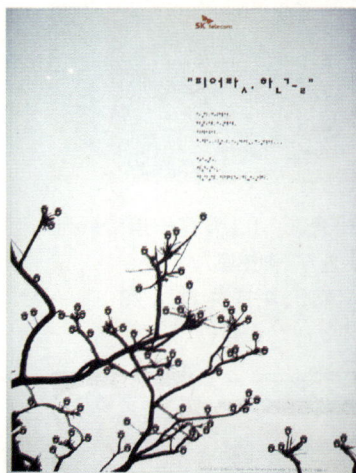

图 3-33 SK 电信·梅花绽春/
广告招贴/安尚秀/韩国/2005

图 3-34 诗人金芝河·诗集
出版宣传/广告招贴/
安尚秀/韩国/2005

▶▶ 三、李素阳和夏基洪:律动十足的视觉变奏

李素阳(Lee Su-hyang)和夏基洪(Ha Ji-hoon)是韩国新锐设计师组合,2015 年既是情侣又是搭档的俩人在首尔成立了名为 "Pa-i-ka" 的工作室,以 "不断挖掘文化、公众价值及社会热点" 作为驱动力,通过多样化视角和素材,展现广告对象更具价值的含义。二人的作品以高产、高水准著称,深受韩国本土文化机构与展览中心的青睐。

　　李素阳和夏基洪擅长在错综变化的线条中理出主次关系，在纷繁芜杂的色彩中进行增减处理，以形式的变奏回应主题的不变，又以形式的深化解读主题的万变。如在为艺术类机构设计的广告招贴中，他们常使用令人耳目一新的大胆配色，并将包豪斯的网格系统应用在构图中，感性中不失严谨（图 3-35、图 3-36）；或将韩文或阿拉伯数字转化为图形，通过疏密有致的排版与色彩区分信息层次，营造出妙趣横生的观看体验（图 3-37 至图 3-39）。在为首尔东崇艺术中心所做的宣传广告中，为体现该中心对各种文化艺术体裁的包容性、开放性及复合性，以一点透视让文字呈放射状排列，在静止的二维平面中营造出动态的三维空间错觉，传达出一种内在张力（图 3-40）。

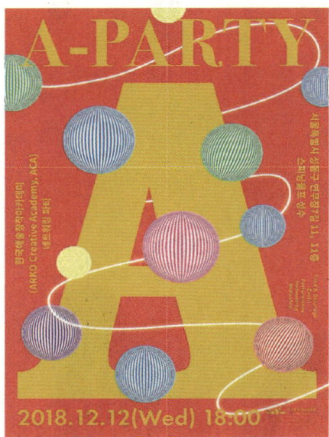

图 3-35　韩国艺术创意学院派对/广告招贴/李素阳、夏基洪/韩国/2018

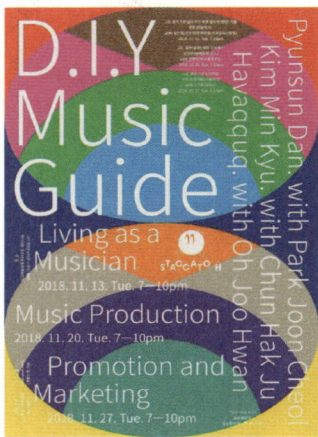

图 3-36　D.I.Y. 音乐指南系列讲座/广告招贴/李素阳、夏基洪/韩国/2018

图 3-37　首尔九老区厅艺术团招募/广告招贴/李素阳、夏基洪/韩国/2019

图 3-38　24 小时话剧班/广告招贴/李素阳、夏基洪/韩国/2019

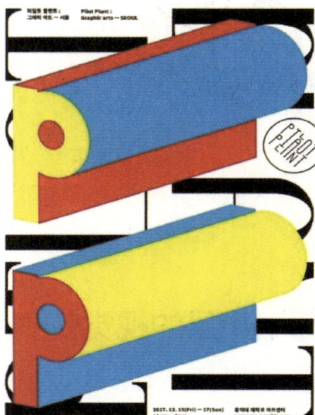

图 3-39　Pilot Plant·图形艺术试点工厂/广告招贴/李素阳、夏基洪/韩国/2017

图 3-40　东崇艺术中心/广告招贴/李素阳、夏基洪/韩国/2019

第四节　泰国创意广告——平民视角，万物有灵

在整个亚太地区，泰国被公认为是一个拥有高水平广告创意的国度，从 20 世纪 90 年代中期开始，这匹"黑马"就在世界五大广告节（克里奥、戛纳、莫比、纽约广告奖）中所向披靡、战绩辉煌。泰国是一个佛教大国，90% 以上的人口都是佛教徒，所以，泰国广告很少出现明星或社会知名人士，多采用平民视角，体现普通百姓面对困境、压力或意外时，直击苦厄并努力超越苦厄的人生态度。泰国人相信万物皆有灵性，动植物也常常作为主角出现。广告题材均来自质朴自然的日常情景，从不回避人性的脆弱与绝望，亦不掩饰生活的现实与功利，并辅以景观化叙事、戏剧性情节和细节化镜头，让观众在剧情渲染中产生情感共鸣，回归朴素的社会价值共识。

一、塔诺柴·索兰苏维采：嬉笑怒骂皆温情

塔诺柴·索兰苏维采（Thanonchai Sornsriwichai），泰国广告界的标杆性存在，戛纳广告节荣誉导演之一。作为泰国知名广告公司 Phenomena 的导演，由他执导的作品先后斩获戛纳、D&AD、克里奥、Spikes 等多项广告大奖，该公司曾被目前最权威的广告评估报告——全球创意报告（The Gunn Report）评为获奖最多的广告公司。他个人也是全球得奖最多的广告导演，仅 2006 年就囊括 26 项个人奖，其中包括两项"戛纳金狮奖"。

塔诺柴出身于清迈小镇，自小跟随警长父亲走街串巷、巡访民情，丰富的生活体验让他对人性和社会的刻画入木三分。他从不以说教的方式告诉你答案，而是把人间百态或普世价值，通过嬉笑怒骂的方式，润物细无声地推给你，让你笑过或哭过后去思考。他的广告总会抓住每个普通人都会有的小美德、小缺点和小心思，聚焦日常生活中遇到的小快乐、小情绪和小伤感，让冷冰冰的商品借助与消费者情感上的共鸣而变得温情脉脉，拥有人性的光辉。

如被中国网友疯转的"潘婷（pantene）"洗发水广告 *You can shine*，讲述了一个热爱小提琴的聋哑女孩追求音乐梦想的故事（图 3-41）。因为天生缺陷，女孩的学琴之路异常艰辛，受尽了同学的嘲讽打击，没人理解一个聋哑人学小提琴的意义何在。在几近放弃之时，她在街上看到了一位同是聋哑人的小提琴演奏者，他用手语鼓励她"音乐，只要你闭上眼睛，就能看见"。在他的激励下，女孩苦练小提琴并参加了演奏比赛。当她站在舞台上时，四周一片寂静，女孩闭上眼睛，耀眼的灯光照在她倔强的脸庞上，秀丽的发丝迎风飘扬，与激烈的旋律合二为一，那一刻她就是最耀眼的明星。最后打出广告语"Pantene，you can shine！"［潘婷，你能行（型）！］。

在给百乐汽水创作的广告中，没有俊男美女，只有一地鸡毛的生活。炎炎夏日，在嘈杂忙乱的小吃店里，丈夫忙着做菜，妻子忙着传菜，蓬头垢面的人物形象似乎和罗曼蒂克相去甚远。焦头烂额的妻子手里拿着一瓶汽水，扯着嗓门不停问店里的客人"百乐谁叫的？"，众人摇头。突然，丈夫不动声色地回答了一句"我叫的"，妻子诧异"叫给谁？"，丈夫边忙活边回答"给你的"，妻子继

You can shine

图 3-41　*You can shine*/视频广告/塔诺柴·索兰苏维采/泰国/2008

续不解"叫给我干嘛？"，丈夫回答"因为看你累呀！"，画面突然定格，四周变得安静起来，一阵清风拂过妻子的脸，吹起她的发丝。周围的客人猝不及防地被喂了一嘴"狗粮"。俩人如偶像剧一般，四目相对，背景音乐响起，丈夫为妻子打开瓶盖，插上吸管，送到她嘴边，旁白响起"一句话就够，听进心里就爽快"（图 3-42）。广告摆脱了惯有的产品卖点教育，通过故事的转折和情绪的渐进，将百乐汽水主打的"畅爽与快乐"融入剧情，既让品牌潜移默化地深入人心，引发二次甚至多次传播；还能在情感营销过程中加深消费者的品牌认知，让其对品牌文化更加认可，圈粉无数。

▶▶ 二、素森·佩奇素温：脑洞大开神反转

　　素森·佩奇素温（Susen Pagesuwan），泰国知名广告导演，曾数次荣获戛纳广告节金狮奖。据全球广告创意报告统计，他的获奖数量在广告导演群体中排名世界第四。素森的广告作品总会让观众产生在看电影大片的错觉，他擅长铺垫，注重氛围营造，当观众进入某个情境中时，突然来个"神转折"引出高潮。除了脑洞大开的情节，素森还始终不忘点出与产品的联系，将剧情与产品特性巧妙结合，让人在忍俊不禁的同时记住产品特点。2015 年受邀为中国家居品牌"红星美凯龙"拍摄"怪诞风"广告《爱家，因为家爱我们》，剧中所有家具都是人类变成的。同年为天猫"双

百乐汽水·百乐谁叫的

图 3-42　百乐汽水·百乐谁叫的/视频广告/Thanonchai Sornsriwichai/泰国/2016

十一"大促拍摄"魔性风"广告《Ready 购》，被中国行业媒体评为"2015 双十一最佳创意"之一。

素森的成名之作是同时斩获戛纳铜狮奖和金铅笔奖的《"黑猫"牌威士忌》广告，短短几分钟的故事里埋设铺垫、夸张、对比等多重手法，不露痕迹却又将你的情绪层层推高，最后一个力道十足的"神转折"，令整个故事回味无穷（图 3-43）。

影片讲述了某帮派大佬收到线报，因拖欠他债务而东躲西藏的男人"阿林"，居然（还有钱）喝威士忌。大佬一怒之下，动用了上百辆汽车、直升机和打手，浩浩荡荡地去他的住所算账。剑拔弩张之时，大佬呵斥阿林："听说你发财了？"通风报信的线人附和道："有办法喝威士忌，竟然没办法还钱？"阿林满脸委屈地回答："这瓶威士忌才 130 元。"大佬露出了难以置信的神情并反问："威士忌一瓶才 130 元？"然后仰天狂笑。此刻，阿林默默拿起了威士忌，特写写有"黑猫威士忌"字样的瓶身，大佬顿悟说："哦，泰国的威士忌，请我喝一杯吧。"俩人冰释前嫌。

在斩获戛纳银狮奖的作品 SHERA 牌天花板广告《蜥蜴的爱情》中，他将该品牌天花板结实耐磨的卖点，转化为剧中的泪点（图 3-44）。一对蜥蜴情侣在二楼，你侬我侬之时，天花板忽然裂开一条缝，一只蜥蜴失足，摔死在楼下父子三人的棋盘边。错愕之间，另一只蜥蜴因伤心过度，从缝中跳下殉情。儿子责备父亲说："为什么不用 SHERA 牌天花板，不然就不会发生这样的事了。"然后画面一转，全换成了 SHERA 牌天花板。Susen 广告中的反转并不简单体现在剧情上，而是渗透在拍摄角度、剪辑手法、音效编排等各个环节中，多线并进地服务于情节走向，无厘头中蕴藏着善良，因此总能跨越地域、种族、文化和信仰，拨动绝大多数人共情的弦。

阿林喝威士忌??

全部到他家

聽說你發財了嘛

有辦法喝威士忌

"黑猫"牌威士忌

但竟然沒辦法還錢

這瓶威士忌才130元的大哥大

威士忌一瓶才130元??

BLACK CAT WHISKY

泰國威士忌耶........

图 3-43   "黑猫"牌威士忌/视频广告/素森·佩奇素温/泰国/1997

蜥蜴的爱情

图 3-44   蜥蜴的爱情/视频广告/素森·佩奇素温/泰国/2007

▶▶ 三、帕威特·奇特拉科恩：小人物的平凡与伟大

帕威特·奇特拉科恩(Phawit Chitrakorn)，泰国奥美广告首席创意总监。在第 46 届戛纳广告节上，他带领的团队夺得了一银一铜，与获得银狮奖的中国香港 BBDO 一同打破亚洲地区无此奖项的历史。他非常善于在广告中刻画形形色色的小人物，除了邀请平民出演，许多作品都是基于真实故事改编，展现泰国人对待世间百态和人生困境时的自嘲、幽默和豁达。如为泰国电信运营商"TrueMove"拍摄的广告《慈悲是最美的沟通》(*Compassion is true communication*)，采用倒叙方式，讲述了一名士兵被俘虏后遭受非人虐待，在他奄奄一息地向周围人求助却被漠视，几近绝望地说出"不再相信这个世上仍然有神"时，一名当地女孩在深夜偷偷探视，她没有说一句话，只是握住了他的手，那一刻，悲天悯人的光辉穿透战争的雾霾，重新唤起了战俘生的希望和信仰。虽然女孩被发现后遭到毒打，却因为自己的善举重塑了士兵的余生。

多年后，士兵的女儿来到泰国寻找当年的女孩，已是老妪的她却没有料到，因为自己的一念之善，让士兵倾尽一生向需要帮助的人传递这份慈悲，为观众道出"true communication"的真谛是慈悲，展现了 TrueMove 公司"以人为本，至真至善"的经营理念，将人文关怀与商业价值同时展现(图 3-45)。在 3 分钟的广告叙事中，摆脱了公共伦理及社会道德的强制局限，通过对小人物自身的主体性建构及心理演变，发掘他们内在自律的良善本质和不断超越的潜力，将世俗生活的平凡与宗教信仰、价值哲学和人性伦理等宏大叙事进行了关联。

图 3-45　慈悲是最美的沟通/视频广告/
Phawit Chitrakorn(Ogilvy & Mather Thailand)/泰国/2015

第五节　美国创意广告——自由奔放，多元融合

美国是世界上广告业最发达的国家，美国广告在题材上充分吸收其他国家、民族的文化营养，将美国式精神理念植入其中，再进行本土化融合和商业化包装，改造成既能被美国的主流文化接受，又能在全球化文化中获得认同和共鸣的形式。美国文化崇尚个人主义和实用主义，推崇超前消费，重视物质享乐。因此，美国广告在创意风格上自由奔放，彰显独特个性；在广告内容建构上不断暗示受众通过购买商品获得社会身份、区分社会阶层、获得理想生活、充实人生梦想。

▶▶ 一、李·克劳：致广告的情书

李·克劳（Lee Clow），美国西海岸"广告狂人"的代表，曾担任著名跨国广告公司腾迈（TBWA）的全球媒体艺术总监，创作了许多革命性的广告作品。如为苹果公司策划的大型品牌活动"不同凡响"（Think Different），让阿迪达斯业绩逆袭的"一切皆有可能"（Impossible is nothing）。他的职业生涯开始于一所名不见经传的小公司 Chiat/Day。20 世纪 80 年代初，Chiat/Day 与 Regis McKenna 广告公司并购后，李·克劳开始了与苹果公司的首次合作。1996 年，Chiat/Day 被 Omnicom 集团收购后与 TBWA 合并为 TBWA/Chiat/Day，由李·克劳担任创意总监。2006 年李·克劳提议 TBWA 为苹果公司设立创意与媒介一体的独立团队，于是 TBWA/Media Arts Lab 成立，由李·克劳担任首席创意官，2019 年荣退后转为荣誉主席。

在美国超级碗（Super Bowl）[1] 期间为苹果公司创作的电视广告《1984》，让李·克劳一战成名，也让该广告成为苹果公司历史上的封神之作（图 3-46）。1984 年 1 月，为了推广苹果公司即将发布的 Macintosh 电脑并与 IBM 对抗，李·克劳以乔治·奥威尔（George Orwell）[2] 的反乌托邦小说《一九八四》为蓝本创作广告。片中一群面无表情、剃着光头、穿着统一、像被批量生产出来的人，迈着整齐的步子进入一个房间观看"老大哥"的训话。突然，一位身穿白色苹果 T 恤的女性冲进来，抢起铁锤砸碎大银幕上正在训话的"老大哥"，低沉的旁白出现："1 月 24 日，苹果电脑公司将会发布 Macintosh 电脑。而你也将明白，为什么 1984 不会成为'1984'。"暗示苹果电脑将作为新生力量，打破 IBM 在 PC 界的"统治"，传达了彼时苹果的核心目标——掌管科技的权利不应在少数人手里，而应在平民百姓手里。

入行 50 多年来，李·克劳始终如一地写着给广告的情书——简单纯粹、直击人心。毫无疑问，

---

① 超级碗（Super Bowl）是美国职业橄榄球大联盟（NFL）的年度冠军赛，美国人对其重视程度不亚于中国人年三十守"春晚"。超级碗的中场休息也是美国最昂贵、最具创意的广告时段，据官方调研，观众对中插广告的喜爱度甚至超过了比赛本身。

② 乔治·奥威尔，英国著名小说家、记者和社会评论家，第二次世界大战中曾在英国广播公司（BBC）从事反法西斯宣传工作。代表作《动物庄园》和《一九八四》均是反极权主义的经典名著。

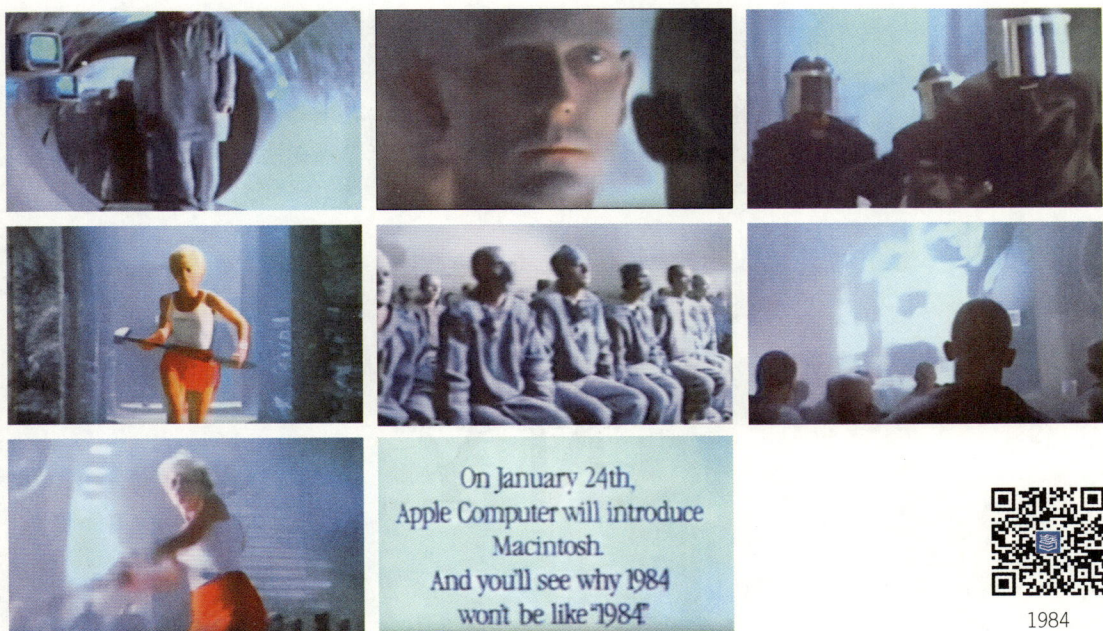

On January 24th,
Apple Computer will introduce
Macintosh.
And you'll see why 1984
won't be like "1984"

1984

图 3-46　1984/电视广告/李·克劳/美国/1984

他的广告理念是具备前瞻性的，在新兴媒介技术和沉浸式传播还未普及时，李·克劳就非常注重广告内容的深度营销，将品牌核心价值渗透在与品牌相关的每一个触点上；通过娱乐化运作，把品牌信息融入多维场景中，进行多形式的品牌展示，360°全方位地触达消费者内心。

▶▶ 二、米尔顿·格拉瑟：设计纽约的人

　　米尔顿·格拉瑟（Milton Glaser），一位生于纽约、长于纽约、逝于纽约的设计师、艺术家、出版人和策展人，前纽约视觉艺术学院教授，纽约文化标杆 New York 杂志创始人。1954 年联合西蒙·切瓦斯特（Seymour Chwast）和爱德华·索雷尔（Edward Sorel）创办了 20 世纪最具影响力的设计公司——图钉工作室（Push Pin Studios），以自由活泼、融合多种艺术形式和个人观点的"图钉风格"，开创了美国乃至世界平面设计的新时代，让美国的观念形象设计影响世界。米尔顿是唯一在美国现代艺术博物馆和法国蓬皮杜艺术中心举办过个人展览的平面设计师，库珀·休伊特国立设计博物馆"终生成就奖"获得者，也是美国历史上首位被授予"国家艺术奖章"的设计师。他的作品贯穿半个世纪的设计史，但最为人称道的还是他为纽约留下的设计丰碑。

　　20 世纪 70 年代后期，受冷战余波影响的纽约州经济萧条，充斥着混乱、肮脏和暴力，为了振兴旅游观光产业，米尔顿受纽约州政府邀请，为其设计广告词和标志。于是，"I love NY"（我爱纽约）这个世界闻名的标志诞生了，与此标志相关的各项宣传物料也被用于纽约州的旅游广告

中。图形由大写字母"I""N""Y"及代替 love 的红心组成,字体是最常见的 Slab Serif 字体,流畅的衬线简单又吸睛,红色桃心打破纯文字排列的沉闷,牢牢锁住观众视线。这个著名的图形被印在世界各地的服饰、箱包、文具和餐具上,它超越了广告的范畴,已然成为一个流行文化符号,直至今天在全球各大城市都能看到它的衍生设计。因为深爱着纽约,米尔顿在初期就出让了 logo 版权,这个作品每年获得的数千万美元收益,全部被用来发展纽约州的经济(图 3-47 至图 3-49)。

图 3-47 我爱纽约/初步设计手稿/
米尔顿·格拉瑟/美国/1977

图 3-48 我爱纽约/城市标志/
米尔顿·格拉瑟/美国/1977

图 3-49 我爱纽约/标志宣传应用/
米尔顿·格拉瑟/美国/1977

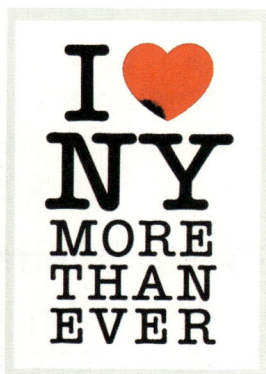

图 3-50 我比以往任何时候都爱纽约/
城市标志/米尔顿·格拉瑟/美国/2001

在美国遭受"9·11"恐怖袭击之后,格拉瑟设计了一个升级版本"I Love NY More Than Ever"(我比以往任何时候都爱纽约)。红心左下角有一小块被烧焦的痕迹,象征着纽约世贸中心遭遇袭击后带来的伤痛。这个新 logo 再次被大量地印制在各种传播载体上,安抚了人心,凝聚了民心,帮助纽约走过艰难的时刻(图 3-50)。除为纽约的设计之外,米尔顿还有许多出色的作品,其中为著名歌手鲍勃·迪伦的音乐精选集创作的广告招贴,将鲍勃·迪伦的侧面剪影与当时盛行的迷幻艺术风格融合,他歌曲中如诗如幻的象征主义和神秘主义色彩跃然纸上,因此被评为历史上影响力最大的十幅招贴之一。2015 年，米尔顿应邀为美国 AMC（American Movie Classics）电视台热播剧《广告狂人》最终季设计招贴，可以看作是他对自己设计生涯的回顾吧（图 3-51 至图 3-53）。

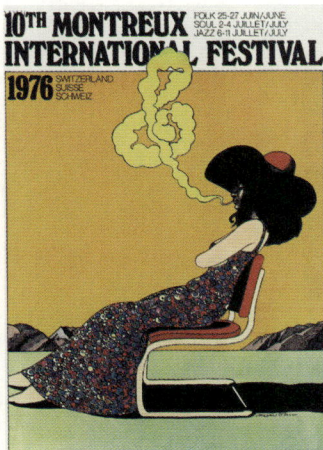

图 3-51　第十届蒙特勒国际音乐节/广告招贴/米尔顿·格拉瑟/美国/1976

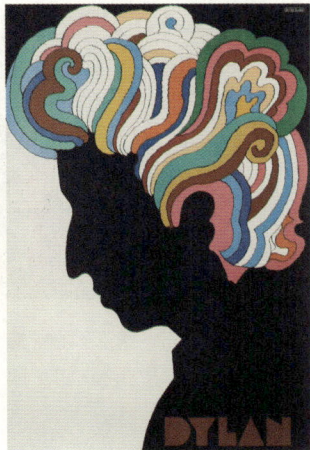

图 3-52　鲍勃·迪伦音乐精选集/广告招贴/米尔顿·格拉瑟/美国/1966

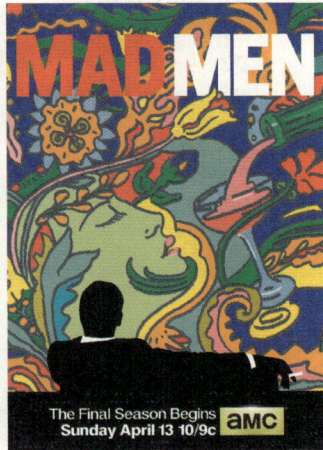

图 3-53　广告狂人最终季/广告招贴/米尔顿·格拉瑟/美国/2015

三、西摩·切瓦斯特：观念形象表达

西摩·切瓦斯特（Seymour Chwast），美国观念形象设计代表人物之一，与日本的福田繁雄、德国的岗特·兰堡并称"世界三大平面设计师"。20 世纪 50 年代初，西摩与同来自库柏州立艺术学院的校友共同出版了一本小册子《图钉年鉴》，以推广他们的设计作品，并发起了一场与当时占据主流的"瑞士国际主义风格"分庭抗礼的运动。

西摩的作品丢弃了刻板的商业化设计范式，将价值观念、生活体验和艺术趣味融入设计主题，幽默诙谐又灵动。在设计表现上，他广泛汲取各时期、各门派的艺术特色，如新艺术主义和装饰艺术、19 世纪木刻、美国早期绘画、俄罗斯构成主义等，凭借着高超的美学素养进行再创造，自由又不乏理性思考。如著名的反战广告《消除口臭》（End Bad Breath），将强烈的个人观念通过极具象征性的图形符号表达，让观众一目了然。主图形是头戴星条旗高礼帽的"山姆大叔"，具有鲜明的美国特色。山姆大叔张着嘴，嘴里是正在投放炸弹的飞机和遭受轰炸的城市，配以"消除口臭"的广告标语，用以影射美国在越南战争中臭名昭著的恶行，以黑色幽默的漫画手法来表现反战主题（图 3-54）。在为第 25 届特柳赖德电影节（Telluride Film Festival）设计的广告招贴上，西摩用鲜明的色彩和简单的线条勾勒出一幢老式电影院，人们从四面八方赶来，准备进入影院"观影"，充满着浓郁的生活气息（图 3-55）。

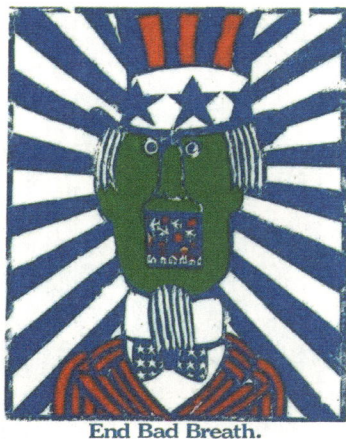

图 3-54   消除口臭/广告招贴/
西摩·切瓦斯特/美国/1967

图 3-55   第 25 届特柳赖德电影节/
广告招贴/西摩·切瓦斯特/美国/1998

　　粗犷豪迈的美式幽默、中产阶级审美情趣和消费主义文化符号在西摩的作品中被调和,他从不局限于设计对象的固有形,而是通过改变物体各部分的排列组合方式,制造出人意料的视觉效果。所以,"第 40 届阿斯彭国际设计会议"的宣传广告中充满怪诞诙谐的气息,犹如设计师们天马行空的想法(图 3-56);而在美国公共电视网发行的戏剧《尼古拉斯·尼克尔贝》(*Nicholas Nickleby*)宣传广告中,西摩运用图形元素的嫁接,展示了主人公虽然被裹挟、被压制,却依然保持绅士品格,其表现手法与狄更斯妙趣横生的文风十分吻合(图 3-57)。

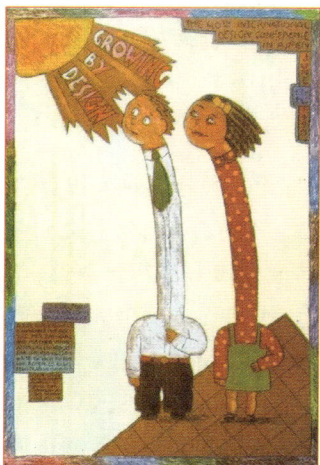

图 3-56   第 40 届阿斯彭国际设
计会议/广告招贴/
西摩·切瓦斯特/美国/1990

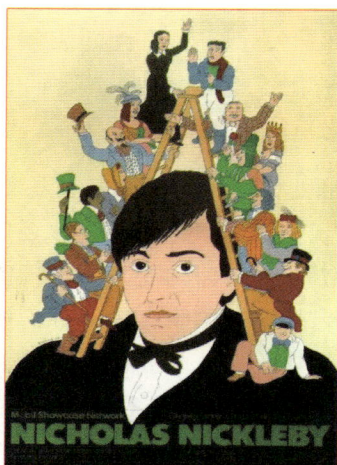

图 3-57   尼古拉斯·尼克尔贝/
狄更斯戏剧宣传广告招贴/
西摩·切瓦斯特/美国/1984

第六节　英国创意广告——点到为止,幽默含蓄

　　英国是全球广告投资十强国家之一,也是现代广告的发源地。作为世界上第一个完成工业革命的国家,英国一直拥有着悠久的广告文化,汇聚了非常多的创意热店,在全球著名广告奖项角逐中,英国常年领先于欧洲其他国家。也许是因为大不列颠文化中的保守、矜持与自我压抑,人们需要其他渠道释放自己的情感,所以幽默诉求广告在英国占比最高,也最受欢迎。对比美国广告喜形于色的夸张表现,英国广告中的幽默是点到为止的。他们并不会在广告中直截了当地表达感情、梦想、雄心和欲望,而是通过自我解嘲式的冷幽默来掩饰内心的真实感受,在静中取胜,靠细节出彩。英国文化氛围浓郁,也诞生了许多哲学家、作家和诗人,所以,英国广告中的幽默并不是挠人胳肢窝式的搞笑,而常是一语双关,带有许多"言外之意",需要细细品味其中蕴含的哲理。

▶ 一、艾伦·弗莱彻——幽默诙谐的魔术师

　　艾伦·弗莱彻(Alan Fletcher),第二次世界大战后英国设计界的先驱,他将英式传统与北美流行文化相结合,被誉为"让沉闷的伦敦染上幽默色彩的设计魔术师"。1962 年他和大卫·贝利(David Bailey)、特伦斯·多诺万(Terence Donovan)、科林·福布斯(Colin Forbes)共同创立了在全球创意界享有声望的"D&AD Awards"(Design and Art Design Awards)[①],1972年与科林·福布斯(Colin Forbes)组建了全球最具影响力的独立设计公司"五角设计联盟"(Pentagram)。艾伦擅长在简单图形中注入有内涵、有智慧和不经意的幽默,既在意料之外,又在情理之中。即使是平淡无奇的广告对象,在他的创意下也能变得妙趣横生,且炫技得恰到好处,不会让外在形式影响到传播效能。

　　艾伦最著名的作品是为"倍耐力"(Pirelli)轮胎做的车体广告,选用了伦敦双层巴士作为广告媒介,上层与下层车厢中间的位置用漫画画出乘客被遮挡的下半身,与露出的乘客上半身刚好合为一体。但画面上的他们并未坐在座椅上,而是安稳地坐在硕大的"Pirelli Slippers"字母上,体现轮胎的舒适、耐磨和安全。这样的车体广告在快节奏的城市交通中,让人忍俊不禁,会心一笑的同时也加深了对倍耐力品牌的印象(图 3-58)。

　　艾伦还经常将广告对象拟人化处理。如在第 17 届国际图形设计研讨会广告招贴中,画面整体宛如一个有点笨拙、带点腼腆、总是自嘲的人物形象。两张倒置的柯达克罗姆幻灯片夹组成了人物眼睛,暗示着本次研讨会采用幻灯片放映的形式进行交流;四位主讲大师的名字竖向排列构成了人物的鼻子,时间和地点等说明文字构成了人物嘴部。所有文字都使用了老式的英国奥利

---

① D&AD 的全称是"英国设计与艺术指导协会",是一个位于伦敦的非营利公益性质创意机构。D&AD Awards 是其旗下的一个全球性年度创意比赛,涵盖了广告创意、产品设计、图形设计、摄影、环境(含室内)、数字、影视设计等多个创意类别,并依照级别授予黑铅笔、黄铅笔、石墨铅笔以及木铅笔四个等级奖项。因每年仅有不到 5% 的作品获得最终提名,它被认为是全球最严苛的奖项之一。

图 3-58   Pirelli Slippers/车体广告/艾伦·弗莱彻/英国/1962

弗打字机字体(Oliver Typewriter),不经意地透露出复古情怀和英式小傲娇(图 3-59)。在为"第 21 届 D&AD Awards"所设计的广告招贴中,将大赛 LOGO "铅笔"拟人化成西装革履的绅士形象,一手拿着红酒尽显英式优雅,一手握拳展现设计师力量(图 3-60)。

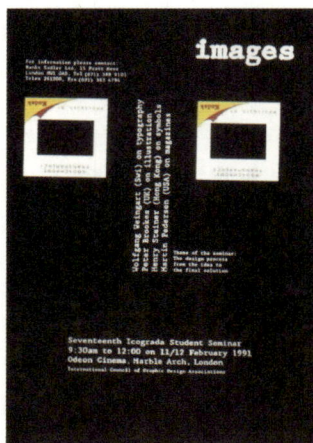

图 3-59   第 17 届国际图形设计研讨会/广告招贴/艾伦·弗莱彻/英国/1991

图 3-60   第 21 届 D&AD Awards/广告招贴/艾伦·弗莱彻/英国/1983

▶▶ 二、奈维尔·布罗迪——"离经叛道"的实验家

奈维尔·布罗迪(Neville Brody),国际著名视觉形象设计大师,英国皇家艺术学院视觉传达系主任,D&AD 董事会主席,BBC 网络创意顾问团主席,同时也是被誉为"英国设计奥斯卡"的"菲利普亲王设计师奖"获得者,英国 20 世纪 80 年代时尚文化先锋 The Face 杂志艺术总监,不羁

的朋克精神贯穿他的设计生涯,并为许多英国本土乐队设计了唱片封面(图 3-61、图 3-62)。

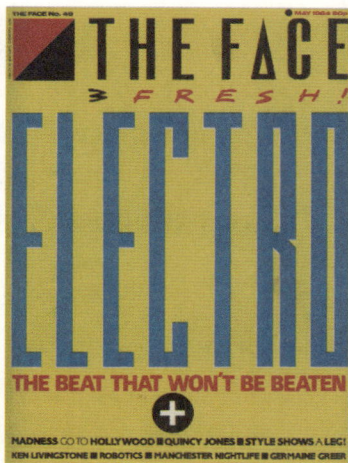

图 3-61 *The Face* 杂志封面设计/
奈维尔·布罗迪/英国/1984

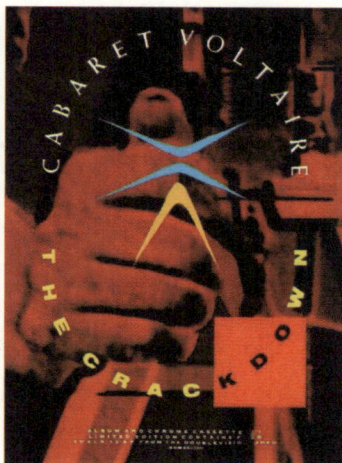

图 3-62 *The Crackdown* 唱片封面设计/
奈维尔·布罗迪/英国/1983

学生时代的奈维尔就展示出他"离经叛道"的一面,在伦敦传媒学院读书时,因为设计伊丽莎白女王发狂的邮票图案,差点被院方开除。2010 年在伦敦设计节期间,他发起了"反设计节"(Anti-Design Festival),讽刺和反抗深度僵化的英国文化和套路化及体制化的当代设计,希望激发公众对设计在当代文化中所扮演的角色进行反思。奈维尔数十年如一日地进行着各种实验项目,不断尝试着各种图形、字体和排版,不断颠覆着传统的设计样式,不断挑战着新兴的数字化手段。他设计的 Blur 字体被美国现代艺术馆永久收藏,雅马哈(YAMAHA)125 周年纪念徽章和广告标语也找他来操刀。为体现这个全球乐器领导品牌的特点,奈维尔运用几何图形进行组合,富有节奏感的颜色变化对 "125" 这个数字进行重组,给人以无尽想象空间——它是琴键、乐谱和音符,弹奏着百年品牌的岁月之歌(图 3-63)。

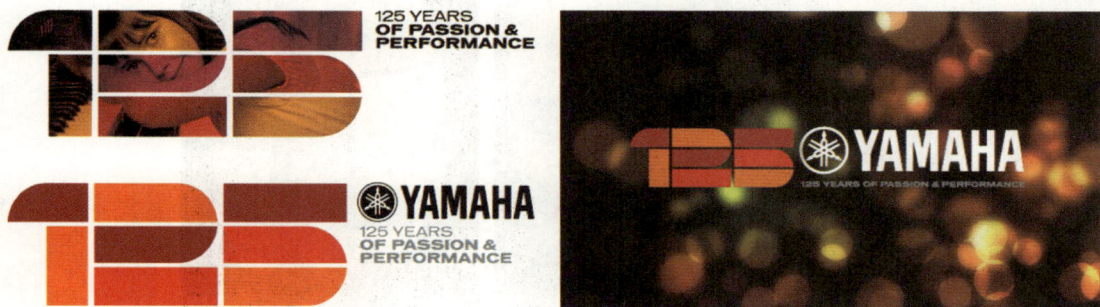

图 3-63 雅马哈 125 周年庆/纪念徽章及广告标语设计/奈维尔·布罗迪/英国/2012

第七节 德国创意广告——表面理性，内里激荡

德国人善于建构理论体系，并将其运用在广告诉求方式上，多采用严谨的叙事逻辑，明确告知产品数据、细节和技术特性，体现专业品质和科技含量；德国古典美学是西方资产阶级美学的一座高峰，包豪斯又把现代主义设计美学外表简洁、功能实用、内部空间变化丰富的表达方式传递到各个领域，因此，德国的广告创意必然呈现出内容与形式、主体与客体、理性与感性、内在与外在、无限与有限的对立统一，沉着稳重的表达中融入戏剧化元素、个性化渲染和"德式"黑色幽默，荒诞而不失真实。

一、冈特·兰堡：钟情土豆的视觉诗人

冈特·兰堡（Gunter Rambow）是欧洲"视觉诗人"派公认的一位最有创造力的广告招贴大师，德国卡尔斯鲁厄国立设计学院教授、副校长，江南大学国际广告设计研究中心名誉主任。他始终坚持用视觉形象语言说话，追求画面的韵律感、层次感和力量感，用最简单的形象表达最深刻的内涵。他的作品被各国博物馆及文化机构收藏，并多次在国际艺术大展和双年展上获奖，曾任五大国际设计艺术展评委。

冈特·兰堡善于将复杂的宏大叙事，通过浓缩概括的生活化图形表现出来。"土豆"是冈特·兰堡作品中经常出现的设计主题，因为他认为土豆陪伴德国人度过了物资匮乏的战后时期，是德国民族文化的象征。在土豆系列作品中，冈特·兰堡将写实性摄影照片与抽象概念虚实结合，通过土豆内部红绿黄蓝补色的运用，与黑色背景形成明度和色相差异。完整的土豆被分割成两块、四块或者若干小块，甚至被编上了号码，恰如第二次世界大战后分裂的德国；但无论怎样被分裂，都因为外部颜色、材质一致而保持共同特征，恰如凝聚德国人民的德意志精神（图 3-64）。

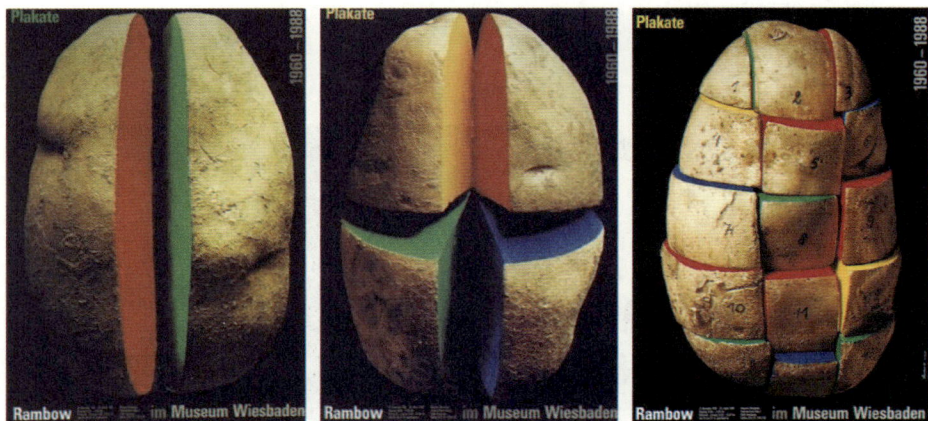

图 3-64 土豆系列/广告招贴/冈特·兰堡/德国/1960—1988

冈特·兰堡坚信书籍能给人带来光明和希望，他几乎每年都会为 S. 费舍尔（S.Fischer Verlag）出版社设计广告招贴。在以书本为主题的系列作品中，他将普世性哲理外显于超现实主义的诗意，比如让书的腰封与手同构，悬浮在空中并投下阴影，营造出一种失重的空间感，传达出握住知识就拥有力量的设计理念；或是从书中陡然伸出一只拿笔的手，巧妙运用视觉空间的转换，引导观众视线定格在最下方出版社的名字上，宣传意味油然而生；或是运用光和影的交相辉映，黑暗背景上透着亮光的窗户和灯泡，成为从二维平面转换到深层空间的过渡，宛如踽踽独行于黑暗混沌之中，书籍闪耀着它的光华，指引人类找到万家灯火的港湾；或是将书本打散重构，以高饱和度的纯色几何图形，凝聚着包豪斯的美学思想（图 3-65）。

图 3-65　S. 费舍尔出版社图书封面/广告招贴/冈特·兰堡/德国/1976—1988

▶▶ 二、奥托·艾舍：功能与美学的统一

奥托·艾舍（Otl Aicher），德国 20 世纪最有影响力的设计师之一，1946 年至 1954 年，他着手

创办与发展有"新包豪斯"之称的乌尔姆设计学院，为第二次世界大战后德国设计发展作出了突出贡献。奥托的作品体现清晰的系统化逻辑，遵循功能主义美学原则。他认为应运用整体化思路让设计对象成体系化，让零散的设计对象可相互配合、彼此衔接、有固定模数关系，在不同场景和空间下可弹性应用、自由组合，充分实现设计功能最大化。

　　奥托为德国慕尼黑奥运会设计的视觉识别系统，给后来的奥林匹克设计方案提供了参考标准，被业界誉为"视觉传媒的文化财产"。为了实现功能与美学的统一，奥托在设计过程中运用了严谨的网格系统，将复杂的运动项目提炼成高度概括、造型简洁的标准化、体系化图形，活力四射且识别性极强。会徽则是以抽象的放射性骨格组成太阳图案，象征着光芒四射的德国。彼时德国整个社会笼罩着阴沉的气息，奥托在广告招贴中运用了蓝、绿、橙等各种生机勃勃的颜色，还设计了一只以德国腊肠犬为原型的吉祥物 Waldi，营造出开朗乐观、充满希望、去政治化的运动氛围（图 3-66）。

图 3-66　德国慕尼黑奥运会/视觉识别系统设计/奥托·艾舍/德国/1972

　　在为德国特色小镇伊斯尼所做的视觉导视系统中,奥托创造了一种独特的设计语言,从塔楼、森林、滑雪、啤酒到爵士乐,小镇的每一个亮点都有其对应的图形,每个图形都各有特色,如象形文字一般"诉说"着自己的角色。所有的图形又归属于系统之中,拥有着统一的美学风格,图形之间可重新排列或按需组合,从不同视角完成对这个小镇的整体叙事(图 3-67)。

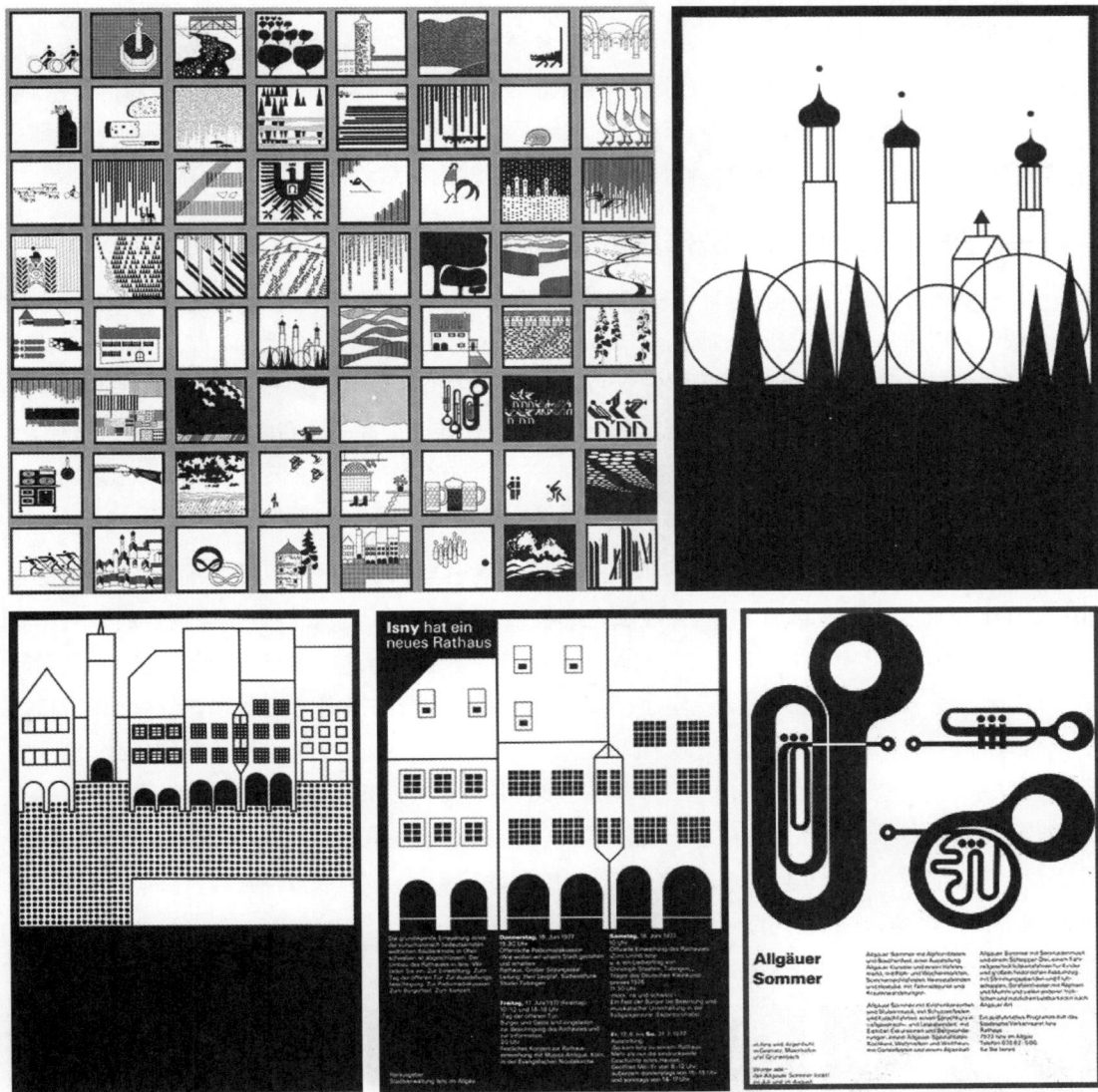

图 3-67　伊斯尼特色小镇/视觉导视系统设计/奥托•艾舍/德国/1981

第八节 法国创意广告——纯真浪漫，情趣交融

法国是一个有着悠久历史和灿烂文化的国家，既是世界五大广告国之一，闻名世界的戛纳国际广告节更是全球广告文化的风向标。法兰西民族的热情、浪漫与美不仅包含在它的文学、绘画、建筑、电影、美食和时尚中，更融汇在广告创意里。作为欧洲的文化中心，法国在各个时期兴起的文化思潮和流派——新古典主义、浪漫主义、印象派、超现实主义、后现代主义等，对其广告的叙事结构、美学风格和意识形态都产生了极大影响。法国广告常运用各种匠心独具的修辞手法，如同法语般精巧别致，赋予商品以纯真浪漫的朦胧意象；法国广告又常运用富有质感的蒙太奇手法，营造如法国电影般的浪漫情调，赋予现实以美好梦幻的诗意。

▶▶ 一、雅克·塞盖拉：打破传统的冒险王

雅克·塞盖拉（Jacques Séguéla），全球第五大广告公司灵智整合行销传播集团（Euro RSCG）创始人，全球六大广告与传媒集团之一哈瓦斯（Havas）的全球执行副总裁及首席创意官，被誉为"欧洲广告之王"。雅克曾多次担任戛纳国际广告节评审会主席，主持并参与了上千个全球知名品牌的广告项目，成就了无数广为流传的广告经典。他的广告总能在准确把握品牌DNA的前提下另辟蹊径，出其不意地为其创造新的价值。虽然他总是以"非常态"模式创作广告，但在价值取向上永远以人为本，在创意策略上注重观念营销，在图像风格上强调视觉刺激与超写实，颠覆传统又不乏内涵。

如为雪铁龙汽车在全球所做的系列广告中，雅克跳出当时流行的产品功能展示，运用电影拍摄手法，让一百匹骏马在草原上奔跑，最后组成雪铁龙双V型的logo，让画面像舞台表演一样隆重而生动，引领了20世纪80年代广告界新潮流。雪铁龙也因为这一激情洋溢的广告，找到了新的品牌定位——自由奔腾、勇于革新。两年之后，雅克又计划拍摄潜水艇版本，当时计算机技术还未像现在这样成熟，只能实景拍摄。雅克把他乐于挑战、勇于冒险的精神发挥到极致，他千方百计地联系到了俄罗斯总统，向他呈现了广告创意，并说服总统相信该广告是对俄罗斯军队的有力宣传，因此借到了一架航空母舰和一艘潜水艇，完成了广告拍摄。为了体现雪铁龙"勇于革新"的品牌精神，他找到了一段年久失修的长城，向中国政府申请了"历史文物扶持计划"，不仅让那段长城得到了修缮，也顺利完成了广告拍摄（图3-68）。

图3-68 雪铁龙汽车·勇于革新/系列视频广告/雅克·塞盖拉/法国/1984—1987

▶▶ 二、瑞米·巴布内特：百变的法式风情

瑞米·巴布内特（Rémi Babinet），法国顶尖广告公司 BETC 创始人及创意总监、曾任戛纳国际广告节评审主席，服务管理着全球 70 多个知名品牌客户，包括路易威登、标致、法航、依云、欧莱雅等。瑞米的作品中总是保留着法国人的小傲娇和极具美感的细节，通常以幻想与现实交错的表现手法，时而文艺小清新，时而幽默又风趣，就像法国香水的前调、中调和尾调，无法简单定义，充满百变风情。

2009 年瑞米带领 BETC 广告团队为法国依云矿泉水推出了广告战役"永葆童真"（Live young），打破了依云一贯以来的传播策略——诠释矿泉水的天然纯净及注重环保的事实，拍摄了名为《依云旱冰宝宝》的广告片。一群穿着纸尿裤的宝宝滑着旱冰，玩着各式花样，还把依云矿泉水瓶摆成路障穿越，其熟练程度超出了消费者的固有认知，其可爱表现让人忍俊不禁，切合了广告创意中的 3B（Baby、Beauty、Beast）理论和"新奇特"原则（图 3-69）。借助社交网络、传统媒体、户外以及手机 App 多管齐下的传播方式，视频一经发布便成为 YouTube 全球下载量最高的商业广告。次年，他又趁热打铁发布了"永葆童真"系列平面广告，手拿依云矿泉水的成年人身着白色 T 恤，T 恤上印着穿纸尿裤宝宝的身体，与模特头部形成视错觉，使依云纯净、年轻又充满活力的品牌形象跃然纸上（图 3-70）。

依云旱冰宝宝

图 3-69　依云旱冰宝宝/视频广告/雅克·巴布内特/法国/2009

图 3-70　永葆童真/系列平面广告/雅克·巴布内特/法国/2011

瑞米为著名玩具公司乐高打造的广告《乐造新世界》(*Rebuild the World*),是该品牌近30年来推出的首支广告大片。里面的每一个场景、人物和物件高度还原了乐高的颜色、产品和配件,还可以像积木一样180°弯曲。整个广告片里充满着超现实的场景,缤纷炫目的色彩和令人应接不暇的魔法,一只被猎人追赶的兔子为了逃脱,想出了一个又一个解决办法,体现出乐高对儿童创造力、想象力和行动力的激发(图3-71)。

图 3-71　乐造新世界/视频广告/雅克·巴布内特/法国/2019

【思考与延伸】

请搜集更多的研究样本,并从创意主题、创意策略、目标受众等方面,分析东西方广告在创意与表现方面的偏好与特征,探究不同类型广告片中所体现的文化差异、文化冲突和文化融合。

【小组讨论 + 汇报】

1. 中国本土品牌在跨国广告实践中存在着哪些现实问题?

2. 中国本土品牌应如何通过广告创意穿越文化屏障,思考全球化与本土化如何沟通结合,变被动传播为主动传播,用文化自信获取文化认同?

参考书目

蔡嘉清:《广告学教程》(第四版),北京大学出版社 2015 年版。

林家阳:《招贴设计》,高等教育出版社 2008 年版。

林家阳:《图形创意》(第二版),高等教育出版社 2016 年版。

王银芹:《广告策划方法与案例研究》,武汉出版社 2015 年版。

金定海、郑欢:《广告创意学》,高等教育出版社 2008 年版。

王健:《广告创意教程》,北京大学出版社 2004 年版。

《广告学概论》编写组:《广告学概论》,高等教育出版社 2018 年版。

张金海、姚曦主编:《广告学教程》,上海人民出版社 2003 年版。

王受之:《世界现代设计史》(第二版),中国青年出版社 2016 年版。

蒙象飞:《中国国家形象与文化符号传播》,五洲传播出版社 2016 年版。

张金海:《20 世纪广告传播理论研究》,武汉大学出版社 2002 年版。

李思屈:《广告符号学》,四川大学出版社 2004 年版。

郭庆光:《传播学教程》(第二版),中国人民大学出版社 2011 年版。

胡川妮:《广告创意表现》,中国人民大学出版社 2003 年版。

陈培爱:《中外广告史——站在当代视角的全面回顾》(第二版),中国物价出版社 2001 年版。

陈培爱、覃胜南:《广告媒体教程》,北京大学出版社 2005 年版。

李砚祖:《艺术设计概论》,湖北美术出版社 2002 年版。

鲁百年:《创新设计思维——设计思维方法论以及实践手册》,清华大学出版社 2015 年版。

[英]迈克·费瑟斯通:《消费文化与后现代主义》,刘精明译,译林出版社 2000 年版。

[法]罗兰·巴尔特:《符号学原理——结构主义文学理论文选》,李幼蒸译,生活·读书·新知三联书店 1988 年版。

［美］鲁道夫·阿恩海姆:《艺术与视知觉》,滕守尧译,四川人民出版社 2019 年版。

［美］唐·舒尔茨、［美］海蒂·舒尔茨:《整合营销传播——创造企业价值的五大关键步骤》,何西军、黄鹂、朱彩虹、王龙译,中国财政经济出版社 2005 年版。

［加］马歇尔·麦克卢汉:《理解媒介——论人的延伸》,何道宽译,商务印书馆 2000 年版。

［德］黑格尔:《美学》(第一卷),朱光潜译,商务印书馆 1979 年版。

［英］尼克·史蒂文森:《认识媒介文化》,王文斌译,商务印书馆 2013 年版。

［美］大卫·奥格威:《一个广告人的自白》,林桦译,中信出版社 2010 年版。

［德］马克思:《1844 年经济学哲学手稿》,人民出版社 2018 年版。

后 记

"你好，色彩"，是佳能 IXUS 系列相机的广告语。每当看到它，我就会把它意会为"你好，生活"。今天，当我暂离大卫·奥格威、李奥·贝纳和威廉·伯恩巴克去外面散步时，发现了一幅美轮美奂的天景，夕阳温柔祥和地挂在天际，火烧云大片大片沉醉于她的姝容之下。我赶忙跑回去拿了相机，一阵猛拍之后，回去在电脑上查看，最后一张没留全丢到了回收站。不是拍得不好，是总感觉少了一份生气，眉头紧锁地再次出去，夕阳不在，晚霞仍存，还是那么有感染力，绯红与淡白交错其间，印染着远处的山峦、铁塔和孤鸿落雁。看着这美景，我顿悟到，本真的生活应该是色彩斑斓的，而且它的斑斓是任何技术都无法完整记录的，唯一能够将它真实保存的，恐怕只有生活本身了。

每一个伟大创意的原点一定源于生活，创意之神总是偷偷亲吻认真生活的人。这本书里隐藏了不少"干货"，可以帮助你们迅速掌握解决问题的方法。但我希望读到这本书的同学，最终能够忘掉"干货"，拥抱生活之美——优秀广告内里必然有深刻的洞察，洞察的内核是对生活的感悟与热爱。手中无剑，才能心中有剑。

广告创意的内在逻辑和外在表现是密切相连的，它是理性的，又是感性的。你会发现，广告人每天都在感性与理性之间寻求平衡：平衡创意与收益，平衡预算与效果，平衡甲方的坚持与乙方的底线，平衡"五彩斑斓的黑"与"流光溢彩的白"，平衡落地的创意点与上移的发际线。十年来，我在教学与科研、验证和总结中不断寻求平衡，希望能在本书中建立起更宽广的思想维度，不至于在某个单向维度里迷失了自己，封闭了自己，让它更贴近生活的真。

最后，特别感谢我的恩师王银芹教授和蔡嘉清教授，他们在百忙之中义务承担了书稿的审校工作，从行文逻辑、遣词造句到文献出处都精挑细抠，力求严谨。感谢本书的总主编林家阳教授提供了科学完备的写作框架，也让我们领略到他的执着、睿智与精益求精。感谢高等教育出版社文科事业部的迟宝东主任、艺术分社的梁存收社长、潘亚文和杜一雪编辑以及所有工作人员们，感谢湖北工程学院的领导、同事及参与课程学习的同学们。感谢，这真挚而美丽的生活。

湖北工程学院文学与新闻传播学院　张蕊

2021 年 5 月 15 日